20/

Hartwig Hausdorf
Die Botschaft
der Megalithen

Hartwig Hausdorf

Die Botschaft der Megalithen

Wer erbaute die steinernen Wunder?

Mit 52 Abbildungen

HERBiG

Bildnachweis:
Peter Krassa 6, 8 (Walter Hain); Luc Bürgin 16, 17;
Erich von Däniken 21, 25, 28–33; Alex Knörr 22;
Robert M. Schoch 34, 35, 37.
Alle anderen Bilder: Hartwig Hausdorf.

© 2015 F. A. Herbig Verlagsbuchhandlung GmbH, München
Alle Rechte vorbehalten

Umschlaggestaltung: Wolfgang Heinzel
Umschlagmotiv: whatapicture, plainpictures
Satz: EDV-Fotosatz Huber/Verlagsservice G. Pfeifer, Germering
Gesetzt aus: 11,25/14,5 pt Minion Pro
Druck und Binden: GGP Media GmbH, Pößneck
Printed in Germany
ISBN 978-3-7766-2770-1

Auch als

www.herbig-verlag.de

»Am Anfang stand eine uralte, unbekannte
Kultur mit dem fixfertigen Wissen über
phänomenale Steinbearbeitungen und ihren
Transport. (...) Und alle nachfolgenden Kulturen
bedienen sich der fixfertigen Blöcke von jenem
unbekannten Rätselvolk ... «

Erich von Däniken

Inhalt

Einleitung:

Geklotzt, nicht gekleckert!

Wann ich zum ersten Mal auf den Gedanken gekommen bin, kann ich heute beim besten Willen nicht mehr sagen. Es war aber auf einer meiner zahllosen Reisen, die mich zu den rätselhaftesten Stätten auf der ganzen Welt führten – und noch immer führen –, so viel steht fest. Da stand ich irgendwann irgendeiner megalithischen Struktur, deren imposante Einzelteile selbst unsere Technologien des 21. Jahrhunderts vor größte Herausforderungen stellen würden, sprachlos gegenüber. Und plötzlich konnte ich mich der Vorstellung nicht entziehen, die unbekannten Baumeister aus den Tiefen der Vorgeschichte hätten geradezu damit gespielt, die viele Tonnen schweren Monolithen über oft beträchtliche Strecken zu transportieren. Um sie schließlich an ihrem Bestimmungsort zu einem Bauwerk zusammenzufügen, welches uns heute ungläubiges Staunen abringt.

Hatten Riesen, die längst ausgestorben sind, ihre mächtigen Pratzen im Spiel? Verfügten unsere Altvorderen über Techniken, die der Science-Fiction entliehen scheinen? Oder waren es doch Außerirdische, Besucher von anderen Sternen, die so monumentale Anlagen in die Landschaft pflanzten? Sei es, um über Zweckbauten zum eigenen Gebrauch zu verfügen, oder um eine von sich eingenommene Nachwelt davon zu überzeugen, dass ohnehin alles ganz anders war, als diese es in einer Selbstüberschätzung ohnegleichen behauptet.

Welche Gründe es auch immer waren, jene unbekannten Bauleute dazu zu bewegen, megalithische Wunderleistungen aus dem Boden zu stampfen: Man kann die geheimnisumwitterten Monumentalbauten nicht zählen, die uns die »Megalithiker« auf allen Kontinenten hinterlassen haben. Hier sei kurz eine Begriffserklärung angebracht. »Monolith« besagt »aus einem Stein gemacht«; wird eine Struktur als »monolithisch« charakterisiert, ist sie aus großen Einzelblöcken errichtet. »Megalith« bedeutet so viel wie »großer Stein« – der Begriff sagt im Grunde zwar das Gleiche aus, stellt aber noch eine Steigerung dar. Wobei das »mega« in manchen Fällen Hunderte, wenn nicht gar 1000, 2000 oder gar 3000 Tonnen betragen kann, wie ich im Folgenden noch belegen werde.

Es ist ein verblüffendes Phänomen, allen Annahmen einer stetigen Entwicklung zuwiderlaufend, das sich im Zusammenhang mit den Megalithbauten in aller Welt offenbart. Man sollte ja meinen, die ersten Architekten hätten damit begonnen, bescheidene Anlagen zu errichten – also kleine Steine aufeinanderzusetzen. Erst später wären sie dann in der Lage gewesen, mit immer größeren und schwereren Gewichten zu hantieren. Somit einer technischen Evolution zu folgen, die von klein und primitiv geradlinig in Richtung groß und gewaltig verläuft. Doch das absolute Gegenteil ist der Fall.

Je älter die Anlagen sind – und dies ist ausnahmslos in der ganzen Welt der Fall –, desto imposanter ist ihr Erscheinungsbild. Da wurde in Urzeiten mächtig geklotzt und nicht nur gekleckert. Da wurde mit Steinquadern von teilweise erschreckenden Ausmaßen und schier unvorstellbaren Gewichten hantiert. In späteren Epochen erst ist man dazu übergegangen, viel kleinere Steine aufeinanderzustapeln. Ein Paradebeispiel hierfür sprang mir vor ein paar Jahren geradezu ins Auge, als ich die bei uns fast unbekannte Ruinenstätte von Huanuco Pampa im Andenhochland von Peru besuchte.

Nur etwa 50 Kilometer Luftlinie von der weitaus bekannteren Ausgrabungsstätte Chavin de Huantar entfernt liegen in südöstlicher Richtung diese nicht minder geheimnisumwitterten Ruinen. Hoch über der kleinen Andenstadt La Unión, auf einem von noch weitaus höheren Bergketten eingerahmten und wie künstlich planierten Hochplateau, liegt dieses Huanuco Pampa, ein neues Rätsel aus dem fernen Südamerika.

Die Anfahrt ist zeitraubend, mühselig und lebensgefährlich. Von Huaraz, nördlich der Hauptstadt Lima gelegen, biegt man am Conococha-See von der Hauptroute ab und folgt der leidlich geteerten Straße bis zum Bergwerksort Chiquian. Ab dort ist dann endgültig Schluss mit der Teerstraße. Eine nicht enden wollende, wellblechartige Rüttelpiste führt durch das Tal des Flüsschens Rio Parivilca zum erwähnten Städtchen La Unión, das 3200 Meter über dem Meeresspiegel liegt. Im Ortszentrum zweigt ein noch ungleich holperigerer Weg ab, der sich – rechts gähnt ein tödlich tiefer Abgrund – in halsbrecherischen Serpentinen den Berg hinaufschraubt. Nach quälend endlos erscheinender Fahrt, in deren Verlauf man mehrmals mit dem Leben abgeschlossen hat, gelangt man schließlich auf das Hochplateau, auf dem ein eisiger Wind unablässig über die aus kurzem, drahtigem Gras bestehende Vegetation bläst. Das zehrt an den Kräften; viele Touristen werden den Weg dorthin aber nicht finden.

Um die weitläufige Anlage, die auf den ersten Blick ausgesprochen unscheinbar wirkt, wurde ein Zaun gezogen. Eine Übersichtstafel verrät, dass zumindest ein paar Vertreter aus der Scherben sammelnden Zunft den beschwerlichen Weg auf sich nahmen. Nach einem kurzen Marsch von wenigen hundert Metern tauchen endlich die ersten Mauern jener von den Archäologen als »Inka-Festung« betitelten Anlage auf.

Wie bitte? Inka-Festung? Als Huanuco Pampa entstand, war von den Beherrschern Südamerikas vor der spanischen Eroberung noch weit und breit nichts zu sehen. Denn diese fügten vor ein paar hundert Jahren allenfalls ein wenig grobschlächtiges Stückwerk an das schon lange vorhandene Mauerwerk an. Noch krasser kann ein Unterschied wohl kaum sein: Hier kann man zwei Bauweisen – Klotz und Klecker – an einem einzigen Objekt erkennen. Der wesentlich ältere Teil von Huanuco Pampa besteht aus großen, beinahe nahtlos aneinandergesetzten Blöcken aus Granit, zwischen die in aller Regel keine Messerklinge passt. Im wahrsten Sinne desolat dagegen ist der Zustand der viel später erfolgten »Anbauten«. Übergangslos schließen kleine, zumeist unbearbeitete Steine unterschiedlicher Größe an, die ein paar der Mauern an den Seiten fortsetzen. Ein elendes Stückwerk, das in jüngerer Zeit so unprofessionell zusammengepfuscht wurde, dass es schon in den Augen schmerzt!

Und so geschah es mit schöner Regelmäßigkeit auf allen Kontinenten. Stets sind die größten, schwersten und am exaktesten bearbeiteten Monolithen gleichzeitig auch die ältesten. Es hat fast den Anschein, als hätte eine Rückentwicklung eingesetzt – was allerdings so gar nicht ins Konzept der klassischen Archäologie passen will, deren ehernes Credo nach wie vor die Evolutionstheorie ist. Von dem britischen Biologen Charles Robert Darwin (1809–1882) für die Entwicklung der Lebewesen im Laufe der viele Jahrmillionen zählenden Erdgeschichte ersonnen, wird sie auch auf die kulturelle und technische Entwicklung unserer ganzen Menschheit übertragen. Demnach hat am Anfang primitives Know-how zu stehen, mit einfachsten Werkzeugen, woraus nur bescheidene Bauten resultieren können. Und unsere heutige, hochtechnisierte Zeit soll den vorläufigen Höhepunkt dieser Evolution darstellen. Das Dumme an der Sache ist nur, dass sich die buchstäblich steinharte Realität partout nicht an diese Vorgaben halten will.

Für die konventionelle Altertumsforschung ist dies teilweise der Super-GAU, da bei vielen ihrer Vertreter noch immer die engstirnige Maxime »warum nicht sein kann, was nicht sein darf« vorherrscht. Hiervon abzuweichen würde ja bedeuten einzugestehen, dass wir Zeitgenossen des 21. Jahrhunderts eben nicht die einsame Spitze der Evolution sind und folglich unsere Zivilisation nicht das Nonplusultra an wissenschaftlicher Erkenntnis und technischen Mitteln repräsentiert. So steckt man lieber in bester Vogel-Strauß-Manier den Kopf in den Sand, ignoriert weiterhin, was für alle Augen offensichtlich ist, und hofft dabei auch noch inständig, dass es niemand merkt.

Diese Salamitaktik kann nur in die Hose gehen. Aus der völlig zu Unrecht als primitiv verunglimpften Steinzeit sind nämlich jede Menge imposanter megalithischer Anlagen erhalten geblieben. Sie nachzubauen, würde uns heute nicht selten vor unlösbare Aufgaben stellen – uns fehlt hier schlicht und einfach die notwendige Technik.

Die findigen Ingenieure jener längst vergangenen Tage haben so gut wie keinen Winkel dieser Welt ausgelassen. Es hat geradezu den Anschein, als wollten sie eine steinerne Spur in die Zukunft legen. Gefertigt aus dem einzigen Material auf Erden, dem selbst die Zeit kaum etwas anzuhaben vermag. Steckt dahinter eine Botschaft, die zu erkennen die Adressaten – dies sind wir! – noch nicht in der Lage sind?

1 Ganz andere Leichen im Keller

Die mysteriösen »Ganggräber« von Jersey und Gavrinis

D er Erste Weltkrieg war seit fast drei Jahren vorbei, darum konnte man sich auch wieder anderen Dingen zuwenden. Ende Juni des Jahres 1921 hatte sich der englische Geschäftsmann und Fotograf Alfred Watkins (1855–1935) ein paar Landkarten der Grafschaft Herefordshire vorgenommen. Watkins wollte den kürzesten Weg zu ein paar megalithischen Bauwerken finden, die er zu fotografieren beabsichtigte. Jedes Mal, wenn er einen der Plätze auf seiner Karte gefunden hatte, markierte er diesen mit einem Kreis. Nachdem er mehrere Stätten auf diese Weise gekennzeichnet hatte, sprang ihm ein sonderbarer Umstand ins Auge. Die Megalithanlagen reihten sich allsamt wie Perlen auf einer Schnur auf. Und zwar ungeachtet der Tatsache, dass diese nicht selten durch Hügel, Bergrücken und Flüsse voneinander getrennt waren. Es war überhaupt kein Blickkontakt möglich, um von einem Ort zum nächsten peilen zu können. Trotzdem lagen jene prähistorischen Stätten wie Glieder einer schnurgerade verlaufenden Kette, die vor vielen Jahrtausenden durch die Landschaft gezogen worden war.[1]

Dem neugierig gewordenen Watkins fiel noch eine weitere Besonderheit auf. Jene geraden Linien, die er durch viele vorgeschichtliche Steinsetzungen ziehen konnte – sie sind heute unter der Bezeichnung »Ley-Lines« wohlbekannt –, verliefen ebenfalls durch christliche Kirchen und Kapellen aus viel jüngerer Zeit. Nun war der Engländer vollends verwirrt. Was sollte dies alles nur bedeuten?

Es gab nur eine plausible Erklärung. Die Sakralbauten standen auf ehemals prähistorischen Stätten, für die Vertreter des Klerus auf vormalig »heidnischem Boden«. Führt man diesen Gedanken weiter, kann man daraus schließen, dass eine Art »feindlicher Übernahme« stattgefunden hatte. Weil den Menschen die Orte ihrer Vorfahren heilig gewesen waren, pflanzte man dort das Kreuz auf, erklärte die Stätte kurzerhand als heilig. Und spekulierte auf die Macht der Gewohnheit.

Wenn dadurch auch oft das früher dort errichtete, ursprüngliche prähistorische Bauwerk zerstört wurde, trug die katholische Kirche doch ungewollt dazu bei, eine phantastische Tatsache für die Nachwelt zu erhalten.

Die »Rundpyramide« von La Hougue Bie

Vor undenklichen Zeiten, als nach landläufiger Expertenmeinung noch primitive Steinzeitjäger und Sammler unterwegs waren, hat »irgendjemand« unsere vorgeschichtliche Welt vermessen und vermutlich auch kartografiert. Mit dem selbst in unseren Tagen des 21. Jahrhunderts leicht nachzuweisenden Ergebnis, dass uralte Stätten nicht rein zufällig in der Landschaft herumstehen. Sie wurden vielmehr nach einem exakt vorbestimmten Muster dorthin gepflanzt.[2]

Wer aber waren diese technisch hochentwickelten Intelligenzen, deren unübersehbare Spuren aus grauer Vorzeit uns eigentlich wachrütteln und zum kritischen Hinterfragen der Geschichte der Menschheit animieren sollten?

Auf ein ausgesprochenes Paradestück für die »Besetzung« einer vormals prähistorischen Stätte stieß ich im September 2012 auf der kleinen Kanalinsel Jersey. Die untersteht zwar formell der britischen Krone, wird jedoch weitgehend autonom regiert und gehört auch nicht zur EU. Richtig geraten: Jersey zählt zu den Steueroasen, die für Menschen einer bestimmten Einkommens- und Vermögenssituation von Interesse sind. Die nachfolgend beschriebene Stätte ziert sogar die Rückseite der Ein-Pfund-Note von Jersey, so unverwechselbar ist sie.

Im Osten der Insel, zwischen den Ortschaften St. Saviour und Grouville, befindet sich das megalithische »Ganggrab« La Hougue Bie. Erbaut aus tonnenschweren Monolithen, führt ein über zehn Meter langer Gang ins Innere. Darüber erhebt sich ähnlich einer runden Pyramide ein zwölf Meter hoher, künstlich aus unzähligen Steinbrocken errichteter Hügel. Auf dessen Spitze wiederum thront – auffälliger wäre es nun wirklich nicht mehr gegangen! – ein im Mittelalter erbautes Kirchlein. Ungeniert bediente sich auch hier die katholische Kirche einer steinalten, als heilig verehrten Stätte, um die Menschen zu christianisieren, »heidnische« Kulte zu zerschlagen. Auf ihrer »Habenseite« kann sie aber verbuchen, dass die ursprüngliche Anlage so wunderbar erhalten geblieben ist.

Unter den ein gutes Dutzend zählenden steinzeitlichen Anlagen auf der Insel Jersey ist La Hougue Bie die am besten erhaltene. Erste Ausgrabungen begannen im Jahre 1924, und in späteren Jahren wurde in dem gartenähnlichen Areal mit altem Baumbestand auch ein Museum errichtet.[3]

Natürlich ließ ich es mir nicht nehmen, das Innere der prähistorischen Stätte zu inspizieren. Schon am Eingang, der mit einem viele Tonnen schweren Monolithen überdeckt ist, heißt es sich bücken; noch besser ist es, gleich in die Hocke zu gehen. Der schnurgerade Gang ins Innere ist wie bei anderen, auch als »Ganggrab« bezeichneten Konstruktionen: Stets sind es aufrecht stehende Orthostaten, über welche jeweils ein dritter Monolith quer darübergelegt wurde. Die Archäologen bezeichnen derartige, mit groben Steinen bedeckte Dolmen beziehungsweise Dolmengänge auch als »Cairns«. Und ordnen solche typischen Beispiele jungsteinzeitlicher Architektur in Trockenbauweise einem ominösen »Totenkult« zu, der nach offizieller Lesart zwischen 4500 und 3000 v. Chr. in ganz Westeuropa verbreitet gewesen sein soll.[4]

Gavrinis steckt voller Rätsel

Kulte sind unglaublich beliebt unter den Vertretern der Archäologie konservativer Denkart und müssen dann als Erklärung für alles Mögliche herhalten. Doch sobald man an der Oberfläche dieser »Lösungen« ein wenig zu kratzen beginnt, erscheinen unerwartete Widersprüche. Fand man doch in jenen »Ganggräbern« keine bestatteten Leichen. »Contradictio in re« würden die Juristen sagen – Fakt ist, dass dies die Bezeichnung als sinnlos entlarvt. Stattdessen liegen ganz andere »Leichen« im Keller, die auf jede Menge unerklärliches mathematisches und astronomisches Wissen hindeuten. Dies gilt besonders für die Anlage von Gavrinis unweit der Stadt Vannes an der bretonischen Atlantikküste, mit der ich mich gleich in aller Ausführlichkeit befassen werde.

Ganz nebenbei bemerkt: Die zahllosen offenen Fragen rund um die Fertigung, den Transport und das Einpassen monolithischer Kolosse spare ich mir für eines der nachfolgenden Kapitel auf. Denn dort geht es um Massen und Gewichte, die selbst den Hightech-verwöhnten Zeitgenossen unserer Tage den Angstschweiß auf der Stirn ausbrechen lässt.

Wer die Bretagne mit ihren wahrlich unzählbaren Dolmen und Menhiren kennt, für den dürften die kilometerlangen Steinalleen (»Alignements«) rings um Carnac eine der prominentesten Adressen darstellen. Wer aber weiß, dass im vorgelagerten

22

Golfe du Morbihan, auf zwei kleinen Inseln, noch weit sensationellere Stätten ihrer Enträtselung harren? Dies ist in erster Linie die Insel Gavrinis. Um dorthin zu gelangen, muss man im Küstenstädtchen L'Armor-Baden ein Schiff nehmen, welches das Eiland mehr oder weniger regelmäßig ansteuert.

Gerade einmal 750 Meter lang und 400 Meter breit ist Gavrinis. Sie ist von Bäumen umstanden, und der speziell an den zum Meer hin abfallenden Hängen wachsende Stechginster sorgt zuverlässig dafür, dass man die Insel einzig über die Anlegestelle betreten kann. Dort angekommen, führt ein kurzer Anstieg zu einem Häuschen, welches gleichzeitig als Aufenthalt für dort tätige Archäologen wie zum Verkauf von Eintrittskarten dient. Da die Stätte zudem rundherum eingezäunt ist, führt kein anderer Weg zum avisierten Ziel.

Die an der südlichen Spitze der Insel Gavrinis gelegene Megalithanlage wird, wie das bereits erwähnte La Hougue Bie auf Jersey, als Cairn, als ein mit Feldsteinen bedeckter Dolmen bezeichnet. Die zu beiden Seiten schuppenartig angeordneten flachen Steine sind mit Mauerwerk verkleidet und ergeben so eine langsam ansteigende, stufenförmige Konstruktion. Bemerkenswert sind auch die Ausmaße mit einem Durchmesser von mehr als 50 Metern sowie einer Höhe von etwa sechs Metern. Die Einheimischen wussten eigentlich schon immer, dass der auffällige Hügel – er ist gleichzeitig der höchste Punkt der Insel – künstlichen Ursprungs ist und dass sich hierunter eine megalithische Anlage aus der Steinzeit befindet. Der Eingang ins Innere wurde erst im Jahre 1832 entdeckt, und obwohl der lange, von tonnenschweren Monolithen flankierte und abgedeckte Gang völlig leer war, deklarierte man das Bauwerk als »Ganggrab«. Zwischen 1979 und 1984 wurde die zyklopische Anlage restauriert, und seitdem ist ein unkontrollierter Zugang sowie das Fotografieren nicht mehr möglich. Das Auge des archäologischen Establishments wacht unerbittlich darüber, dass sich die weniger leichtgläubigen Besucher keine eigenen, möglicherweise gar »ketzerischen« Gedanken machen.

Sag mir, wo die Leichen sind

Apropos Ganggrab: Bei meinem Aufenthalt auf der Insel wurde ich mit einer »Erklärung« konfrontiert, die ihrerseits beinahe filmreif war. Der dort tätige Archäologe ließ, bevor der Gang ins Innere angetreten werden durfte, verlauten, dass man darin niemals irgendwelche Leichen gefunden hat. Also in der eigentlich logischen Konsequenz die Bezeichnung Makulatur sei. Nachdem ich aber in den finsteren Gang gekrochen war, präsentierte der wackere Mann eine wahrlich verblüffende Erkenntnis. Er verwies auf eine große Granitplatte am Boden, auf der man angeblich die Toten zur letzten Ruhe gebettet habe. Auf den Einwurf hin, dass er doch wenige Minuten zuvor darauf hingewiesen hatte, man hätte dort keine sterblichen Überreste gefunden, wusste er nur zu entgegnen: »Der Granit war derart sauer, dass die Leichen komplett zersetzt worden sind.«
Es dauerte eine Weile, bis ich mich wieder einigermaßen von diesem Statement erholt hatte. Im Nachhinein betrachtet tut es mir nicht einmal leid, sagen zu müssen, dass ich in meiner ganzen Laufbahn als Forscher des Unerklärlichen noch keinen größeren Blödsinn vorgesetzt bekam.
Wie gesagt, ist das Fotografieren im Inneren dieses Pseudo-Grabes nicht erlaubt. Doch mittlerweile wurden im Außenbereich zahlreiche Schautafeln aufgerichtet, auf denen Details aus dem Inneren abgebildet sind. Der bereits erwähnte Gang misst in der Länge 13,10 Meter und führt zu einer fast quadratischen Kammer im Zentrum des Cairns, dem »Heiligtum«. Diese Grabkammer, die nie eine war, ist weitere 2,60 Meter lang, 2,50 Meter breit sowie 1,80 Meter hoch. Froh war ich, mit

meinen 1,76 Metern endlich die gebückte Haltung aufgeben und bequem aufrecht stehen zu können. Gebildet wird die Kammer von sechs mächtigen Orthostaten, also aufrecht stehenden Platten, darüber liegt ein gewaltiger Deckenstein mit den Maßen 3,70 mal 2,50 Meter. Am Boden die berüchtigte, »leichenfressende« Granitplatte. Doch bin ich mir sicher, dass dies nichts als eine Verlegenheitsantwort des Archäologen war. Für »Normaltouristen« mag selbiges zuweilen ganz plausibel klingen. Ansonsten gilt das Bonmot, welches dem 16. Präsidenten der Vereinigten Staaten von Amerika, Abraham Lincoln (1809–1865), zugeschrieben wird: »Man kann manche Leute immer und einige manchmal, aber man kann nicht alle Menschen immer zum Narren halten.«

»Äxte«, »Fingerkuppen« und Spiralen

Für den gedeckten Gang zur inneren Kammer wurden insgesamt 52 sorgfältig nebeneinandergereihte Steinplatten verbaut. Die Hälfte davon ist mit auffälligen Zeichen graviert. Man erkennt Spiralen und Kreise, die ineinander übergehen, sowie eigenartige Furchen, die in einen riesigen Maßstab vergrößerten Fingerabdrücken gleichen. Auch gibt es dort Schlangenlinien, die zuweilen von einem Orthostaten zum nächsten weiterlaufen. Die 26 gravierten Steine beinhalten auch ein Exemplar mit Abbildungen, die an Steinäxte oder Steinfäustlinge erinnern.
Wie die Monolithen dermaleinst bearbeitet wurden, ist nicht sonderlich spektakulär. Die Ornamente wurden wahrscheinlich mit kleinen Quarzsteinen, die man gleichfalls bei Ausgrabungen auf dem Gelände fand, in die Steinplatten eingeritzt. Neben den erwähnten »Äxten«, »Fingerabdrücken« und Spiralen fanden die Archäologen auch stilisierte menschliche Gestalten, Zickzacklinien, Schlangen, U-förmige Zeichen und

andere Symbole. Oft greifen diese Figuren ineinander über, und ihre fließenden Umrisse und Formen lassen ein Gesamtkunstwerk entstehen, das einzigartig selbst für eine Region wie die Bretagne ist.[5]

Es ist dies ein verwirrendes und geheimnisvolles Sammelsurium, auf dem das einfallende Licht, je nach dem Stand der Sonne, bizarre Schatten an den Wänden erzeugt. Doch ist all das »nur« jungsteinzeitliche Kunst, Ausdruck eines Übergangs von bildlichem Naturalismus zur abstrakten Darstellung? Mitnichten. Denn wie ein bretonischer Tüftler herausgefunden hat, beinhalten jene »Äxte«, »Fingerkuppen« und Spiralen eine ausgeklügelte, mathematische Botschaft. Und dies aus einer Epoche, als die Menschen mit der Unterstützung ihrer Finger allenfalls das kleine Einmaleins beherrschten. Zumindest will es die klassische Lehrmeinung so und nicht anders sehen.

Addieren, Multiplizieren, Pi

Der Bretone Gwenc'hlan Le Scouezec ist ganz offenbar ein mathematisches Genie, denn nach eigenem Bekunden sprangen diesem die in exakter Mathematik abgefassten Botschaften buchstäblich ins Auge. Und dies ist seine Erkenntnis: Von der rechten Eingangsseite aus gezählt, fiel ihm auf, dass die ersten zwei Orthostaten bar jeglicher Gravur waren, diese folglich erst beim Monolithen Nr. 3 begannen. Der sechste Stein in dieser Reihe – danach folgt wieder ein ungraviertes Exemplar – fiel ihm besonders auf. Er ist nicht nur deutlich schmäler als alle anderen, sondern steht zudem etwas erhöht und trägt nur die Gravur eines einzigen »Fingerabdrucks«. Offenbar sollte mit dieser ersten, mit Bearbeitungen verzierten Reihe – bestehend aus Stein Nr. 3, 4, 5 und 6 – der Schlüssel zu verschiedenen Berechnungen gelegt werden.

Der aufrecht stehende Monolith Nr. 21, der seinen Platz auf der linken Seite, wenige Meter vor der annähernd quadratischen Kammer hat, zeigt wie Stein Nr. 6 gleichfalls nur einen »Fingerabdruck«. Zusätzlich trägt er jedoch in drei Reihen übereinander drei mal sechs, also insgesamt 18 axtähnliche, senkrecht stehende Objekte. Nun rechnete der pfiffige Bretone weiter und multiplizierte 3 mal 4 mal 5 mal 6. Das Ergebnis ist nach Adam Riese 360 – was dem in 360 Winkelgrade unterteilten Vollkreis entspricht.

In einem weiteren Rechenschritt schrieb Le Scouezec die Nummern der ersten Monolithen mit Gravuren hintereinander, was im Ergebnis 3456 ergibt. Diese Zahl teilte er dann durch die 21 des Monolithen Nr. 21 und erhielt die Zahl 164,57. Was soll dieser auf den ersten Blick völlig belanglos scheinende Wert bedeuten? Laut Le Scouezec entspricht er dem Umfang eines Kreises mit 52,38 Metern Durchmesser. Lustigerweise liegt der südliche Azimuth – in der Astronomie ist dies der Winkel zwischen dem Höhenkreis eines Gestirns und dem Ortsmeridian – von Gavrinis am Tag der Sommersonnenwende auf exakt 52 Grad und 38 Minuten. Zufall?

Beinahe unbedeutend erscheint dagegen die Tatsache, dass jener 13,10 Meter messende Gang zur inneren Kammer, der auch als »Galerie« bezeichnet wird, exakt nach dem Sonnwendpunkt ausgerichtet ist. Und was geradezu logisch aus den errechneten Zahlenwerten folgt: Bei der Division der beiden entstandenen Werte 164,57 und 52,38 muss das Resultat 3,14 lauten. Bekanntermaßen wird das Verhältnis des Kreisdurchmessers zum Umfang des Kreises durch die heute jedem Schüler geläufige »Ludolph'sche Zahl« Pi (= 3,141592653 ...) definiert.[6]

Zufall, Willkür oder Geniestreich?

Sind dies alles nur willkürlich an den Haaren herbeigezogene Zahlenspielereien? Dreht sich hier eine ganze Argumentationskette nur im Kreis? Oder gab es bereits in der Steinzeit so geniale Mathematiker, dass ihre heutigen »Berufskollegen« Probleme haben, ihnen das Wasser zu reichen?

Einiges scheint für die letztere Annahme zu sprechen, so unglaublich dies auch klingen mag. Nachfolgend noch ein weiteres Beispiel aus dem – ja, wie soll man es eigentlich nennen, denn ein Grab war es definitiv nicht – geheimnisumwitterten Dolmengang im Cairn von Gavrinis.

Zur Erinnerung: Wie bereits ausgeführt, wurden für den Gang zur inneren Kammer insgesamt 52 mächtige Steinplatten verbaut. Auf dem Stein Nr. 21 und nur dort sind die axtähnlichen Gravuren zu finden; es sind deren 18 an der Zahl. Der mathematisch versierte Bretone addierte nun (die gesamte Anzahl der Monolithen) 52 mit (der Zählnummer des herausragendsten von diesen) 21, was die Summe 73 ergibt. Die immer wieder auftauchende Basiszahl, gebildet aus der ersten Reihe gravierter Orthostaten, beträgt 3456. Dividiert man schlussendlich diese Zahl durch die soeben errechnete Summe von 73, erhält man als Ergebnis 47,34. »Das ist ja alles schön und gut, aber was soll's?« Dies dürfte die naheliegendste Reaktion sein. Aber gemach! Die exakte geographische Länge der Insel Gavrinis beträgt – es ist verblüffend – 47 Grad und 34 Minuten![6]

Scouezec fand noch einige weitere, zugegeben recht frappierende mathematische Übereinstimmungen heraus, welche aufzuzählen den Rahmen dieser Betrachtung sprengen würde. Aber ist das alles nicht ein wenig zu viel, um einmal mehr dem ohnehin viel zu sehr strapazierten »Zufall« in die Schuhe geschoben zu werden? Wer hatte ein Interesse daran, uns aus grauer Vorzeit eine subtile Botschaft zukommen zu lassen?

Sozusagen eine mathematische »Nuss«, die nur zu knacken ist, wenn man sich endlich bequemen würde, die allfälligen Scheuklappen abzulegen.

Steinkreise unter Wasser

Nur einen Steinwurf von Gavrinis mit seiner mathematischen, in Stein verewigten Botschaft befindet sich eine weitere, aber viel kleinere Insel: Er Lannic, was im Bretonischen so viel wie »kleine Heide« bedeutet. Sie besitzt zwei ineinander verflochtene Steinkreise, die je nach Ansicht des Betrachters zwei Hufeisen oder eine unvollständige »8« bilden. Nur knapp die Hälfte der Megalithen steht auf der Insel, die, weil Vogelschutzgebiet, in der Regel nicht betreten werden darf. All die anderen Steine liegen unter dem Meeresspiegel und sind nur bei Ebbe einigermaßen zu erkennen.

Die Stromrinne zwischen Er Lannic und dem viel größeren Gavrinis – beide sollen zur Zeit der Entstehung der Megalithbauten noch Teil des Festlandes gewesen sein – besitzt eine Tiefe von 25 bis 28 Metern. Im Südosten von Er Lannic fällt der Meeresspiegel beim tiefsten Stand der Ebbe bis auf fünf Meter ab. Die Flut kommt indes unglaublich rasch und mit vehementer Urgewalt: Bei meinem Besuch vor Ort, an Bord eines kleinen Schiffes, das rund um die Insel kreuzte, konnte ich das beängstigende Szenario live miterleben.

Bereits im Jahre 1866 entdeckte der bretonische Forscher G. de Closmadeuc die megalithischen Kreise von Er Lannic. Wie auf Gavrinis gehört auch hier ein Cairn, ein gedeckter Dolmengang dazu. Monsieur Closmadeuc verfasste damals die erste Beschreibung des aus 60 Monolithen bestehenden nördlichen Steinkreises, der zum überwiegenden Teil auf der Insel steht. Sechs Jahre danach, 1872, entdeckte er den zweiten Kreis, der meistens unter dem Meeresspiegel liegt. Von diesem standen seinerzeit nur mehr vier oder fünf Monolithen aufrecht unter Wasser, alle anderen waren umgestürzt und wurden erst im 20. Jahrhundert wieder aufgerichtet.

Eine erste Vermessung der Megalithanlage fand im Jahre 1919 statt. Restaurationsarbeiten folgten von 1923 bis 1926, einhergehend mit Ausgrabungen. Dabei wurden Monolithen im nördlichen Bereich, die bis dahin verschüttet waren, wieder ausgegraben. Auch fand man Werkzeuge aus Feuerstein, polierte Äxte und eine Unmenge Scherben von Töpferwaren – Letztere müssen nicht zwingend aus jener Zeit stammen, in welcher die Steinkreise errichtet worden waren. In den Jahren 1991 und 1992 machte sich dann eine Interessengemeinschaft für Unterwasser-Archäologie an die Aufgabe, eine komplette topografische Erfassung aller auf der Insel und im Meer befindlichen Blöcke vorzunehmen. Dabei stellte sich heraus, dass offenbar zahlreiche Steine auf Nimmerwiedersehen verschwunden waren.

Auch Luftaufnahmen wurden gemacht. Aus der Vogelperspektive konnten Form und Größe beider Steinkreise ganz genau bestimmt werden. Der nördliche, sich vorwiegend auf der Insel befindliche ist eher ein wenig oval und im südlichen Bereich über eine Breite von 50 Metern geöffnet. An seiner Verbindungsstelle zum südlichen, im Meer liegenden Steinkreis befindet sich eine geradezu konfuse Häufung von Menhiren. Der südliche Steinkreis hingegen besitzt eine rundere und regelmäßigere Form, und sein Durchmesser beträgt etwa 65 Meter. Er bildet einen in östlicher Richtung hin geöffneten Zweidrittelkreis, wobei beide Enden von zwei imposanten Menhiren markiert werden. Einer davon misst stolze 8,20 Meter. Ein paar weitere Details fallen im Vergleich zum nördlichen Steinkreis auf. Die Blöcke des Kreises im Meer sind deutlich größer und breiter, und zwischen den Steinen liegen freie Flächen in regelmäßiger Anordnung. Im nördlichen Kreis hingegen sind die Steine so eng aneinandergereiht, als wären sie miteinander verbunden.[7]

Über das Alter des doppelten Steinkreises von Er Lannic besteht Uneinigkeit unter den Archäologen. Doch spricht viel dafür, dass die Monolithen noch vor Beginn des Abschmelzens der Eismassen am Ende der letzten Eiszeit aufgerichtet wurden. Das muss um 9000 bis 8000 v. Chr. gewesen sein, womit die Artefakte auf der kleinen Insel in die ausgehende Altsteinzeit zurückdatieren würden. Es wäre spannend zu erfahren, ob ihnen – so wie bei der Megalithanlage auf dem wenige hundert Meter entfernten Eiland Gavrinis – gleichfalls eine ausgeklügelte mathematische Botschaft innewohnt.

Dies herauszufinden, wäre mit Sicherheit eine lohnende Aufgabe für eine zukünftige, vorurteilsfreie Altertumsforschung.

2 Spannender als Stonehenge

Die »sprechenden Menhire« von Rollright

Ich war bereits wiederholte Male in Stonehenge. Dank einer Sondergenehmigung der zuständigen Behörden durfte ich – anders als die Massen von Besuchern, die tagtäglich auf das Areal anstürmen – sogar in den Innenbereich. Und musste mich nicht damit begnügen, den geheimnisvollen Monumentalbau auf der Ebene von Salisbury in der Grafschaft Wiltshire aus durchschnittlich 20 Metern Entfernung zu bewundern. Es ist wirklich ein ausnehmend bewegendes Erlebnis, einen strahlenden Sonnenaufgang zwischen den viele Tonnen schweren Steinblöcken im verbotenen Innenbereich zu genießen.

Nach längerem Herumirren fand ich sogar jenen Steinbruch in den walisischen Preseli Mountains, aus dem viele der gewaltigen Steine – die wegen ihrer Färbung sogenannten »Blausteine« – von Stonehenge kommen. Seltsamerweise konnten Anwohner, die fast im Schatten des Steinbruchs leben, mir die Frage nach dessen Standort nicht beantworten; erst eine Nachfrage im Pub und beim örtlichen Postzusteller führten mich schließlich ans avisierte Ziel. Noch immer zerbrechen sich die Archäologen ihre schlauen Köpfe, wie seinerzeit der Transport der riesigen Blöcke vor sich gegangen sein mag. Denn die erwähnten Preseli-Berge liegen nicht weit von der Westküste von Wales und damit schon auf dem Landweg gut und gern 200 Kilometer Luftlinie von Stonehenge entfernt. Auf dem Wasserweg – man vermutet, die »Zulieferer« hätten das Mate-

rial rund um Wales, Cornwall und dann den Avon flussaufwärts transportiert – ist es sogar über dreimal so weit.

Stonehenge ist wirklich eine der geheimnisvollsten und auch
spektakulärsten Megalithanlagen unserer Welt und mehr als
nur eine Reise wert. Vor allem, da es sich vor ein paar Jahren
als astronomisches Observatorium wie auch als Planetarium,
sozusagen als Stein gewordenes Abbild unseres Sonnensys-
tems, erwiesen hat. Die Ringe der konzentrisch aufgebauten
Anlage Stonehenge geben die durchschnittlichen Bahndaten
der Planeten um unsere Sonne wieder.[8] Doch nicht einmal einhundert Kilometer in nordnordöstlicher Richtung befindet
sich eine Stätte, welche womöglich noch weit mehr Rätsel
und Geheimnisse birgt als Englands »prähistorische Vorzeige-
Attraktion«.

Ein phänomenaler Ort

Die Rede ist nachfolgend von den *Rollright Stones*. Dies ist eine
vorzeitliche Steinsetzung, welche einmal mehr alle unsere Vorstellungen von der Vergangenheit über den Haufen wirft. Man
kann sie von London aus mit einem entspannten Halbtagesaus-
flug erreichen. Als es mich im Juni des Jahres 2009 erstmalig
dorthin verschlug, fuhr ich vom Flughafen London-Heathrow
zunächst auf den Autobahnring M 25 und zweigte dann auf die
M 40 ab in Richtung Oxford. Die altehrwürdige Universitäts-
stadt ließ ich hinter mir, um auf der Landstraße A 34 ins male-
rische, typisch mittelenglische Städtchen Chipping Norton zu
gelangen.

Von dort aus sind die mysteriösen Steine übrigens viel besser
zu finden. Denn bei zwei folgenden Reisen kam ich von Norden, von der Shakespeare-Stadt Stratford-upon-Avon her, und
da auf der Route keine augenfällige Beschilderung existiert,

kann man ganz leicht an der entsprechenden Abzweigung vorbeifahren. Und landet dann, bevor man sich versieht, in Woodstock. Dieser Ort hat jedoch nichts mit dem legendären Rock-Festival zu tun, ist aber trotzdem – wenigstens in England – jedem gut bekannt. Im dortigen Blenheim Palace erblickte nämlich der spätere Premierminister Winston Churchill (1874–1965) das Licht der Welt. Also noch mal ein paar Kilometer zurück.

Die steinernen Monumente liegen ungefähr vier Kilometer außerhalb von Chipping Norton in nördlicher Richtung; rechts und links einer schmalen Überlandstraße, die in Richtung der Ortschaft Adlesthorpe führt. Zwar befinden sich die Menhire allesamt auf privatem Grund, doch der ist frei zugänglich. Was allerdings seine Schattenseiten hat. Denn immer wieder nächtigen New-Age-Anhänger auf dem Gelände, von denen es einige nicht so notwendig finden, ihren Müll wieder mitzunehmen. Zum Glück relativiert sich dies für jeden, der schon einmal des vollkommen vermüllten »Schlachtfeldes« ansichtig wurde, das nach der Sommersonnenwende rund um Stonehenge zurückbleibt.

Die weitläufige Anlage von Rollright, die heute von der erwähnten Straße nach Adlesthorpe durchtrennt wird, besteht aus drei Teilen inmitten von Wiesen, Feldern und darin eingestreuten Waldstücken. Die größte Fläche nimmt ein perfekter, runder Steinkreis von 31,6 Metern Durchmesser ein. Angeblich gelingt es nicht, die einzelnen Monolithen zu zählen; stets soll dabei ein anderes Ergebnis herauskommen. Nur eine von vielen Mythen, die sich um die Rollright Stones ranken? Tatsächlich erbrachten auch meine Zählungen – ich besuchte Rollright bislang 2009, 2010 und 2013 – unterschiedliche Resultate. Zwischen 77 und 82 dieser Steine unterschiedlicher Größe, die auch als »King's Men« bezeichnet werden, stehen seit undenklichen Zeiten auf der grünen Wiese herum.

Ungefähr 50 Meter vom Mittelpunkt des Steinkreises entfernt steht, auf der gegenüberliegenden Seite der Straße, ein einzelner Menhir. Es ist der »King's Stone«, der »Stein des Königs«. Sichtlich angenagt vom Zahn der Zeit, ragt er noch immer 2,60 Meter in die Höhe. Die maximale Breite des sehr »kopflastigen« Steines beträgt knapp 1,50 Meter im oberen Bereich.

Östlich des Steinkreises – man muss zunächst einen Weg parallel zur Straße am Zaun entlang gehen, dann im rechten Winkel talwärts abbiegen – stößt man auf eine Gruppe teils stehender, teils umgestürzter Menhire. Es sind die »Whispering Knights«, »flüsternde Ritter«. Wie der »King's Stone«, zu dem es etwa 300 Meter Luftlinie sind, wurden auch sie mit einem inzwischen angerosteten Zaun umgeben. Unter den Besuchern ist es offenbar zum beliebten »Sport« geworden, Münzen in die Löcher und Risse der gleichfalls stark verwitterten Monolithen zu werfen. Dass dies zumeist nicht von Erfolg gekrönt ist, davon zeugt der rings um die Steine angehäufte »Reichtum«.

Der Name dieses megalithischen Ensembles ist wahrscheinlich nicht von ungefähr gewählt, weist er doch ganz dezent auf ein phantastisches Phänomen hin, das mit den Steinen an diesem Ort verbunden ist.

Fledermäuse führten auf die Spur

Immer wieder berichteten Sensitive und Wünschelrutengänger, aber auch uneingeweihte Besucher, sie hätten bei den Rollright Stones ganz seltsame Gefühle verspürt, die bis hin zu veritablen Schockzuständen reichten. Den eigentlichen Ausschlag, sich näher mit den uralten Steinsetzungen zu beschäftigen, erbrachte eine Beobachtung aus einer ganz anderen Fachrichtung. Ein Zoologe, der mit einem Ultraschallmessgerät Fledermäuse verfolgte, war an dem Steinkreis vorbeigefahren, der nur wenige

Meter von der Straße entfernt liegt. Plötzlich bemerkte er einen unerwarteten Ausschlag an seinem Instrument, der nicht von den nachtaktiven Säugetieren herrühren konnte. Als er wieder an derselben Stelle vorbeikam, schlug das Messgerät erneut aus. Er setzte sich daraufhin mit der archäologischen Fakultät der Universität von Oxford in Verbindung und schilderte seine Beobachtungen den dortigen Wissenschaftlern.

Einer der dort tätigen Gelehrten, der Stoffchemiker Dr. Don Robins, begann sich für jene seltsamen Vorgänge zu interessieren. Das war der Startschuss zu »Project Dragon« (»Drachenprojekt«), in dessen Verlauf schier unglaubliche Schlussfolgerungen gezogen werden mussten.

Die grundsätzlichen Überlegungen von Dr. Robins und seinen Kollegen gingen dahin, dass die Steine zu einem nicht unerheblichen Teil aus Quarz bestehen. Dieses Mineral findet in unserer heutigen Zeit vielfältige Verwendung. So etwa bei der Fertigung kleiner und kleinster Bauteile in der Halbleitertechnik und in der Mikroelektronik. Dabei war vor allem die Frage von Bedeutung, ob die Steine irgendwie geladen sind. Als Stoffchemiker war Dr. Robins geläufig, dass alle Mineralien aus einem komplexen Netz aus verschiedenen Atomen bestehen. Unter dem Elektronenmikroskop ließe ein Körnchen hiervon den Eindruck eines ungleichen Atom- oder Kristallgitters voller Lücken entstehen. Jene Lücken im Gitter würden andere Atome, Ionen, einfache Moleküle und Elektronen »einfangen«. In den Jahren 1978 und 1979 ließ Dr. Robins zu jeder Tages- und Nachtzeit Messungen mit einem Ultraschall-Detektor durchführen. Hierfür musste er zunächst das Grundniveau der Ultraschall-Frequenzen der Umgebung bestimmen, das auf der bis zehn messenden Skala zwischen null und eins lag. Ihm war ebenfalls bekannt, dass Steine bei Sonnenaufgang ein wenig stärker strahlen als zu anderen Zeiten. Beim Tagesanbruch herrschen Langwellenstrahlen vor, welche die Elektronen im

Gestein aktivieren. Bei den Rollright Stones jedoch war alles vollkommen anders: Die Gesetzmäßigkeiten schienen dort außer Kraft gesetzt zu sein.

»Gespräche« im Morgengrauen

Bereits eine halbe Stunde vor Sonnenaufgang setzte beim einzeln stehenden »King's Stone« ein unerwartet starkes Pulsieren ein. Der große Menhir erreichte dabei auf der Messskala den unbegreiflich hohen Wert 7, während zur gleichen Zeit der Ultraschallpegel des Steinkreises unter den Normalwert der Umgebung fiel. Stattdessen begann nun auch die dritte Steinsetzung, die »flüsternden Ritter«, stark zu strahlen. Ungefähr drei Stunden nach Sonnenaufgang hörte das Pulsieren auf. Während jedoch der Messwert beim »King's Stone« zurückfiel, stieg er im Steinkreis deutlich an. Es war, als würden die Megalithen im Morgengrauen miteinander kommunizieren!

Als sich einmal während der Messungen ein Mitglied des Forschungsteams in den Steinkreis begab, hörte das Pulsieren dort unvermittelt auf, als wäre die Verbindung unterbrochen worden. Dazu stellte Projektleiter Don Robins fest:

»Bei allen Messungen in der Morgendämmerung konnte heftiges Pulsieren rund um den Menhir (gemeint ist der King's Stone; HH) sowie auf der Straße und dem Feld zwischen Menhir und Kreis beobachtet werden, dieses hörte jedoch auf, sobald jemand in den Steinkreis trat. Dieser Wechsel zwischen intensivem Pulsieren und sehr schwachen, unter den Grundwerten liegenden Schwankungen wiederholte sich während der gesamten Beobachtungszeit und wurde von einer Anzahl von Beobachtern bestätigt.«[9, 10]

Da die Untersuchungen über einen längeren Zeitraum durchgeführt wurden, konnte man zudem feststellen, dass es regelmäßig zu jahreszeitlich bedingten Schwankungen kam. Zur Zeit der Tagundnachtgleiche im Frühling und Herbst herrschte ein Maximum an Ultraschallstrahlung, bei der Sommer- und Wintersonnenwende hingegen ein Minimum. Darüber hinaus weisen die jeweiligen Steinsetzungen verschiedene Zyklen auf. So hat im Winter der »King's Stone« eine stärkere Aktivität als der Steinkreis. Schließlich steigert sich bei beiden die Intensität, wobei die Ultraschallwellen des Steinkreises allmählich deutlich stärker werden als die des Menhirs und diesen im Frühjahrsmaximum sogar übertreffen.

Weitere Messungen ergaben, dass der strahlungsaktive Menhir seine Umgebung fast genau 45 Meter weit beeinflusst. Außerhalb dieser Zone aber waren – wenigstens mit den benutzten Messgeräten – keine Strahlungen feststellbar. Um Irrtümer so zuverlässig wie möglich auszuschließen, führte man zahlreiche Kontrollmessungen durch. So wurden auch andere Steinwälle, ein nahegelegener trigonometrischer Punkt, Betonbauten sowie natürliche Sandsteinformationen überprüft. Doch alle Ergebnisse bezüglich Ultraschallwellen blieben hier negativ.

Sie wussten, was sie tun!

In seinem abschließenden Forschungsbericht, welchen Dr. Robins unter anderem in der Fachzeitschrift *ALPHA* publizierte, formulierte der Stoffchemiker die mutige Hypothese, dass diese jungsteinzeitlichen Megalithanlagen *Energieaktivierungszentren* waren. Es sei die exakte, geometrische Anordnung dieser Steine – ober- wie unterirdisch –, die für den Prozess der Energieaktivierung verantwortlich sein muss. Aus diesem Grund sei anzunehmen, dass die Menschen der Steinzeit, welche die Anlage von Rollright in die Natur setzten, über diese Effekte bereits genau Bescheid wussten und sie zudem bewusst angewandt haben.[9] Per Zufall können die Steine dort in exakt dieser Anordnung jedenfalls nicht hingekommen sein. Dies bedeutet, dass die gemäß gültiger Lehrmeinung ach so primitiven Steinzeitmenschen ganz genau wussten, was sie taten.

Wie das alles funktioniert, erklärt uns die Physik. Die in Rollright gemessenen Ultraschallwellen sind offenbar das Resultat eines für uns noch nicht vollständig nachvollziehbaren energetischen Vorganges, der sich zwischen den Steinen abspielt. Jene Prozesse, welche die elektrischen Ströme auslösen, werden durch Radiowellen von der Sonne ausgelöst. Folglich kommt der Strahlungseffekt durch eine Wechselwirkung von Radiowellen mit dem molekularen Gitternetz der Monolithen zustande. Dabei ist die Energie in jedem einzelnen Stein praktisch unmessbar klein. Erst die exakte Ausrichtung aller Steine lässt Energien entstehen, die die Messgeräte spürbar zum Ausschlag bringen. So steht fest: Hinter der Aufstellung der Monolithen steckt alles andere als der viel strapazierte Zufall.

Woher das Ganze stammt, woher die Menschen jener Epoche das unerklärliche Wissen bekommen haben, darüber können wir allenfalls spekulieren. Wie kann eine Gesellschaft von gerade erst sesshaft gewordenen Hirten und Ackerbauern zu derartig hochentwickelten Anwendungen der Physik, der Chemie und anderer hierfür unverzichtbaren Fachkenntnisse gekommen sein? Der aktuellen Lehrmeinung zufolge hatten die Menschen jener Epoche nicht einmal die Möglichkeit, ihr Wissen aufzuschreiben und auf diese Weise der Nachwelt weiterzugeben. Geschweige denn, sich Ultraschall-Messgeräte zu konstruieren, die unverzichtbar gewesen wären, um die exakte Position der einzelnen Menhire nach deren Aufstellung auf dem Areal zu überprüfen. Welchen Nutzen hätte das schönste Meisterwerk, wenn man nicht einmal die Gewissheit hat, dass es überhaupt funktioniert?

Die Schlussfolgerung, die sich hier geradezu aufdrängt, ist so explosiv, dass sie unser angestaubtes Weltbild in unzählige Stücke zu sprengen vermag.

Alte Sagen

Wenn man sich zudem der Tatsache bewusst ist, dass ähnliche Steinkreise und megalithische Anlagen überall auf unserer Welt existieren, dann sollte die Frage nach dem tatsächlichen Zweck erlaubt sein. Waren es in Wahrheit nüchtern-technische Bauten? Die billigen »Erklärungen« als »Kultstätten« oder »Orte für rituelle Handlungen« zeigen angesichts der Erkenntnisse von »Project Dragon« überdeutlich, was sie letztendlich sind: inhaltsleere Worthülsen und sinnloses Geschwafel.

Natürlich ranken sich auch einige Mythen und Legenden, welche aber ausnahmslos aus historischen Zeiten stammen, um diese Steine. Auf einer Tafel, die man neben den »Whispering Knights« aufgestellt hat, ist die Sage vermerkt, jene »flüsternden Ritter« würden in den Neujahrsnächten regelmäßig zu einem weiter unten gelegenen Bächlein marschieren, um Wasser zu trinken.[11]

Eine andere Geschichte verarbeitet das alte Motiv, dass ein Pferd mühelos imstande sei, eine schwere Last zurückzubringen, die zuvor viele Pferde hatten fortschleppen müssen. Der Sagenforscher T. H. Ravenhill berichtete in seiner Anthologie »The Rollright Stones«, wie es dem Gutsherrn von Rollright ergangen war, als er den »King's Stone« zum Bau einer Brücke auf seinem Besitz verwenden wollte. Zwei Pferde waren nicht stark genug, ihn fortzuschleppen, und selbst deren vier schafften es nicht. Schließlich waren sechs Pferde notwendig, ihn zu bewegen, doch hätte der Stein jeden Morgen wieder im Gras vor der Brücke gelegen. Auch geschahen andere sonderbare

Dinge: Unheimliche Geräusche im Herrenhaus und üble Beläs-
tigungen nötigten den Gutsherrn dazu, den »Stein des Anstoßes« zurückzubringen. Und dieses Mal galoppierte das erste
vorgespannte Pferd mit dem Stein davon und brachte ihn mit
spielender Leichtigkeit an den angestammten Platz zurück.[12]
Aus dem Reich der Legenden möchte ich hier noch einmal
kurz zu Erscheinungen zurückkehren, die sich mit Instrumenten feststellen lassen. An anderer Stelle hatte ich angemerkt,
dass es bei den Ultraschallwellen Zyklen gibt und dass deren
Intensität anscheinend jahreszeitlich bedingte Schwankungen
aufweist. Etwas Ähnliches, zumindest was Unterschiede in
einer messbaren Größe betrifft, kenne ich von der Mittelmeerinsel Malta.

Jedes Jahr ein anderer Messwert

Zwischen den Ortschaften Mgarr und Zebbieh liegt der steinzeitliche Tempel von Skorba, der zum Namensgeber einer neolithischen Epoche auf Malta, der »Skorba-Phase«, wurde. Es
war im Jahr 1999, als mir erstmals in den Sinn kam, zwischen
zwei Monolithen, die an der Rückseite des Tempels eine Art
Durchgang bilden, mit dem Kompass zu messen. Ich konnte
eine nicht unerhebliche Kompassabweichung feststellen. Als
ich meinen Kompass langsam auf einer geraden Linie von
dem einen Monolithen – die beiden bestehen aus Sandstein,
und der lichte Abstand zwischen ihnen beträgt in etwa einen
Meter – zum anderen bewegte, führte die Nadel eine Bewegung
von beinahe 90 Grad aus. Dies dürfte normalerweise nicht sein,
es sei denn, irgendwelche magnetischen Einflüsse würden die
Nadel ablenken. Aber Magnetismus in Sandstein?
Bei der darauffolgenden Reise im Jahr 2001 gab es dann eine
große Überraschung. Wieder führte ich den Kompass zwi-

schen den beiden Monolithen im damals noch für die Allgemeinheit gesperrten Tempel hin und her. Doch ich glaubte meinen Augen nicht mehr trauen zu dürfen; es waren nur mehr etwa 15 bis 20 Grad, um die sich die Nadel bewegte. Was war in der Zwischenzeit geschehen? Ebenso kann ich mir keinen Reim darauf machen, warum diese Magnetabweichung einzig zwischen diesen beiden Monolithen an der Rückseite des Skorba-Tempels auftritt. Keine andere Stelle dort zeigt vergleichbare Auffälligkeiten.

Natürlich behalte ich die seltsame Angelegenheit konsequent im Auge, denn bei allen Reisen, die ich seither auf die Insel unternommen habe, war der Kompass im Gepäck. Mit Erlaubnis des Aufsichtspersonals durfte ich zwischen den beiden Pfeilern die Abweichung messen, und stets waren die Ergebnisse unterschiedlich. Einmal war die Abweichung ganz gering, lag zwischen drei und fünf Grad. Dann waren es wieder 60 Grad, in einem weiteren Jahr um die 35 Grad, einmal sogar 75 Grad und so weiter, zwischen fünf und zehn Grad waren es bei meiner vorerst jüngsten Messung im April 2015. Diese ungewöhnlichen »Abweichungen in der Abweichung« vermag ich mir überhaupt nicht zu erklären, aber auch künftig werde ich meine Messungen fortsetzen. Am besten mit ein oder zwei Zeugen, die mir dabei assistieren.

Denn ein paar ganz besondere Schlaumeier hatten die Behauptung aufgestellt, dort wäre gar nichts zu messen gewesen. Ich kann nicht mit Bestimmtheit sagen, ob sie tatsächlich genau an dieser Stelle waren, die hinter einer Absperrung liegt. Indessen fand eine Teilnehmerin an meiner Malta-Reise aus dem Jahre 2013 eine durchaus plausible Erklärung, warum vielleicht keine Deklination der Kompassnadel zu erkennen war. Der »Nachahmer« hatte möglicherweise gar keinen Kompass, sondern benutzte eine »Kompass-App« auf seinem Handy. Die funktioniert mit Satelliten-Navigation und zeigt verständlicherweise nur die Himmelsrichtung an; auf andere Einflüsse reagiert sie nicht. Ein Vergleich: Das kombinierte Navigations- und Informationssystem in meinem Auto würde auch nicht reagieren, selbst wenn ich an einem gigantischen Magneten vorbeifahren würde.

Wenn alles so einfach wäre, dann hätten wir längst die Welt erklärt. Und es gäbe keine Rätsel und Geheimnisse mehr ...

3 Freizeitparks für spielende Riesen?

Die unerträgliche Leichtigkeit des Steins

Wo immer ich auf dieser Welt an Orte komme, an denen sich – die meist viele, viele Tonnen schweren – megalithische Relikte unserer steinzeitlichen Vorfahren befinden, vermag ich mich eines immer wiederkehrenden Gedankens nicht zu erwehren. Diese gewaltigen Klötze machen auf mich stets den Eindruck, als hätte es den Altvorderen überhaupt keine Schwierigkeiten gemacht, sie zu transportieren und an ihrem Bestimmungsort aufzustellen. Waren da Riesen am Werk? »Es gab nie Riesen auf unserer Erde«, höre ich sofort den Einwand der Anthropologen und der Paläontologen, wenngleich unzählige Funde von Skeletten und Werkzeugen das genaue Gegenteil beweisen.

In meinem Buch »Götterbotschaft in den Genen« habe ich mich ausgiebig mit dieser Möglichkeit auseinandergesetzt.[13] Und einen völlig neuen, spannenden Hinweis auf die einstige Existenz von Riesen bekam ich erst im Juni 2013, als ich wieder einmal auf der zu Italien gehörenden Mittelmeerinsel Sardinien weilte. Es war in den 1950er-Jahren, als ein sardischer Bauer, während er sein Feld pflügte, ganz unerwartet auf versteinerte Knochen stieß. Genauer gesagt, auf menschliche Knochen, allerdings von ungehörigen Ausmaßen. Man kann die alteingesessene Bevölkerung Sardiniens nicht gerade zu den Hünen zählen, und so brachte es der erwähnte Bauer auf eine Körpergröße von vielleicht 1,60 Meter. Als der einen der

Knochen – es war dies ein Oberschenkelknochen – neben sich stellte, wurde er von dem Riesentrumm sogar noch um einige Zentimeter überragt.

Dem Vernehmen nach wurde seinerzeit sogar ein Foto gemacht, das den Landmann zusammen mit dem riesigen Oberschenkelknochen zeigt. Doch sowohl das gesamte, überdimensionierte Skelett als auch die Fotografie sind heute spurlos verschwunden. Wurde das Beweismaterial nur verschlampt? Oder aber absichtlich beiseitegeschafft, in irgendein Archiv oder einen Museumskeller, wo es vor der Öffentlichkeit verborgen und vertuscht wird?[14]

Auf die Zehen getreten

Bediente sich der Mensch der Vorzeit möglicherweise technischer Hilfsmittel, um die immens schweren, steinernen Monumente zu bewegen und an ihrem Bestimmungsort aufzutürmen? Die »klassische« Archäologie geht nach wie vor von einer äußerst primitiven Steinzeittechnik aus – Holzrollen, Seile, aufgeschüttete Rampen und unendlich viele Menschlein, die da im Schweiße ihres Angesichts bis zur totalen Erschöpfung schufteten. Jedoch ohne die praktischen Konsequenzen zu bedenken.

Ein wenn auch extremes Beispiel: Der Monolith »Hadschar el Guble« aus Baalbek (Libanon) ist über 21 Meter lang, 4,6 Meter breit und 4,3 Meter hoch. Dessen Gewicht ist Inhalt von Schätzungen, welche bis zu schier unglaublichen 2000 Tonnen reichen. Man würde etwa 40 000 Arbeiter benötigen, um diese gewaltige Masse in Bewegung zu setzen. Aber wie, um alles in der Welt, könnte man die Menschenmenge überhaupt an diesen Steinquader heranführen, ohne dass sich die einzelnen Ameisen des Riesenheeres gegenseitig die Zehen zerquetschen? Direkt an den Klotz kämen im besten Fall ein paar hundert Leute heran; die weitaus meisten der hypothetischen 40 000 könnten den gewaltigen Quader höchstens aus geziemlicher Entfernung bewundern.

Bevor ich ein paar unkonventionelle Ideen zu dieser Fragestellung äußere, mache ich einen Sprung von den Steinbrüchen des Libanon in uns deutlich nähere Landschaften. Und zwar in jene Region in unserem westlichen Nachbarland Frankreich, deren unzählbare megalithischen Bauten von jeher schon die Phantasie angeregt haben. Die Rede ist von der Heimat des sagenumwobenen Zauberers Merlin, den die Legende nicht selten mit Menhiren und anderen Steinsetzungen in Zusammenhang bringt.

Der an Inseln und Buchten so reiche Westzipfel Frankreichs, dessen Landschaft einen unvergleichbaren Reiz ausstrahlt, gilt als *das* klassische Land megalithischer Anlagen. In des Wortes wahrsten Sinn unzählbare Menhire – dies sind aufrecht stehende Steine – bilden kilometerlange Alleen, auch als »Alignements« bezeichnet. Die bedeutendsten stehen in der Umgebung des Ortes Carnac: Etwa bei Kermario 1029 Menhire in zehn Reihen auf einer Fläche von 100 mal 1120 Metern. Das Alignement »Le Menec« zählt 1099 dieser Steine, in elf Kolonnen aufgereiht, bei Kerlescan sind es hingegen »nur« 540 Menhire. Die weitaus meisten sind beim Dorf Kerzerho zu finden. Dort stellten die unbekannten Megalithiker, für die das Ganze offenbar ein »Kinderspiel« war, insgesamt 1129 Menhire in saubere Reihen.

Eine Legende besagt, dass im 3. Jahrhundert n. Chr. der hl. Cornelius von römischen Soldaten verfolgt wurde. Ein Stoßgebet gen Himmel hätte ihn auf ungewöhnliche Weise gerettet. Hierauf sei eine ganze Kohorte in Menhire verwandelt worden. Der Haken an dieser netten Geschichte ist, dass schon zu jener Zeit die Menhire bei Carnac buchstäblich steinalt waren!

Im vorangegangenen Kapitel habe ich von den »Rollright Stones« in der englischen Grafschaft Oxfordshire berichtet sowie von den weltbildstürzenden Erkenntnissen, die das »Project Dragon« erbrachte. Hatten die kilometerlangen Steinreihen der Bretagne eine ähnliche Bewandtnis? Warum jedoch genügte bei den »Rollright Stones« eine Handvoll Menhire sowie ein nicht allzu großer Steinkreis, während die Anzahl im Westen Frankreichs vielmehr nach Tausenden zu bemessen ist? Nichts scheint zu passen, die Erklärungen laufen ins Leere. Alles, was wir wissen, ist, dass wir eigentlich so gut wie gar nichts wissen.

Lange vor Pythagoras

Damit nicht genug, erschwert eine kaum mehr quantifizierbare Anzahl an Menhiren, die zwischenzeitlich verschwunden sind, des Rätsels Lösung, das schätzungsweise bis ins 6. Jahrtausend v. Chr. zurückreicht. Wie viele jener Steine verschwanden in den Wellen des Atlantischen Ozeans (Carnac liegt an einem der attraktivsten Strände der Bretagne), wie viele wurden im Laufe der Zeit geplündert und zum Bau von Häusern und Kirchen zweckentfremdet? Die ungenierte Ausschlachtung vorgeschichtlicher Bauten ist ein trauriges Kapitel unserer Kulturgeschichte, ebenso eines der frühesten Beispiele der Globalisierung. Keine Region unserer Welt blieb davon verschont. Wir werden diesen Auswüchsen menschlicher Raffsucht noch öfter begegnen – das in meinen Augen extremste Beispiel musste ich in Australien zur Kenntnis nehmen. Da hatten die Einwohner des Städtchens Gympie (Queensland) die meisten Steinquader der »Gympie-Pyramide« hinfortgekarrt und daraus die Umfassungsmauer der methodistischen Kirche gebaut (vgl. Kap. 11). Doch kehren wir wieder zu den Menhiren rund um das bretonische Carnac zurück.

Dort werden die Rätsel nicht unbedingt kleiner, weil einige Steinsetzungen – aus der Luft betrachtet – riesige geometrische Figuren bilden. Die zudem den Schluss nahelegen, dass die berühmten Lehrsätze des Pythagoras schon Jahrtausende vor ihm entdeckt worden sind. So fand man beispielsweise im Alignement »Le Menec« zwei pythagoräische Dreiecke, deren Seiten, dem Lehrsatz entsprechend, im Verhältnis drei zu fünf zueinanderstehen. Pythagoras von Samos, der Philosoph und Entdecker rationaler Zahlenverhältnisse, lebte ungefähr von 570 bis 496 vor unserer Zeitrechnung. Er kann den Steinzeitarchitekten aus der Bretagne jedoch seine Weisheit nicht vermittelt haben. Denn die wandten seine noch heute gültigen Lehrsätze schon Jahrtausende vor dessen Geburt an. Armer Pythagoras – wem steht das Copyright nun zu?

Bereits vor 30 Jahren machte Dr. Bruno Kremer in einem Beitrag in der »Naturwissenschaftlichen Rundschau« auf die Tatsache aufmerksam, dass die einzelnen Steinsetzungen nach festen »Maßbezeichnungen« errichtet wurden, die auf eine hochentwickelte Vermessungstechnik zur Zeit des Mesolithikums schließen lassen.[15] Und ergänzte diese Aussage in einer späteren Arbeit: »In Anbetracht der Vielzahl von Beziehungen und Ausfluchtungen kann eigentlich kein begründeter Zweifel mehr an der raumorganisatorischen Planmäßigkeit der Megalithanlagen aufkommen.«[16]

Feen hatten damit nichts zu tun

Befreit man dieses Satzungetüm von seinen Schwülstigkeiten, so lautet die Kernaussage, dass nichts aus purem Zufall an der Stelle steht, wo es steht. Hinter allen Steinsetzungen steckt sorgfältige Planung. Planung, die die Archäologie »klassischer Prägung« den Menschen der Steinzeit nicht zugesteht.

Er ist nicht das größte megalithische Bauwerk der Bretagne, mit Sicherheit aber eines der beeindruckendsten. Die Rede ist vom »Roche-aux-Fées«, dem »Fels der Feen« – allerdings ist das weder ein Fels, noch hat das Monument irgendetwas mit den Märchenwesen zu tun. »La Roche-aux-Fées« ist ein in die Länge gezogener Dolmen, besser trifft es wohl der Ausdruck »Allée couverte« – »überdachte Allee«. Die Steinsetzung liegt auf einem sanften Hügel in einem lichten Wäldchen aus Eichen und Esskastanien, wie sie in der Bretagne gerne wachsen. Die Anlage steht ein kleines Stück außerhalb der Gemeinde von Essé, östlich von Rennes, zwischen Vitré im Norden und Chateaubriant im Süden. Die Anfahrt zu der prähistorischen Prachtanlage ist sogar leidlich gut ausgeschildert, und der französische Staat hat eine sehr gepflegte Anlage drum herum gebaut. Zum Roche-aux-Fées gelangt man – bei freiem Eintritt – durch ein blitzsauberes Informationszentrum. Wer einmal in die Gegend kommt, sollte es keinesfalls versäumen, dort vorbeizuschauen. Denn diese Steine sind wirklich jede Minute der Besichtigung wert.

La Roche-aux-Fées ist der pure Gigantismus. Es ist ein langer, rechteckiger Dolmen, ein an die 20 Meter langes Monument aus gewaltigen Platten von rotem Kambriumschiefer, aufgestellt auf einem Boden aus grünen Schieferplatten. Zur Erklärung: Das Kambrium, aus dem der rote Schiefer stammt, ist die älteste geologische Formation des Paläozoikums (Erdaltertum) und dauerte von etwa 500 bis 450 Millionen Jahre vor unserer Zeit. Etwa vier Kilometer entfernt, im Wald von Le Theil, ist das nächstgelegene Vorkommen dieser Gesteinsart zu finden.

Insgesamt 26 Orthostaten – so bezeichnet man jene aufrecht beziehungsweise hochkant stehenden Monolithen, die den Sockel einer aufragenden Wand bilden – tragen acht Decksteine. Diese Bauelemente wiegen allesamt zwischen 20 und

45 Tonnen. In seiner Bauweise wirkt der »Feenfelsen« nüchtern-sachlich, schnörkellos, vermittelt einen funktionalen Eindruck. Die Anlage ist von Nord-Nordwest nach Süd-Südost hin ausgerichtet und umfasst drei ineinander übergehende Bereiche.

Für die Ewigkeit

Einen gehörigen Respekt nötigt uns bereits der zyklopenhafte Eingangsbereich ab. Sprachlos stehen wir vor einem gewaltigen, fünfeinhalb Meter langen Block, der quer auf zwei dicken Pfeilern von etwas mehr als einem Meter Höhe ruht. Damit wurde ein Portal geschaffen, das in seiner schlichten, aber monumentalen Ausführung für die Ewigkeit geschaffen scheint. Das Ganze wirkt nicht wie eine »Kultstätte« steinzeitlicher Vorfahren. Man würde hinter dem Eingangstor viel eher einen bombensicheren Unterstand vermuten.

Auf diesen bunkerähnlichen Eingang folgt ein 1,40 Meter hoher Vorraum mit einer Länge von 2,70 Metern sowie einer Breite von 3,50 Metern. Jeweils drei Orthostaten auf jeder Seite tragen eine der Deckenplatten. Am Ende dieser Vorkammer verengen zwei nach innen gestellte Platten den Zugang zum dritten Teil der Anlage. Diese Hauptkammer ist insgesamt 14 Meter lang und vier Meter breit; die lichte Höhe beträgt etwa zwei Meter. Abgeschlossen wird das Gesamtbauwerk an der Rückseite durch eine Steinplatte von 5,70 Metern Länge und 1,60 Metern Höhe bei einer Dicke von einem dreiviertel Meter. Weil der Roche-aux-Fées aus relativ wenigen einzelnen Elementen besteht, vermittelt er uns den Eindruck von »Bauklötzen für Riesen«.

Anfangs war der »Feenfelsen« bis zur Hälfte seiner Höhe von einem Tumulus, einem künstlich errichteten Hügel, umgeben.

War das eine Art Tarnung, um die Anlage vor ungewollter Entdeckung zu schützen? Doch bereits in römischer Zeit wurde der Monumentalbau freigelegt und präsentiert sich seither so, wie wir ihn heute kennen. Bestimmt staunten auch die Römer schon vor 2000 Jahren über diese technisch meisterhafte Konstruktion und zerbrachen sich die Köpfe über die Möglichkeiten, welche den unbekannten steinzeitlichen Erbauern zur Verfügung gestanden haben müssen. Denn aus der Jungsteinzeit – etwa um 3500 bis 3000 vor unserer Zeit – soll die eindrucksvolle Anlage laut Ansicht der Archäologen stammen.[17]

Der Legende nach sei der Roche-aux-Fées von ebenjenen märchenhaften Wesen in einer einzigen Nacht errichtet worden. Sie transportierten die Blöcke durch die Luft, wobei sie einen von ihnen unterwegs verloren. Eine nette Geschichte. Die Sache mit dem »luftigen« Transport jedoch sollten wir auf jeden Fall im Hinterkopf behalten.

Der Größte seiner Art

Lehrt uns dieses Monument mit seinem unverschnörkelten Baustil, der so frappierend an die Bunkeranlagen beider Weltkriege erinnert, wieder das Staunen, so wartet weiter westlich der wahre Goliath unter den Megalithen. Auf einer Landzunge im Golfe du Morbihan befindet sich unweit der Ortschaft Locmariaquer der größte Menhir. »Le Grand Menhir brisé« liegt heute in vier Einzelteile zerbrochen auf dem Boden. In seiner ganzen Pracht maß dieser Größte seiner Art 21 Meter in der Länge und brachte geschätzte 300 bis 350 Tonnen auf die Waage.

Einmal mehr folgt auf die Frage nach dem Transport – an die Bearbeitung des aus Granit bestehenden Monstrums möchte ich an dieser Stelle gar nicht denken – nichts als ein hilfloses

Kopfschütteln. Denn das Material, aus dem der »Grand Menhir brisé« besteht, kommt auf der Halbinsel von Locmariaquer zu allem Unbill nicht vor. Folglich muss das 300-Tonnen-Trumm von irgendwoher und irgendwie an seinen Platz gebracht worden sein. Nach offizieller Lesart natürlich wieder einmal mit nicht kaputt zu kriegenden Holzrollen, Seilen und einer Phalanx von Arbeitern, die sich dabei regelmäßig gegenseitig auf die Zehen gestiegen sind. Um ihn aufzurichten, hätte man eine Erdrampe gebaut, den Riesenmenhir in eine Vertiefung gleiten lassen, ihn mit Hebeln und Hebevorrichtungen aus Holz aufgestellt und schließlich mit Steinen und Erde abgesichert.

Ungeachtet der Tatsache, dass die Menschen jener Tage keine Schrift besessen haben sollen, geht man von einer »Hierarchisierung der jungsteinzeitlichen Gesellschaft« aus. Da hätte es einen Chef gegeben und Architekten, welche die Widerstandsfähigkeit der Materialien kannten und die Maße beherrschten, sowie die unvermeidlichen Priester, die die Menschen knechteten. Zudem hätte die Region einst über eine hohe Bevölkerungsdichte verfügt, um den Bedarf an Arbeitskräften zu decken.[18]

Hinter dem Grand Menhir brisé befanden sich noch 18 weitere Menhire, deren ursprüngliche Position heute durch mit Steinen belegten Karrées gekennzeichnet sind. Man nimmt an, dass diese geradlinige Steinreihe um 4500 v. Chr. errichtet und nur wenige Jahrhunderte später wieder zerstört wurde. Ob die riesenhaften Langsteine von selbst umgestürzt sind oder ob sie absichtlich umgestoßen wurden – was ich mir bei dem 300-Tonnen-Menhir auch nicht gerade einfach vorstelle –, konnte bis zum heutigen Tage nicht geklärt werden.

Als der Riesenmenhir aufrecht stand, war er der Mittelpunkt von acht Visierlinien, welche in verschiedenen Richtungen über ihn hinwegliefen, wobei sie schnurgerade über andere Steinsetzungen zielten. Eine dieser Linien hat ihren Anfang bei

Trevas und läuft kurz die Küste entlang, über den Golf von Morbihan, tangiert den Grand Menhir brisé und überquert sodann auf einer Strecke von 16 Kilometern die Bucht von Quiberon. Unter dieser »Visierlinie« liegen immer wieder andere Steinsetzungen. Eine weitere beginnt bei einem Einzelmenhir südlich von Saint Pierre (Quiberon), zielt über die Bucht von Quiberon und den Grand Menhir brisé, um dann zielgenau über das »Ganggrab« von Gavrinis in Richtung Festland zu verlaufen.[2]

Wer waren die unbekannten Vermessungsingenieure, woher nahmen diese ihre exakten, mathematisch-geometrischen Kenntnisse, und mit welchen Instrumenten machten sie sich an ihr die Jahrtausende überdauerndes Werk? Es ist doch immer dasselbe: Beinahe zwangsläufig ergeben sich unbequeme Fragen, mit denen ernsthaft sich zu befassen unser althergebrachtes Geschichtsbild in Trümmer legen würde.

Teile eines Ganzen

Ganz in der Nähe des großen, zerbrochenen Menhirs steht ein Dolmen mit dem Namen »Table des Marchands«, auf Deutsch »Tisch der Kaufleute«. Eine mächtige Platte von acht Metern Länge und vier Metern Breite deckt das Bauwerk ab; geschätzte 50 Tonnen beträgt das Gewicht. Als man die Steinplatte genauer unter die Lupe nahm, fanden sich verschiedenste Ritzungen wie gekrümmte Linien, »Äxte« und mehr – genau wie in Gavrinis (s. Kapitel 1). Man staunte noch über jene seltsamen Übereinstimmungen, bis in den Jahren 1979 bis 1984 das »Ganggrab« von Gavrinis gründlich restauriert wurde. Dabei bemerkte man auf dem großen Deckstein Ritzzeichnungen, die abrupt unterbrochen schienen.

Auch die Deckplatte des »Table des Marchands« lässt abgebrochene Darstellungen erkennen. Eine genaue Untersuchung brachte es schließlich an den Tag: Schnittstellen und Gravuren der beiden Platten passen exakt zusammen! Die beiden Decksteine stammen von ein und demselben Steinblock. Auf dem »Table des Marchands« bemerkt man den unteren Teil der Darstellung eines gehörnten Tieres – die andere Hälfte kann man auf dem Deckstein in Gavrinis bewundern. Und damit nicht genug: Als ein weiterer Teil könnte noch ein großer Steinblock dazugehören, welcher im Gewölbe des Tumulus der Grah, nur einen Steinwurf vom »Grand Menhir brisé«, eingebaut ist.[2, 18]

Die Gravuren, so die logische Schlussfolgerung, wurden demnach bereits bei der Fertigung im Steinbruch angebracht. Nicht erst im fertigen Dolmen ritzte man die Symbole in den Monolithen hinein. Von Anfang an stand die komplette Bearbeitung dieser mächtigen, heute dreigeteilten Platte von ehemals mehr als 14 Metern Länge in allen Einzelheiten fest.

Die klingenden Steine von Le Tréal

Da waren also Mathematiker und Vermessungsingenieure, wahrscheinlich auch astronomisch gebildetes Personal am Werke. Sie alle planten und realisierten Monumente, die niemals das Werk primitiver, fellbehangener Steinzeitmenschen sein könnten. Wobei ich mir sowieso sicher bin, dass dieses Bild ein grundfalsches ist. Und dann soll alles nur mit einfachsten Werkzeugen zugehauen und transportiert worden sein? Zu Beginn dieses Kapitels habe ich mir schon Gedanken gemacht, wie es unsere Vorfahren geschafft haben mögen, die viele Tonnen schweren Gesteinsmassen über teilweise irrwitzige Strecken fortzubewegen. Jetzt möchte ich wieder zu dieser Frage zurückkommen, muss aber dazu noch einen kleinen Umweg einschlagen. Er führt zu einer weiteren megalithischen Stätte in der Bretagne, nicht weit vom Dorf St. Just entfernt. Und zu einem »Ganggrab«, das gleichsam keines war, mit Namen »Le Tréal«.

Der archäologische Park von St. Just, der mit einer respektablen Reihe großer Menhire in Sichtweite einer alten Windmühle beginnt, wurde erst vor ein paar Jahren für Besucher begehbar gemacht. Man sollte sich mehrere Stunden Zeit nehmen, denn der Rundweg, der zu den verschiedenen Teilen der Anlage führt, ist mehrere Kilometer lang. Das Gelände endet an einer malerischen Schlucht mit einem verträumten Flusslauf. Kernstück dieser prähistorischen Stätte von St. Just ist das von einem Zaun umgebene Château Bû, ein in ganz Europa einmaliges Bauwerk aus dem 4. Jahrtausend vor unserer Zeitrechnung. Das Château, welches entgegen seiner Namensgebung weder ein Schloss noch eine Burg war (viele Namen vorgeschichtlicher Funde und Plätze wurden durch heutige Archäologen vollkommen willkürlich gewählt), besteht aus einem Steinkreis. Dessen Einzelteile weisen keinerlei Ähnlichkeit zu den sonst in der Region verbreiteten Menhiren auf. Viel später, um 1500 v. Chr., wurden noch zwei unterirdische Grabstätten hinzugefügt.

Die Autoren Franz Bludorf und Grazyna Fosar berichteten von einem Phänomen, das besagtem Château Bû offenbar zu eigen ist. Als sie die Stätte in einem Spätsommer besuchten und die ganze Vegetation ringsum von der wochenlang anhaltenden Sommerhitze ausgedörrt war, fanden sie das Gras und die Blumen im Inneren des Steinkreises frisch und grün vor.[19] Ob es sich hier um einen besonderen Kraftort handelt, wie das Autorenduo annimmt, vermag ich nicht zu sagen. Noch weniger, welche Kräfte am Werk sein mögen. Aber dass im Inneren des Steinkreises tatsächlich frische grüne Pflanzen sprießen, während im Umfeld verbrannte, welke Stengel vor sich hin dörren, dies konnte ich anlässlich eines Besuches Mitte September 2012 ebenfalls feststellen.

Nur zwei Kilometer Luftlinie – ich würde trotzdem niemandem dazu raten, die Strecke zu Fuß zu gehen – vom archäologischen Park St. Just befindet sich auf einem Hügel das »Ganggrab« Le Tréal. Natürlich fand man auch dort keine Bestatteten, die Bezeichnung ist einfach nur irreführend. Folgt man einem schmalen, durch dichten Wald führenden Steig bergauf, so steht man nach etwa 150 Metern Weges vor dem langgezogenen, in etwa zehn Meter messenden Dolmen. Je zwei Orthostaten tragen einen Deckstein, wobei die einzelnen Elemente eher filigran wirken; keinesfalls so gewaltig, wie beispielsweise das »Riesenspielzeug« vom Roche-aux-Fées nahe Essé. Blickt man von einem Ende in den Tréal hinein, so präsentiert sich der mit einem annähernd quadratischen Querschnitt.

Das wirklich Ungewöhnliche am Tréal jedoch erkennt man erst, wenn man die Steine mit einem Hämmerchen oder einem etwa faustgroßen Stein anschlägt. Dann erlebt man ein klingendes Wunder.

Nur »abgefahren« oder des Rätsels Lösung?

Das Phänomen tritt bei allen Steinplatten des auf ein Alter von 4500 bis 5000 Jahren datierten Dolmens auf. Ganz besonders bei den quer über die Orthostaten gelegten Decksteinen funktioniert dies zuverlässig. Zudem besitzt jeder Stein seine eigene Tonhöhe. Ob die klingenden Steine von Le Tréal einzigartig auf dieser Welt sind, möchte ich bezweifeln. Denn ich glaube, dass in dieser Richtung noch nicht gezielt geforscht wurde. Ähnlich war ein »Klangerlebnis«, das ich Mitte Mai 2014 in der Namib–Wüste Südwestafrikas hatte. Als ich auf einer Düne unweit der Stadt Swakopmund auf einige wie gegossen wirkende Steinblöcke klopfte, klangen diese ebenfalls in allen Höhen und Tiefen der Tonleiter. Dort, in einer der einsamsten Gegenden dieser Welt, mag das Phänomen ein zufälliges sein. Bei den Steinplatten des Tréal aber dürfte Absicht dahinterstecken.

Nun habe ich einen weiten Bogen geschlagen von der eingangs geäußerten Überlegung, warum megalithische Steinsetzungen auf mich immer wieder den Eindruck machen, sie seien mit geradezu spielerischer Leichtigkeit errichtet worden. Man könnte beinahe von der »unerträglichen Leichtigkeit des Steins« sprechen – zumindest im Scherz. Die Fragestellung nach dem »wie« habe ich aber nicht aus den Augen verloren, und so möchte ich hier eine weitere – zugegeben sehr ungewöhnlich anmutende – Denkmöglichkeit im wahrsten Sinn des Wortes »anklingen« lassen.

Zahlreiche uralte Legenden erzählen, dass der Transport von schweren Lasten durch die Lüfte erfolgt sei. Einer arabischen Überlieferung zufolge besaßen die alten Ägypter ein Geheimnis, das sie zum Bau ihrer Tempel und Pyramiden befähigte. Sie legten Papyrusblätter unter die mächtigen Blöcke und schlugen sie dann mit einem »Stäbchen« an. Sofort stiegen die großen Steine auf und legten eine bestimmte Strecke zurück. Die Priester im alten Babylon sollen riesige Steinblöcke auf die gleiche Weise durch die Luft transportiert haben, die zuvor von tausend Männern nicht bewegt werden konnten.[20]

Eine Sage aus dem Andengebirge Südamerikas weiß zu erzählen, dass die Indianer einstmals große Strecken zurücklegten, indem sie auf Goldplatten verschiedener Größe und Schwingungen stiegen. Im Ruhezustand verharrten diese Platten durch ihr Gewicht am Boden. Sobald man sie jedoch anschlug, sodass sie in einer bestimmten Tonlage zu schwingen begannen, flogen sie mit ihren Passagieren oder ihrer Last davon. Wenn die Platten im Verlauf des Fluges immer wieder geschlagen wurden, seien hierdurch die Schwingungen konstant in

Gang gehalten worden, was die Fortsetzung des Fluges gewährleistete.[21]

Sind dies alles nur Märchen, Geschichten ohne den kleinsten Funken Realität, oder steckt auch in diesen Mythen das berühmte Körnchen Wahrheit? In der Parapsychologie kennt man das Phänomen der Levitation. Darunter versteht man das Schwebenlassen eines Gegenstandes und macht dafür Psychokinese – das ist die Fähigkeit, materielle Objekte auf rein psychischem Wege zu beeinflussen – verantwortlich.[22] Zahlreiche Psychokinese-Medien schafften es, ein kurzzeitiges Schweben vor verlässlichen Zeugen vorzuführen. Und man kennt sogar Beispiele für dauerhaftes Anhalten einer Levitation. So hatten Generationen buddhistischer Pilger die Gelegenheit, bis ins 14. Jahrhundert hinein die völlig unverweste Leiche ihres Reformators Tsong Kaba im tibetischen Kloster von Ghaldan mehr als 20 Zentimeter über dem Boden schweben zu sehen.[23]

Könnte man selbigen Effekt auch mit technischen Mitteln auslösen, etwa durch Schallwellen einer ganz bestimmten Frequenz, die gezielt auf die zu transportierenden Objekte gerichtet werden? Es klingt nach Science-Fiction. Aber angeblich soll schon vor mehr als 50 Jahren ein Professor am berühmten Institut Pasteur zu Paris Korkkügelchen mittels schwacher Ultraschallwellen in die Höhe gehoben haben.[20]

Es ist kaum anzunehmen, dass in dieser Richtung auf weitere Forschungen verzichtet wurde, doch mag das meiste hinter einem Schleier der Geheimhaltung verborgen liegen. Dann wären womöglich die erwähnten Mythen um die Goldplatten, die angeschlagen wurden, um darauf eine Wegstrecke zurückzulegen, nicht auf die überschäumende Phantasie unserer Altvordern gegründet. Stattdessen stellten sie den schwachen Abglanz eines technisch hoch entwickelten Wissens dar, das schon vor unbekannten Zeiten erlebte Realität war.

Wurden die viele Tonnen schweren Megalithen einst mit gänzlich anderen Techniken transportiert, als uns die Archäologen nicht müde werden weiszumachen? Mir ist klar, die Idee klingt erst mal völlig »abgefahren«. Doch wo konservative Erklärungsversuche so konsequent scheitern, darf man sich nicht scheuen, auch einmal ungewohnte Wege einzuschlagen. Ich will nicht mehr, aber auch nicht weniger, als dass über solche unkonventionelle Denkmodelle einfach nur unvoreingenommen und vorurteilsfrei diskutiert werden darf.

Nur weil der Prophet Mohammed auf einem Esel nach Mekka geritten ist, muss man das Auto nicht verdammen.

4 »Kulturimport« aus der Altsteinzeit?

Die steinernen Tische von Menorca

Schon von jeher stand sie im Schatten ihrer weitaus bekannteren Schwesterinsel, und das ist, glaube ich, auch ganz gut so. Auf der einen Seite haben wir die »Ferienfabrik« Mallorca mit rund um die Uhr angesagten Partymeilen, auf denen eine zweifelhafte Subkultur auf immerwährender Jagd nach ihrem ultimativen Freizeitkick ist. Das Kontrastprogramm dazu liegt nur einen Katzensprung entfernt. Die Nachbarinsel Menorca ist eine echte Fundgrube für geheimnisumwobene, megalithische Bauwerke aus grauer Vorzeit. Wie die Mittelmeerinseln Sardinien und Malta ist auch die kleine Baleareninsel mit so vielen prähistorischen Stätten gesegnet, dass man sie durchaus als Freilichtmuseum bezeichnen kann. Nach inzwischen vier Reisen dorthin durfte ich feststellen, dass es jedes Mal Neues zu entdecken gibt. Und doch sind es in der Hauptsache zwei Arten von prähistorischen Bauwerken, die dem Besucher immer wieder ins Auge fallen: Talayots und Taulas.

Beginnen wir mit den Talayots. Sie zählen zu den charakteristischsten Bauformen, die von der vorgeschichtlichen Kultur Menorcas (man findet sie übrigens auch auf Mallorca, im Inneren und fern dem Trubel an den Stränden) Zeugnis ablegen. Sie können unterschiedliche Formen aufweisen, stets aber gleicht der Talayot einem massiv errichteten Turm von konischer Form. Oftmals ist nur ein Trümmerhaufen stehen geblieben. Aber die am besten erhaltenen Exemplare ragen in ihrer kegelstumpfartigen Erscheinung noch 10 bis 20 Meter hoch auf, und ihr Durchmesser mag an die zehn Meter betragen. Auf der nur 669 Quadratkilometer großen Insel hat man weit über 300 dieser Talayots gezählt. Oder, mit den Worten des Statistikers: Auf jeweils nur zwei Quadratkilometer Fläche kommt einer dieser rätselumwobenen steinernen Kegelstümpfe.[24, 25]

Die meisten dieser Türme sind vollkommen massiv, also innen ausgefüllt und nicht zugänglich. Nur ein paar wenige der Talayots besitzen Räumlichkeiten in ihrem Inneren, geschützte Kammern oder auch nur einen Laufgang.[26] Doch sind sie als absolute Ausnahme anzusehen.

Die »hermetischen Türme«

Wenn diese Talayots aber innen aufgefüllt sind, bringt dies all jene unter den Archäologen in Erklärungsnot, die Wehrtürme oder Verteidigungsanlagen darin sehen. Welchen praktischen Nutzen hätte solch ein raumloser Konus in der Landschaft, und wie sollte man ihn verteidigen? So spekulierte man denn auch, dass der bewohnbare Bereich – so es einen solchen tatsächlich gegeben hat – sich auf der Spitze der Türme befunden hatte, später jedoch zerstört wurde.[27] Was aber, wenn der Sinn und Zweck ein vollkommen anderer war?

Aus vielen Teilen der Welt kennt man ähnlich massive Bauten – die sogenannten »hermetischen Türme«. Deren Funktion ist bis zum heutigen Tag nicht geklärt. Eine Reihe dieser rätselhaften Bauwerke fand man in unserem westlichen Nachbarland Frankreich: So steht bei Ebéon im Département Charente Maritime ein 13 Meter hoher Turm ohne Tür, ohne Fenster oder sonstige Öffnungen. Die stolze Höhe von 23 Metern weist ein »hermetischer Turm« in Pierrelonge bei Saint-Romain-de-Benest auf.[28]

Eines der spektakulärsten Beispiele jedoch ist der inwendig massive, konisch geformte Turm in den Ruinen von Simbabwe, der bereits Generationen von Archäologen bis dato nicht zu lösende Rätsel aufgegeben hat.[29]

Was letztlich der Sinn und Zweck jener »hermetischen Türme« gewesen sein mag, darüber dürfen wir derzeit nur spekulieren. Benutzte man sie einst dazu, um Energien aus der Erde oder dem Weltall zu gewinnen? Konnte man durch sie auf ähnliche Art und Weise kommunizieren, wie dies bei den »Rollright Stones« nordwestlich von London geschieht? Steht hinter diesen Dingen ein ganz konkreter technischer Hintergrund, den zu erkennen wir im Augenblick noch zu betriebsblind sind?

Wie runde Pyramiden?

Besagte Talayots auf Menorca erinnern mich noch an ganz andere Monumente. Blenden wir zurück ins Frühjahr 1994. Damals war ich zusammen mit meinem leider schon verstorbenen Wiener Autorenkollegen und Freund Peter Krassa auf einer Expedition durch Chinas verbotene Zonen. Im Verlauf dieser vorher nie da gewesenen Reise verschlug es uns auch an den Dongting-See in der südchinesischen Provinz Hunan. Verschiedene Hinweise sprachen von der Existenz runder Pyramiden im Bereich des riesigen Binnengewässers, und dem wollten wir nachgehen.[30] Leider wurden wir damals nicht fündig. Dafür konnte ich gut zehn Jahre später, Anfang Oktober 2005, eine echte Pyramide mit rundem Grundriss in Mexiko fotografieren. Sie steht mitten in der alten Mayastadt Coba auf der Halbinsel Yucatán. Coba liegt an der großen Überlandstraße, die von Merida in östlicher Richtung auf die karibische Küste zuführt, nicht ganz 50 Kilometer vor dem berühmten Küstentempel von Tulum.

Und seit dem Jahr 2013 weiß ich, dank der Korrespondenz mit einem sehr rührigen Herrn aus Dresden, von der Existenz etlicher Pyramiden auf der Kanareninsel La Palma. Von selbigen sind wiederum einige als Rundpyramiden ausgeführt. Näheres hierüber im vorletzten Kapitel dieses Buches.

Doch kehren wir wieder zurück zu den Talayots auf der Baleareninsel Menorca. Es spricht viel mehr dafür, dass sie einstmals *nicht* als Wachttürme benutzt wurden. Denn viel zu häufig findet man gleich mehrere jener Kegelstümpfe dicht nebeneinander. Wer weiß eine Antwort auf die Frage, welchen Sinn so eine Häufung von Wachttürmen an einem einzigen Ort gemacht haben mag? Litten die vorzeitlichen Bewohner Menorcas an kollektivem Verfolgungswahn? Oder dienten die Bauwerke in Wahrheit sowieso ganz anderen Zwecken?

T-förmige Konstruktionen

Die zweite, für Menorca so überaus charakteristische vorgeschichtliche Bauform kann doch ein Stückchen mehr Exklusivität für sich beanspruchen. Denn in der Regel findet man nicht mehr als eine »Taula« in jeder megalithischen Steinsetzung. Der Name leitet sich übrigens von dem katalanischen Wort für »Tisch« ab. Wie steinerne Tische für Riesen, bestehen sie aus zwei exakt bearbeiteten Monolithen: ein großer, wie ein Pfeiler aufrecht stehender Stein mit einem weiteren, der waagrecht in luftiger Höhe darübergelegt wurde. Die dadurch entstandene, T-förmige Konstruktion bildet den zentralen Bereich der steinzeitlichen Stätten Menorcas und ist meist von einem hufeisenförmigen Mauerring umgeben.

Lange Zeit glaubte man, dass jene Taulas ausschließlich auf der Insel Menorca in die Landschaft gestellt wurden. Aber seit unweit der Stadt Sanliurfa im Südosten der Türkei mit Göbekli

Tepe die derzeit älteste Stadt der Welt ausgegraben wird, muss man diese Ansicht grundlegend revidieren. Auch dort wurde eine stattliche Anzahl T-förmiger Pfeiler – etliche davon mit filigranen Reliefs verziert – ausgegraben. Sie sind einteilig und auch wesentlich älter als die menorquinischen Taulas. Dienten sie jenen vielleicht als Vorbild, gab es bereits in grauer Vorzeit so etwas wie einen Kulturimport und -export über weiteste Entfernungen hinweg?

Was sehen eigentlich die Archäologen in den steinernen Riesentischen? Viel zu oft hört man immer noch, sie hätten »religiösen Zeremonien« oder »kultischen Handlungen« gedient. Stets müssen irgendwelche ominöse und nebulöse »Kulte« herhalten, so es um vorgeschichtliche Rätsel geht.

Alle Jahre wieder wird unter Hunderten von Vorschlägen das »Wort des Jahres« respektive das »Unwort des Jahres« gekürt. Mein Vorschlag: Man könnte zusätzlich das »nichtssagendste Wort des Jahres« wählen. Und ich würde sofort für den sinnleeren Begriff »Kult« votieren!

Weitläufige Anlagen

Doch Hoffnung schimmert durch den Nebel angestaubter Gedanken, selbst im Elfenbeinturm der hehren Archäologie. Denn mittlerweile konnte sich eine kleine Gruppe der Altertumsforscher Gehör verschaffen, welche die Meinung vertritt, bei den Taulas könne es sich um »astronomische Hilfskonstruktionen« gehandelt haben. Dies würde zumindest der Tatsache Rechnung tragen, dass die Völker dieses Planeten schon in prähistorischer Zeit geradezu astronomiebesessen waren. Die Beobachtung der Sterne und Planeten am Himmel lag ihnen stets besonders am Herzen. Und wer ihnen dieses tiefschürfende Interesse für die unendlichen Weiten des Alls vermit-

1 Auf dem Hochplateau der peruanischen Anden liegt die kaum bekannte Ausgrabungsstätte Huanuco Pampa. Sie wird – obwohl viel älter – als Festung der Inkas bezeichnet. Der Weg dorthin ist nicht nur beschwerlich, sondern lebensgefährlich!

2 An den Ruinen von Huanoco Pampa zeigt sich par excellence, dass die viel älteren Teile der Anlage auch die perfekteren sind. Dagegen erscheinen die in jüngerer Zeit angestückelten Mauern als unprofessioneller Pfusch.

3 Megalithbauten besitzen oft ein unglaubliches Gewicht, wie der Brown's Hill Dolmen in Irland, dessen Deckstein 100 Tonnen wiegt.

4, 5 La Hougue Bie auf der Kanalinsel Jersey wird als »Ganggrab« bezeichnet (links unten und rechte Seite oben). Darüber türmt sich, einer runden Pyramide gleich, ein zwölf Meter hoher, aus Steinbrocken errichteter Hügel, ein sogenannter »Cairn«.

6 Auch Gavrinis in der Bretagne wird als »Ganggrab« geführt. Unfassbar die darin enthaltene mathematische Botschaft (Mitte).

7 Nur ein paar hundert Meter von Gavrinis entfernt liegt das Inselchen Er Lannic mit zwei teils unter der Wasseroberfläche befindlichen Steinkreisen (unten).

8 Ein Erlebnis der besonderen Art ist Stonehenge – von innen betrachtet.

10, 11 Die Anlage von Rollright besteht aus einem Steinkreis (rechte Seite oben) sowie den »Whispering Knights« (rechte Seite Mitte). Die Steine kommunizieren untereinander durch Ultraschallwellen!

9, 12 Die fast 20 Meter lange Dolmenanlage »La Roche aux Fées« bei Essé ist der pure Gigantismus und macht eher den Eindruck eines bombensicheren Unterstandes, besonders im Eingangsbereich.

13 Der »Grand Menhir brisé« brachte 300 bis 350 Tonnen auf die Waage, bevor er in mehrere Teile zerbrach.

14 Die Steine des »Ganggrabes« Le Tréal bei St. Just klingen in verschiedenen Tonhöhen, wenn man sie anschlägt.

15 Ähnliches erlebte ich in der Namib-Wüste (Südwestafrika), als ich auf wie gegossen wirkende Steinblöcke klopfte.

16 Die Taula (im Bild im Vorder-
grund) und der Talayot, eine Art
konischer und oft massiver Turm,
sind die am weitesten verbreiteten
prähistorischen Bauten auf der
kleinen Baleareninsel Menorca.

17 Ses Roques Llises erinnert in
seiner aus Trilithen bestehenden
Bauweise ein wenig an das
englische Stonehenge. War es
eine »Kultstätte« – was immer
dies bedeuten mag – oder ein
steinzeitliches Observatorium?

18 Wenn man nicht wüsste, dass der »heilige Brunnen« von Santa Cristina (Sardinien) aus der Jungsteinzeit stammt, würde man ihn für eine Konstruktion unserer Tage halten.

19 Über der nach unten führenden Treppe ist eine ebensolche, auf dem Kopf stehende eingebaut. Alle bei diesem steinzeitlichen Gemäuer verbauten Steine wirken wie aus einem Guss, als wären sie in Serie gefertigt. Wozu dienten die »heiligen Brunnen« Sardiniens?

telte, hatte sicher keine religiösen Zeremonien oder kultischen Handlungen im Hinterkopf.

Die beiden mit Abstand bedeutendsten prähistorischen Steinsetzungen Menorcas befinden sich mit Torralba d'en Salord und Torre d'en Gaumes im Süden der Insel. Beide befinden sich nahe der Stadt Alaior und sind weitläufige Anlagen, die zu besuchen man reichlich Zeit einplanen sollte. Das heute zu einem archäologischen Park ausgebaute Torralba d'en Salord wird altersmäßig auf mindestens 3000 Jahre geschätzt. Es rühmt sich zudem, über eine der besterhaltenen Taulas der ganzen Insel zu verfügen. In den Jahren von 1973 bis 1981 wurden dort insgesamt sieben Ausgrabungskampagnen unter der Leitung der Universität von Madrid durchgeführt. In deren Verlauf wurde unter anderem ein bronzener Stier gefunden, der heute im Museum der Inselhauptstadt Mahon ausgestellt wird.[31]

Die ausgedehnte Anlage verfügt sogar über ein Hypogäum, also einen aus dem gewachsenen Felsen herausgearbeiteten, unterirdischen Raum (von gr. hypo, unter und gaia, die Erde). Natürlich ist es bei Weitem nicht so spektakulär wie das berühmte Hypogäum von Hal Saflieni auf der Insel Malta, das flächen- wie auch tiefenmäßig ungleich größer ist. Eine da unten in die Felswand eingearbeitete Vertiefung wirkt wie ein Lautsprecher: Spricht man hinein, dann ertönt die Stimme im gesamten Hypogäum um ein Vielfaches verstärkt.

Der unterirdische Raum in Torralba verfügt über ein ähnliches Phänomen. Als ich mich mit mehreren Personen dort unten aufhielt und wir alle kräftig zu summen anhoben, dauerte es nicht einmal eine halbe Minute, bis der Fels über uns in immer heftigere Schwingungen versetzt wurde. Zum Schluss war es, als würde das Gestein vibrieren. Alles nur Zufall? Oder verfügten die Erbauer von Torralba d'en Salord in der ausgehenden Jungsteinzeit über fundierte Kenntnisse der Physik? Das ist anzunehmen, denn sie waren mit Sicherheit nicht dümmer als ihre »Kollegen« in der Bretagne, in Stonehenge oder in ungezählten anderen megalithischen Stätten dieser Welt.

Drei Talayots und ein Rätsel aus Ägypten

Noch weitaus beeindruckender ist die Ruinenstätte von Torre d'en Gaumes (katalanisch Torre d'en Galmes). Auch sie befindet sich im Süden Menorcas. Von der Landstraße, die von Alaior zum Strand von Son Bou führt, zweigt auf der linken Seite eine asphaltierte Zufahrtsstraße ab. Folgt man dieser etwa zwei Kilometer, gelangt man an eine Weggabelung, an der man sich wiederum links hält. Nach einem weiteren halben Kilometer erreicht man einen der mit Abstand größten und eindrucksvollsten Fundorte auf den Balearen. Diese Stätte ist auch bekannt als größte Talayot-Anlage ganz Menorcas.

Torre d'en Gaumes liegt auf einem Hügel, der nach Süden hin ansteigt und von dem aus man einen großen Teil der menorquinischen Südküste überblicken kann. Bei klarem Wetter erkennt man sogar die Berge der benachbarten Insel Mallorca. Drei mächtige Talayots überragen das mit typisch mediterranem Gestrüpp sowie niedrigen Bäumen überwucherte Gelände. Einmal mehr stellt sich hier die Frage, welchen praktischen Nutzen diese Anhäufung von drei Wachttürmen gehabt haben soll. Ein einziger, mit dem vorhandenen Material auch entsprechend höher gebaut, hätte seinen Zweck mit Sicherheit viel effektiver erfüllt. Darum sollte man sich auch nicht durch die erhöhte Position jener drei Talayots dazu verleiten lassen, sie einfach unhinterfragt als Überwachungstürme durchgehen zu lassen.

Dahinter liegt, scharf abgegrenzt, der Taula-Bezirk. Leider ist der Deckstein der Taula heruntergestürzt und liegt am Boden zwischen dem Pfeiler und dem Eingang zum Taula-Bereich. Er fiel Vandalen zum Opfer – allerdings nicht in modernen Zeiten, wie man vermuten könnte. Sondern in den Tagen der römischen Besatzer, die den Deckstein einfach herunterwarfen, ihn aushöhlten und als steinernen Sarkophag zweckentfremdeten.[26] Der restliche Taula-Bereich ist jedoch gut erhalten. Deutlich kann man zwei weitere Bauelemente erkennen: Große, erstaunlich glatt geschliffene Felsplatten bilden Seitenwände und Apsis.

Viele wissen nicht, was letzterer Begriff bedeutet. Man versteht unter einer Apsis (gr. »Wölbung«) eine in ihrem Grundriss halbkreisförmige und mit einer Halbkuppel überwölbte Nische. Macht nichts: Ich selbst habe auch erst in meinem schlauen Lexikon nachschlagen müssen.

Bei Ausgrabungsarbeiten machte man einen ebenso spektakulären wie überraschenden Fund. Die Archäologen stießen auf eine kleine Statue des ägyptischen Arztes, Architekten und Schriftstellers Imhotep! Jener war eine geheimnisumwobene Persönlichkeit und lebte zu Zeiten des Pharao Djoser (2609–2590 v. Chr.) aus der 3. Dynastie. Für besagten Pharao soll er die Stufenpyramide von Sakkara errichtet haben. Ihm wird auch die älteste, leider nicht mehr erhaltene Weisheitslehre zugeschrieben. Später wurde Imhotep sogar als Gott der Heilkunst verehrt, und er galt zudem als Sohn des Gottes Ptah, dem universalen Schöpfergott im Neuen Reich (1552–1070 v. Chr.). Zeitgenössische Darstellungen zeigen Imhotep als kahlköpfigen Priester, der in einer Papyrusrolle liest. Wie auch die in Torre d'en Gaumes gefundene Statuette. Woher das Universalgenie kam, ist ungeklärt. Ebenso, wohin der gottgleiche Imhotep ging. Denn bis zum heutigen Tag suchen die Archäologen vergeblich nach seinem Grab. Sollte sich die letzte Ruhestätte jener legendenumwobenen Gestalt am Ende womöglich zwischen den Megalithen der Baleareninsel Menorca befinden?

Auch Wohnhäuser hat man in der Anlage von Torre d'en Gaumes gefunden. Es waren dies Rundbauten mit doppelten Wänden, wobei die Steine der Außenwand größer sind als die Steine der Innenwand. Bezeichnend ist auch hier, dass in den älteren Bauphasen mit viel größeren Steinen hantiert wurde als in den jüngeren – ein Phänomen, das uns ja bereits von megalithischen Bauten aus aller Welt vertraut ist.

Im südlichen Bereich stößt man dann auf einen der schönsten unterirdischen Säulengänge der Insel. Die hierin aufgestellten Säulen – der Bau wird daher auch »Sala Hipóstila«, auf Deutsch »Saal mit Säulen« genannt – bestehen entweder aus vertikal angeordneten Monolithen oder aus einzelnen, übereinandergestapelten Steinklötzen. In jedem Fall nimmt der Durchmesser der Säulen gegen alle Logik von unten nach oben zu, also mit der geringeren Auflagefläche nach unten. Trotzdem scheint die Statik zu stimmen, denn bislang ist nichts eingestürzt. Auf jenen ungewöhnlichen Säulen ruhen flache Steinplatten, welche wiederum durch Seitenmauern abgestützt werden. Ein sehr labiles Gleichgewicht, das überraschend stabil ist.

Und was sagen die Archäologen dazu? Sie nennen diese Säulen im »mediterranen Stil« erbaut und nehmen die offensichtliche Diskrepanz zu allen bekannten Regeln der Statik kommentar- und widerspruchslos hin.

In der Anlage fielen mir auch immer wieder Löcher im harten Felsboden auf, die kreisrunde Einstiege aufweisen. Nach gängiger Expertenmeinung werden sie meist als Wasser- oder Getreidespeicher interpretiert. Doch in dem porösen Untergrund der Insel würde das Wasser in kürzester Zeit versickern und das Getreide in der feuchten Umgebung ebenso rasch keimen. Derartige Bodenlöcher findet man in vielen Regionen dieser Welt, deshalb beschäftige ich mich im 9. Kapitel dieses

Buches ausführlich damit. Nur so viel für den Augenblick: Mich erinnern diese Relikte aus grauer Vorzeit ganz frappierend an kleine Bunker oder Unterstände, wie wir sie von den Kriegsschauplätzen her kennen. Wie gesagt, später mehr zu diesem Thema.

Verlässt man Torre d'en Gaumes und wandert auf einem Feldweg in südlicher Richtung talwärts, erreicht man nach ungefähr einem Kilometer eine noch viel ältere Anlage. Hier und da sollte man einen Blick über die am Wegesrand aufgeschichteten Trockenmauern werfen, um nicht im Eifer des flotten Ganges an den Steinsetzungen vorbeizulaufen. Denn Ses Roques Llises, wie die Stätte genannt wird, befindet sich auf privatem Besitz. Einzig eine tüchtige Portion Unverfrorenheit verschaffte mir Zutritt zu dem Gelände. Wir mussten dafür ein Stück der Mauer teilweise abtragen, haben hinterher jedoch alles wieder so aufgebaut, wie wir es vorgefunden hatten. Wir hatten Glück. Aber falls es Nachahmer geben sollte, übernehme ich natürlich für eventuelle Folgen weder Gewähr noch Haftung!

Das Alter dieser prähistorischen Gemäuer wird auf über 4000 Jahre datiert, im Gegensatz zu den 3200–3500 Jahren, die man Torre d'en Gaumes zugesteht. Die Steinbearbeitungen Ses Roques Llises' begeistern durch ihren recht eigentümlichen Stil. Dies fängt bereits mit dem Boden an. Großflächig breiten sich dort plane Strukturen aus, die beinahe den Eindruck vermitteln, als sei hier ein Betonboden über die Jahrtausende hinweg verwittert. Wer vermag schon mit Gewissheit zu sagen, was sich vor Jahrtausenden dort abgespielt hat? Auch im umgekehrten Fall kann man nur spekulieren, was in 4000 Jahren von unseren supermodernen Stahlbetonbauten übrig geblieben sein wird. Schon jetzt tun mir die Archäologen des beginnenden 7. Jahrtausends unendlich leid, wenn sie ihren Zeitgenossen erklären müssen, was die Menschen eines für sie so unverständlichen Zeitalters alles getrieben haben. Werden auch sie die hirnverbranntesten »Kulte und Zeremonien« aus dem Hut zaubern wie ihre Kollegen in unseren Tagen?

»Kultstätte« oder steinzeitliches Observatorium?

Im Zentrum der ebenfalls recht weitläufigen prähistorischen Anlage Ses Roques Llises breitet sich eine wahre Zone der Zerstörung aus. Da türmen sich Berge von Monolithen der verschiedensten Größe. Daraus ragen zum Teil noch gut erhaltene Strukturen, die mich in Aufbau und Anordnung ganz spontan an Stonehenge erinnerten. Natürlich bei Weitem nicht so groß dimensioniert, erkennt man die so typischen Trilithen (Dreiergruppen): Jeweils zwei aufrecht stehende Säulen, aus einem Stück, jedoch nicht selten aus mehreren Einzelblöcken bestehend, darüber ein querliegender Deckstein. Im Eingangsbereich ist ein mächtiger Querblock herabgefallen; er mag einige Tonnen schwer sein. Archäologische Forschung oder gar gezielte Ausgrabungskampagnen finden – meines Wissens – derzeit nicht statt. Denn nicht alle an den Rätseln der Vorzeit Interessierten legen so viel Chuzpe an den Tag, kurzerhand ganze Trockensteinmauern abzubauen, die das Privateigentum menorquinischer Bauern markieren. Dem gegenüber liegt das ganze Areal brach, nur die Hinterlassenschaften von Schafen und Ziegen raten dem Besucher zu etwas Aufmerksamkeit beim Gang durch die mit Gestrüpp und Olivenbäumen bewachsene Landschaft. Eigentlich sollten so gut wie keine Verluste durch Nutzungsausfall entstehen.

Wenn ich jene Ruinen von Ses Roques Llises mit den nach wie vor monumentalen Resten von Stonehenge vergleiche, könnte ich mir durchaus vorstellen, dass auch die noch weitgehend als Geheimtipp gehandelte Anlage auf Menorca ein steinzeitliches, astronomisches Observatorium war. Ein »zweites Stonehenge«

sozusagen, denn die Ähnlichkeit ist streckenweise verblüffend. Von Anbeginn aller Kultur und überall auf der Welt beobachtete der Mensch mit Hingabe den Sternenhimmel über sich. Möge jener Tag nicht mehr fern sein, an dem sich herausstellen wird, dass die heute noch als »Kultstätten« bezeichneten Bauten dazu dienten, dem Menschen die Sterne und das unendliche Weltall ein kleines Stück näherzubringen.

Wer uns aber ehedem, noch tief im Dunkel der Vergangenheit, das Interesse für die grenzenlosen Weiten des Alls in die Gene pflanzte, ist eine andere, nicht minder spannende Frage.

5 Jetset-Paradies mit Steinzeitflair

Feenhäuser, heilige Brunnen
und sogar eine Pyramide

Sie ist bekannt als die Insel, auf der die Schönen und Reichen so gerne Urlaub machen. Die zahlreichen Luxusjachten, die an der türkisfarbenen Costa Smeralda ankern, sind untrügliches Zeichen, dass hier nicht gerade Sparen angesagt ist – was sich leider auch ein wenig auf das lokale Preisniveau niedergeschlagen hat. Sardinien ist jedoch ein echter Geheimtipp für prähistorische Mysterien. Und wenn sich die Archäologen nicht verzählt haben, birgt das politisch zu Italien zählende Eiland mit seinen malerischen Küsten mehr als 7500 Relikte aus der Steinzeit. Die Palette ist äußerst reichhaltig: Von Menhiren über Dolmen zu den typischen »heiligen Brunnen« und den Nuraghen, die buchstäblich an allen Ecken und Enden der Insel zu finden sind. Selbst eine richtige Stufenpyramide ist darunter, deren Anfänge weiter zurückreichen als in jene Zeit, in der nach landläufiger Meinung die Pyramiden in Ägypten gebaut wurden.

Wie die Inseln Menorca und Malta kann man Sardinien gleichfalls ohne Übertreibung als ein wirkliches Freilichtmuseum bezeichnen, das mit einer großzügigen Ausstattung an prähistorischen Preziosen aufwartet.

Ende des 13. Jahrhunderts v. Chr. wird Sardinien in altägyptischen Quellen erwähnt, doch die meisten Relikte sind um einiges älter. Ich selbst sah mich bislang drei Mal – 2006, 2009 und

2013 – auf der zweitgrößten italienischen Insel um, musste mich dabei auf ein paar wenige Highlights beschränken. Genauso muss ich es hier machen. Man könnte Jahre dort verbringen. Und hätte noch nicht einmal einen Bruchteil von all dem zu Gesicht bekommen, was Sardinien zu bieten hat. Dies kann schon aus dem Grund nicht wenig sein, da die Geschichte der Insel weit zurückreicht. So belegen in Nordsardinien gefundene Steinwerkzeuge, dass das Eiland bereits vor rund 170 000 Jahren besiedelt gewesen sein muss. Um einiges jünger – und trotzdem prähistorisch – sind hingegen Bauwerke, die einmal mehr als das bezeichnet werden, was sie definitiv nicht sind.

Riesengräber ohne Riesen

Auf meinen bisherigen drei Reisen durch Sardinien habe ich mir drei Riesen- oder Gigantengräber angesehen: Li Lolghi und Coddu Vecchiu, westlich beziehungsweise südwestlich von Arzachena gelegen, einem Städtchen nördlich von Olbia an der Costa Smeralda. Wen es in dieses Städtchen verschlägt, der sollte es nicht versäumen, jenen schildkrötenförmigen Felsen zu besichtigen, der sich majestätisch über den engen Gassen und Häusern erhebt. Er ist nicht künstlich geschaffen, sondern eine Laune der Natur. Das dritte Riesengrab ist S'Ena e Thomés. Das liegt im Osten der Insel, zwischen Nuoro und Orosei.
Die augenfälligste Gemeinsamkeit dieser und weiterer »Tombe dei Giganti« ist die monolithische und oben abgerundete Stele, die sich am Anfang gut drei Meter in die Höhe erhebt. In deren unteren Bereich ist stets eine kleine, türähnliche Aussparung zu finden. Ein Kind könnte hindurchkrabbeln, ein normal dimensionierter Erwachsener jedoch würde sich deutlich schwerer tun. Dies ist wohl der Grund dafür, dass die kleine Öffnung zumeist als »Seelenloch« interpretiert wird.

Ebenso gemeinsam ist den Riesengräbern Sardiniens, dass darin keine Toten bestattet wurden. Weder fanden dort normalgroße Menschen ihre letzte Ruhe, geschweige denn Riesen, die doch als Namensgeber dieser Bauform herhalten mussten. Auch in diesem Fall könnte man eher von einem in die Länge gezogenen Dolmen sprechen oder einer »Allée couverte«. Denn hinter der als Eingang gesetzten, monolithischen Stele erstreckt sich ein etliche Meter langer Gang aus einander gegenüberstehenden Orthostaten, einstmals vollständig abgedeckt durch entsprechend bearbeitete und eingepasste Deckplatten.

Das Riesengrab Li Lolghi steht auf einem Hügel in der Region Li Muri westlich von Arzachena, und die im obersten Drittel durchgebrochene Eingangsstele ist schon aus der Entfernung gut zu erkennen. Dahinter markieren 14 sauber bearbeitete steinerne Platten eine Art Tunnel, der von den Archäologen als sogenannter »Begräbniskorridor« bezeichnet wird. Tatsächlich fand man dort auch eine große Anzahl von Gebrauchsgegenständen, die als Grabbeigaben für ein Weiterleben im Jenseits interpretiert werden. Man grub sie jedoch nicht im Tunnel aus – man fand sie auf jenem halbkreisförmigen Vorplatz der Anlage, der auch als »Exedra« bezeichnet wird.

Dieser Vorplatz, hier wie bei den anderen »Gigantengräbern« durch im Halbkreis aufgestellte Steinplatten mit der Stele in der Mitte von der eigentlichen Anlage abgegrenzt, soll für religiöse Zeremonien und Begräbnisrituale verwendet worden sein. Was die Entstehungszeit betrifft, datiert man Li Lolghi in die frühe Bronzezeit, etwa um 1800 bis 1550 v. Chr., ein. Die Anlage soll dann in nuraghischer Zeit – ungefähr 1000 v. Chr. – erweitert worden sein. Ähnliches gilt für Coddu Vecchiu, südlich von Li Lolghi in der Gemarkung Capichera gelegen, das zwischen 1800 und 1600 v. Chr. in zwei Bauphasen entstand. Coddu Vecchiu befindet sich nur einen knappen Kilometer von der Nuraghe »La Prisgiona« entfernt und ist mit dieser durch den »Sentiero dei Giganti« – den »Weg der Riesen« – verbunden.[32]

Das dritte »Gigantengrab« – S'Ena e Thomés im Osten der Insel – fällt durch eine Besonderheit in der Ausführung der Stele mit der »falschen Tür« am Boden auf. Der obere Teil besitzt einen charakteristischen Knick, erweckt so beim Betrachter den Eindruck einer »steinernen Zipfelmütze«. Ob dies so beabsichtigt war oder ob dem Steinmetz einfach nur ein Malheur widerfahren war, lässt sich heute natürlich nicht mehr feststellen.

Die »heiligen Brunnen«

Riesen scheinen – obwohl deren einstige Existenz bekanntermaßen vom wissenschaftlichen »Mainstream« stets und mit großem Nachdruck abgestritten wird – auch im prähistorischen Sardinien eine bedeutende Rolle gespielt zu haben. Ich erinnere hier nur an die Geschichte von dem leider zwischenzeitlich verschollenen Knochenfund, die ich im 3. Kapitel dieses Buches zum Besten gegeben habe. Gibt es am Ende doch eine Gemeinsamkeit der Gigantengräber mit jenen »Helden der Vorzeit«, von denen schon in der Bibel die Rede ist: »Zu der Zeit und auch später noch, als die Gottessöhne (!) zu den Töchtern der Menschen eingingen und sie ihnen Kinder gebaren, wurden daraus die Riesen auf Erden. Das sind die Helden (in anderen Übersetzungen ist von den »Recken der Urzeit« die Rede) der Vorzeit, die hochberühmten.« (1. Buch Mose, Kap. 6, Vers 4)[33]

Eine andere auf der Mittelmeerinsel weitverbreitete Bauform betrifft die »heiligen Brunnen«. Warum sie so bezeichnet werden, das wissen einmal mehr nur die Götter. Ein schönes

Exemplar konnte ich in der Anlage Santa Vittoria bewundern, das auf der windgepeitschten Hochebene bei Serri, knapp 60 Kilometer nördlich der Hauptstadt Cagliari, liegt. Beispiellos jedoch und nicht zu toppen, ist der »heilige Brunnen« der nuraghischen Siedlung Santa Cristina, südwestlich von Abbasanta gelegen.

Besagtes Santa Cristina ist eine ebenso weitläufige wie von Touristen frequentierte Attraktion; wer knapp bei Zeit ist, der sollte gleich den Brunnen ansteuern und hoffen, dass er nicht von allzu vielen Menschen umlagert ist.

Dieser »heilige Brunnen« ist phänomenal! Der runde Schacht selbst ist abgedeckt; nur ein kleines rundes Loch lässt bei dem höchsten Stand der Sonne deren Licht auf den Boden fallen. Die eigentliche Sensation stellt der dreieckig ausgeführte Abstieg dar. Wenn man nicht wüsste, dass das Gemäuer neolithischen Ursprungs ist, also aus der Jungsteinzeit stammt – man könnte es ohne Wenn und Aber für ein Konstrukt aus unseren Tagen halten. Die wie aus einem Guss wirkenden Steine sind derart sauber bearbeitet, dass sie eher einem modernen Baustoffwerk zu entstammen scheinen als einer steinzeitlichen Werkstatt mit primitiven Hilfsmitteln. Die Treppe, deren Stufen ohne Weiteres einen neuzeitlichen Abgang zum Beispiel zu einer Straßenunterführung darstellen könnten, wird flankiert von zwei senkrechten Wänden, die sich zum Brunnenschacht hin einander immer weiter nähern – daher der dreieckige Grundriss. Und auch das Gegenstück zu der Treppe, gleichsam wie eine auf dem Kopf stehende solche gebaut, besticht durch die akkurate Einpassung ihrer absolut exakt bearbeiteten Bausteine. Es ist, wenn man will, eine zweite, spiegelbildliche Treppe.

Wenn man sich einmal mehr der Errichtung dieses Wunderwerks in der Steinzeit bewusst wird, so haben wir in den vergangenen Tausenden von Jahren eigentlich fast nichts dazugelernt. Die Einsicht ist bitter, aber aufschlussreich.

Welchem Zweck dienten die »heiligen Brunnen« auf Sardinien? Wenn es nur Behälter zum Auffangen von Regenwasser waren, wieso gelten sie dann als heilig? In den Archäologenköpfen spuken gern die wildesten Vorstellungen irgendwelcher Kulte und Zeremonien (merke: auf ominöse Kulte wird immer dann zurückgegriffen, wenn einem nichts Besseres einfällt). In meinem Kopf begann indessen eine andere Vorstellung zu spuken, als ich Santa Vittoria besuchte. Jene Geisterstadt auf der Hochebene bei Serri, durch deren Ruinen permanent ein unangenehmer, kalter Wind zu pfeifen pflegt. Als ich in den dortigen, »heiligen Brunnen« hinabstieg, war dessen Boden etwas mehr als knöcheltief mit Wasser bedeckt. Mein Blick fiel auf den Wasserspiegel, und vor meinem geistigen Auge sah ich, wie sich in klaren, wolkenlosen Nächten darin die Sterne spiegeln würden.

Hockten die alten »Megalithiker« am Boden ihrer Brunnen und betrachteten darin einen Ausschnitt des Sternenhimmels mit der Ruhe und Konzentration, wie sie nur ein so abgeschiedener Ort bieten kann? Ich weiß es nicht, es ist auch nur eine Idee, die mir dort unten ganz spontan in den Sinn kam. Was ich jedoch mit Bestimmtheit sagen kann, ist, dass weder die Archäologen noch ich damals vor Ort live dabei waren. Unsere Erklärungsversuche sind gesteuert von unseren ureigenen Vorstellungen. So sollten wir uns eigentlich ehrlich eingestehen, dass wir kaum mehr als spekulieren können über das, was damals wirklich geschah. Denn irgendwelche Aufzeichnungen aus dieser Zeit, die uns aufklären könnten, gibt es ja leider nicht. So bleibt auch das Rätsel um die »heiligen Brunnen« Sardiniens weiter bestehen. Und wird auch künftig für die unterschiedlichsten Interpretationen sorgen.

Türme in der Landschaft

Ihre Anzahl ist eher zu schätzen, als exakt zu zählen. Wenn man dazu bedenkt, dass durch Straßenbau und ähnliche Maßnahmen viele weitere dieser Bauwerke den Weg alles Irdischen gingen, kann man sich halbwegs eine Vorstellung von ihrer Verbreitung machen. Ich spreche von den Nuraghen, jener Bauform, die geradezu stellvertretend steht für archäologische Stätten auf Sardinien. Schlägt man zwecks genauerer Begriffsbestimmung im Lexikon nach, so sind dies einzeln oder in Gruppen stehende Türme, die aus großen Steinblöcken nach Art eines »falschen Gewölbes« errichtet sind (dieses entsteht durch das immer weitergehende »Vorkragen« der einzelnen Steinlagen). Meist werden Nuraghen als Burgen und Grabbauten, seltener als Kultstätten gedeutet. Die nach ihnen benannte, nuraghische Kultur soll vom Ende der Jungsteinzeit bis in die jüngere Eisenzeit gereicht haben. Man datiert deren Entstehungszeit für gewöhnlich in die Spanne zwischen 1500 und 500 vor unserer Zeitrechnung.[34]

Gerne vergleicht man die Nuraghen mit den Talayots auf Menorca. Ich halte den Vergleich aber für etwas verunglückt, sind doch zahlreiche der balearischen Bauten (vgl. Kap. 4) inwendig massiv nach Art der »hermetischen Türme«.

Im Gegensatz dazu kann man bei vielen Nuraghen, wie im Fall von Santu Antine bei Torralba oder Losa unweit von Abbasanta, bis hinauf zur obersten Plattform steigen. Ein reichhaltig gegliedertes Innenleben mit rundum laufenden Treppen, Sälen und Galerien zeigt mehr als deutlich, dass die Nuraghen Sardiniens nichts, aber auch wirklich nichts mit den zudem viel kleineren Talayots auf Menorca gemeinsam haben. Höchstens, dass auch sie immer wieder fehlinterpretiert werden. Dafür bestehen Nuraghen aus wesentlich schwereren und größeren Einzelbausteinen als Talayots. In der gewaltigen Anlage von Barumini konnte ich aufeinandergetürmte Monolithen fotografieren, die gut und gerne ein bis zwei Tonnen auf die Waage bringen.

Als ich in der Nuraghe Losa durch einen jener V-förmigen Gänge streifte, deren jeweils die darunterliegende Reihe überkragenden Steinklötze das erwähnte »falsche Gewölbe« bilden, überkam mich der Eindruck, ich würde mich in einer Maya-Pyramide befinden. Nichts als Einbildung? Immerhin ist es noch immer ein Mysterium, woher die Erbauer der Nuraghen stammen. Der US-amerikanische Geologe an der Universität von Boston, Professor Robert M. Schoch, verweist in seinem Werk über die weltweite Existenz von Pyramiden auf eine seltsame Übereinstimmung. Demnach seien bestimmte Typen von Schilfbooten auf dem Tschadsee in Zentralafrika wie auf dem Titicacasee im Hochland der Anden an einigen Küstenstreifen Mexikos wie auch an den Küstengewässern von Sardinien gebräuchlich gewesen.[35] Und die alten Ägypter fuhren wahrscheinlich über die ganze Welt, steuerten außer der amerikanischen Küste sogar das ferne Australien an.[36]

Pranu Muttedu: Für jeden etwas dabei

Bevor ich mich einem auf Sardinien ebenso einzigartigen wie unvermuteten Bauwerk zuwende, möchte ich die Anlage von Pranu Muttedu auf keinen Fall unerwähnt lassen, die durch eine ungewöhnliche Vielfalt an megalithischen Einzelobjekten zu begeistern weiß. An der Provinzstraße SP 23, die Senorbi und Goni im Südosten der Insel verbindet und wenige Kilometer von letztgenannter Stadt entfernt, liegt der Eingang zu diesem weitläufigen Areal. Auf dem parkähnlich gepflegten Gelände von ungefähr 200 000 Quadratmetern Fläche befindet sich eine der bedeutendsten und gleichzeitig beeindruckendsten prähistorischen Anlagen ganz Sardiniens.

So weist Pranu Muttedu beispielsweise die höchste Anzahl an Menhiren auf der ganzen Insel auf. Es sind gut 60 dieser aufrecht stehenden Steine, die einzeln, paarweise oder in Gruppen und langen Reihen aufgestellt sind. Die längste dieser Reihen befindet sich im Schatten alter Korkeichen und ist in absolut korrekter Ost-West-Richtung angeordnet. An den Tagundnachtgleichen (auch: Äquinoktien, 21. März und 23. September) geht die Sonne selbst heute noch präzise in der Verlängerung dieser Menhirreihe auf.

Auch ein paar Gräber wurden in der Anlage gefunden. Ausgrabungen unter der Leitung des Archäologen Enrico Atzeni förderten in den 1980er-Jahren zahlreiche Gegenstände ans Licht des Tages. Die Fundstücke werden allesamt der sogenannten »Kultur von Ozieri« zugeordnet, einer spätneolithischen Epoche ab etwa 3200 v. Chr. Einmal mehr gehen die Archäologen von der Annahme aus, dass dort ein Totenkult betrieben wurde. Doch die Menhire in ihrer peinlich genauen Ost-West-Ausrichtung lassen die Vermutung zu, dass auch astronomische Gesichtspunkte eine äußerst bedeutsame Rolle gespielt haben.

Im Zentrum Pranu Muttedus findet man kreisförmige Steinreihen, die treppenartig ineinander eingesetzt sind. Unmittelbar daneben schließt sich mit dem »Grabdenkmal II« das spektakuläre Herzstück der gesamten Anlage an. Dieses Ensemble wurde aus mehreren tonnenschweren Steinblöcken zusammengesetzt, die ganz exakt bearbeitet sind. Unterteilt ist es in einen Eingangspavillon, einen Vorraum sowie einen als Grab gedeuteten, separaten Bau, der aus drei Räumen und einer halbkreisförmigen Fassade besteht. Als ich durch die niedrige Tür des wuchtigen Eingangspavillons kroch, fiel mir eine an der oberen inneren Kante verlaufende, exakt eingearbeitete Rille auf. Meine Nachfrage ergab, dass darin eine Tür eingepasst war, die aber leider im Lauf der Zeit verloren gegangen ist.

Am eindrucksvollsten wirkt dieses megalithische Meisterwerk jedoch von oben. Ich konnte eine Reihe guter Aufnahmen aus der Vogelperspektive machen, wobei mir eine hohe Korkeiche dienlich war, die genau neben dem »Grabdenkmal II« steht. Allerdings standen mir danach unerwartete Anstrengungen ins Haus, von diesem Baum wieder herabzukommen. Nicht, dass mir gar der Rheumatismus oder andere schmerzhafte Wehwehchen in die Knochen gefahren wären. Aber sämtliche Teilnehmer einer Leserreise, die mit von der Partie waren, sahen ihre große Chance gekommen. Immer wieder reichten sie mir ihre Kameras und Fotoapparate in mein luftiges Domizil herauf, bis auch wirklich ein jeder seine Wunschbilder im Kasten hatte.

Weithin sichtbar

Eigentlich war es einer jener berühmten »Zufälle«, der mich auf die Spur dieses Bauwerks brachte. In einer Folge der ZDF-Serie »TERRA X«, für die ich Bildmaterial über die mysteriösen Pyramiden im Reich der Mitte beigesteuert hatte, wurde von einer Stufenpyramide auf Sardinien berichtet. Bis zu jenem Zeitpunkt wollte kein Archäologe wahrhaben, dass auch auf der Ägypten gegenüberliegenden Seite des Mittelmeeres Pyramiden zu finden sind. Mein Interesse war spontan geweckt, und das Monument stand von Stund an ganz oben auf meiner Wunschliste. Mittlerweile war ich bereits drei Mal dort, das vorerst letzte Mal im Juni des Jahres 2013.

Dass die Archäologen so lange Zeit nichts über die Stufenpyramide von Monte d'Accoddi verlauten ließen, verrät neben ausgeprägter Betriebsblindheit auch eine reichliche Portion an Ignoranz. Getreu dem bewährten Motto, dass nichts sein kann, was nicht sein darf. Denn die Pyramide, die so gar nicht zu den anderen Großsteinbauten auf der Insel passen will, steht weithin sichtbar in der Landschaft. Genau gesagt, ganz in der Nähe der vierspurig ausgebauten Schnellstraße, die von Sassari nach der Hafenstadt Porto Torres an der Westküste führt. Wie aber kann solch ein auffälliges Monument für so lange Zeit einfach unbeachtet bleiben?

Ignoranz war, wie erwähnt, der eine Grund. Zudem schlummerte die Pyramide von Monte d'Accoddi sehr lange unter einem mit Gras und Vegetation bewachsenen Hügel. Sie teilte das Schicksal so mancher Maya-Pyramide im Regenwald der mittelamerikanischen Halbinsel Yucatán. Im Zweiten Weltkrieg errichteten die italienischen Streitkräfte dann auf dem Hügel ein Flugabwehrgeschütz. Erst als die dazugehörige Militärstation im Jahre 1950 aufgelöst wurde, konnten sich die Archäologen ans Werk machen und den Inhalt des Hügels freilegen.

Zum Vorschein kam zur allgemeinen Überraschung – eine Pyramide! Allerdings keine von der Art, wie wir sie aus dem »alten Land am Nil« kennen. Sondern eine Stufenpyramide, deren Seiten sich leicht nach innen neigen. Ihre Grundfläche beträgt 37 mal 37 Meter, und von ihrer südlichen Seite führt eine mehr als 40 Meter lange Rampe an das Bauwerk heran, welches dann über eine Reihe von Stufen bis zu der obersten Terrasse bestiegen werden kann. Diese liegt heute in gut sieben Metern Höhe, doch zu der Zeit ihrer Errichtung soll das gesamte Bauwerk zehn Meter hoch gewesen sein.[37]

Die verschwundene Schautafel

Die Stufenpyramide, so stellte man bereits vor Jahren fest, besitzt eine exakte Nord-Süd-Ausrichtung. Im Laufe von neueren Ausgrabungen stieß man auf eine Reihe von Kammern in ihrem Inneren. Als ich im Juni 2013 dort weilte, blieb mir nichts als ein sehnsüchtiger Blick, denn ein abgeschlossenes eisernes Gitter unterbindet Unbefugten den Abstieg zu den »Inneren Werten« von Monte d'Accoddi.

Die erwähnte Aufstiegsrampe wird flankiert von einer an die 3,50 Meter hohen Steinsäule zur Linken und einer mehrere Quadratmeter großen Platte rechts, wie wir sie von Dolmen her kennen. Auch auf der anderen Seite der Pyramide fand man Überreste von Stufen; möglicherweise führte dort ein zweiter Aufgang nach oben. Die Archäologen vermuten, dass Menschen aus der Ozieri-Kultur – benannt nach der gleichnamigen Stadt südwestlich von Olbia –, die ihre Spuren seit etwa 3200 v. Chr. auf der Insel hinterließen, die Erbauer der Stufenpyramide waren. Datierungen, die mittels der C14-Methode (»Radio-Karbon-Datierung«) durchgeführt wurden, ergaben um die 2500 v. Chr. Da mit der C14-Datierung jedoch nur das Alter von organischen Proben bestimmt werden kann, spricht einiges dafür, dass die Pyramide – zumindest in ihren Anfängen – wesentlich älter ist.

Immerhin konnten erste Wellen von Siedlern bereits um 6000 v. Chr. festgestellt werden.[37] Und ich fand einen weiteren Hinweis in Form einer großen Schautafel, die ich anlässlich meiner Reisen von 2006 und 2009 auch fotografiert hatte. Die vom »Instituto Italiano per l'Archéologica Sperimentale« aufgestellte Tafel wies den Baubeginn deutlich früher aus: »5300 Anni Fa – Prima Fase del Santuario«. Demnach soll bereits vor 5300 Jahren mit der Errichtung begonnen worden sein. Zwischenzeitlich habe ein Großbrand gewütet, der die Pyramide mitsamt der jungsteinzeitlichen Ansiedlung ringsum in Mitleidenschaft gezogen hatte, bis das Bauwerk vor ungefähr 4800 Jahren vollendet war.

Für die Jahre 1940 bis 1945 weisen weitere Bilder die schon erwähnte militärische Nutzung des Hügels als Flakstellung aus, sowie den Beginn der archäologischen Feldforschung ab dem Jahr 1950 bis zum heutigen Tage.

Mittlerweile ist die Schautafel verschwunden. Denn bei meinem Besuch im Juni 2013 fand ich sie nicht mehr an dem angestammten Platz vor. In einer Schutzbaracke für das Aufsichtspersonal ist zwischenzeitlich ein kleines Museum eingerichtet worden, doch die abgängige Tafel suchte ich auch dort vergebens. Niemand vermochte mir zu sagen, wohin die eigentlich recht auffällige, etwa 80 Zentimeter breite und 1,50 Meter hohe Hinweistafel gekommen sein mag. Da die Angaben darauf in eklatantem Widerspruch zu »offiziellen« Datierungen stehen – Monte d'Accoddi wäre demnach älter als die Cheops-Pyramide in Ägypten –, verwundert mich das spurlose Verschwinden der Tafel nicht wirklich.[38] Wurde da etwa Zensur betrieben, weil etwas nicht sein darf?

»Feenhäuser« und phantastische Cart Ruts

Die so unvermutet in der Landschaft des nordwestlichen Sardinien stehende Stufenpyramide wird, so hoffe ich, sicher noch mehr von ihren Geheimnissen preisgeben. Wer aber hätte gedacht, dass man gerade mal einen Kilometer Luftlinie von ihr entfernt auf bestens erhaltene Cart Ruts stößt? Das sind die in der Regel paarweise verlaufenden, sich oft verzweigenden Bodenspuren, die eigentlich typisch sind für die zwischen Sizilien und Nordafrika gelegene Insel Malta. In einem Zeitschriftenbeitrag aus dem Jahre 2012 hatte ich darüber gelesen[39], und bei meinem Besuch vor Ort im Juni 2013 fieberte ich regelrecht jener Stätte entgegen, die für mich noch Neuland bedeutete.

Fährt man von Monte d'Accoddi wieder zurück auf die vierspurige Schnellstraße Sassari-Porto Torres und wendet bei nächstmöglicher Gelegenheit, so erblickt man bald darauf einige Wirtschaftsgebäude am Rande der Straße. Bei diesen zweigt ein ganz gerade verlaufender Feldweg ab, und nach zwei- bis dreihundert Metern biegt man linker Hand auf eine freie Fläche ab. Mir gingen die Augen über, als ich dort ankam. Ich wähnte mich nicht mehr in Sardinien, sondern auf Malta. So perfekt waren jene Spuren ausgeformt, über deren Entstehung man sich noch immer die Köpfe zerbricht. Karrenspuren, wie die offizielle Erklärung lautet, können es nicht sein. Denn spätestens, wenn die Doppelspur eine Kurve beschreibt oder sich gar die Spurweite ändert, würden die hypothetischen Räder schlicht stecken bleiben. Noch immer sucht man nach einer befriedigenden Erklärung, die den festgefahrenen Karren buchstäblich aus dem Dreck zieht. Da auf Malta an einigen Stellen die Spuren regelrecht verstopft sind mit dem sie umgebenden Gesteinsmaterial – hier zeigt sich, dass nie und nimmer mechanische Einkerbungen zum Entstehen der Cart Ruts geführt haben können –, spekulierte ich schon, ob es sich bei diesen Relikten nicht um einen uralten, verwitterten Betonguss handelt.[40]

Doch zurück zu den Cart Ruts in der Nähe von Monte d'Accoddi. Wie ihre maltesischen Vorbilder verzweigen sie sich, sogar das sich nach unten verjüngende Profil haben beide gemeinsam. Ihre Tiefe beträgt durchschnittlich 30 Zentimeter, einige Spuren haben sogar noch etwas mehr »Tiefgang«. Hierbei erstrecken sie sich über eine weite Fläche, die immer wieder von dichtem Buschwerk unterbrochen wird. An manchen Stellen ist der felsige Boden – und mit ihm die Spuren – abrupt zu Ende, führt dann aber nach ein paar Metern Unterbrechung wieder weiter.

Doch mehrmals werden die Gleise auch von etwas anderem unterbrochen. Auf dem Gelände stößt man auf sogenannte »Domus de Janas« – zu Deutsch »Feenhäuser« –, von denen es auf Sardinien gleichfalls eine beachtliche Menge gibt. Jene »Domus de Janas« sind künstlich in den Fels gehauene Höhlen, die nach geltender Meinung der Archäologen Begräbnisstätten waren. Ebenso gut aber können sie auch bewohnt gewesen sein. Man vermutet, dass diese künstlichen Höhlen in der Jungsteinzeit, um zirka 3800 v. Chr., in den Fels gehauen wurden.[39]

Und jetzt wird es spannend. Die mysteriösen Felsgleise werden nämlich meist in die Bronzezeit, um 1500 v. Chr., datiert – und trotz augenfälliger Widersprüche zu Wagenspuren »erklärt«. Hier, auf Sardinien, werden sie an mehreren Stellen von besagten »Domus de Janas« glatt durchschnitten, denen die Archäologen gute 2000 Jahre mehr zugestehen. Logischerweise müssen die Bodengleise aber dann älter sein als die »Feenhäuser«, welche durch eine große Präzision in deren Ausführung bestechen. Häufig findet man an ihren Wänden aus dem Stein herausgearbeitete Stierköpfe mit Hörnern. Eine Symbolik, wie sie nicht selten im vorderasiatischen Kulturraum auftaucht.[37]

Was natürlich prompt zu einem handfesten Disput unter einigen Vertretern der Scherben sammelnden Zunft führte. Die einen sind absolut überzeugt von vorgeschichtlichen interkulturellen Kontakten über teilweise beträchtliche Distanzen hinweg. Andere hingegen lehnen jede Hypothese einer von außen kommenden Beeinflussung kategorisch ab. Es hat überraschend viel von jener Diskussion über außerirdisches intelligentes Leben: Da betreiben einige Ewiggestrige Nabelschau, halten sich für das Größte, Schönste, Beste – und Einzigste im unendlichen Universum. Außerirdische Intelligenzen? Nein. Und wenn, dann sind sie viel zu weit weg. Schon einmal dagewesen? Niemals! In der Archäologie kennt man diese Fehleinschätzung weltweit und von zahlreichen prähistorischen Stätten, wo Engstirnigkeit jede Berührung mit fremden Kulturen strikt verneint.

Wer nach Sardinien kommt, der sollte es keinesfalls versäumen, die eine oder andere megalithische Stätte zu besichtigen. Bei mehr als 7500 vorgeschichtlichen Funden aber wird die Wahl rasch zur ausgesprochenen Qual. Zum Glück gibt es ein probates »Gegenmittel«, wenn man den Wald vor lauter Bäumen nicht mehr zu sehen droht, und ich habe es schon erfolgreich ausprobiert: Ich bin wiedergekommen.

6 Immer wieder Neues zu entdecken

Die Insel der tausend Fragezeichen

Wiedergekommen bin ich auch auf die kleine Insel Malta. Und zwar so oft, dass mich mein Weg bislang 18-mal auf diese eigene, faszinierende Welt geführt hat, von der ich trotzdem noch lange nicht alles gesehen habe. Ich gebe es ja zu: Malta zählt zu meinen Lieblingsplätzen auf dieser Erde, und ich denke, daran wird sich auch so bald nichts ändern.

Mit einer Länge von 27 und einer maximalen Breite von gerade einmal 14 Kilometern weist die Insel eine so hohe Dichte an prähistorischen Megalithbauten und Stätten auf, wie ich es nur von einem legendären Fleckchen Land auf der gegenüberliegenden Seite dieser Welt kenne: von der Osterinsel, die fast verloren in den Weiten des Pazifischen Ozeans schwimmt.

Doch nun sind wir auf Malta. Ein Weltwunder für sich allein ist das Hypogäum von Hal Saflieni, das sich in drei Etagen bis 13 Meter unter die Erde erstreckt. An der Oberfläche aber lehren uns die viele Tonnen schweren Monolithen der Tempel von Hagar Qim oder Ggantija auf der Schwesterinsel Gozo das Staunen. Lange Zeit waren selbst die Altertumsforscher davon überzeugt, dass die Tempel Maltas das Werk von Riesen seien.

Und dann gibt es ja noch die mysteriösen Cart Ruts. Darüber möchte ich mich aber hier kurzfassen, da ich an anderer Stelle schon mehr geschrieben habe.[40]

Trotzdem komme ich nicht umhin, die eine oder andere Neuigkeit von den rätselhaften Doppelspuren zu berichten. Viele von ihnen, die einstmals wohl die ganze Insel überzogen haben müssen, verschwanden im 20. Jahrhundert unter Ackerland und unter Neubauten. Wer das Häusermeer im Nordosten Maltas kennt – jede Ortschaft geht nahtlos in die nächste über –, kann sich zumindest eine vage Vorstellung davon machen, was da unwiederbringlich verloren gegangen ist. Mittlerweile aber hat ein radikales Umdenken bei den Behörden wie in Teilen der Bevölkerung eingesetzt, und man findet die geheimnisträchtigen Bodengeleise erhaltenswert. So wurde erst 2005 mitten in Xemxija eine prachtvolle Doppelrille freigelegt, die bis dahin unter einem Acker verborgen lag. Gleiches geschah 2010 inmitten des Ortes Mgarr, wo genau neben dem Kreisverkehr am Ortseingang ein paar schöne Exemplare ausgegraben wurden. Mit annähernd 70 Zentimetern Tiefe zählen sie zu den tiefsten Cart Ruts der Insel. Ein – hypothetisches – darin laufendes Rad hätte mindestens einen Durchmesser von 1,40 Meter aufweisen müssen. Da die Spuren nach unten hin schmäler werden, wäre die Lauffläche somit die schmälste Partie des Rades gewesen. Eine Absurdität, hätte man schwere Lasten zu transportieren gehabt.

Diese Cart Ruts sind nun ebenso geschützt wie ein annähernd 2500 Quadratmeter großes Gelände inmitten der Stadt San Gwann. Es bleibt ohne Bebauung, um die sich darauf befindlichen »Mensija Cart Ruts« für die Nachwelt zu erhalten, welche Erich von Däniken bereits vor mehr als 35 Jahren beschrieb.[29] Die einst frei zugängliche Fläche ist seit 2011 eingezäunt; immer wieder feierten dort verantwortungslose Zeitgenossen ihre Partys und ließen nicht selten einfach ihren Müll zurück. Nach vorheriger Anfrage bei der Stadtverwaltung von San Gwann kommt ein Mitarbeiter und sperrt das hinter üppig sprießendem Pflanzenwuchs halb versteckte Tor gerne auf.

Bei diesen »Mensija Cart Ruts« findet man auch (ich habe es gegen Ende des vorangegangenen Kapitels kurz anklingen lassen) eine jener Stellen, die unwiderlegbar beweisen, dass die Bodenspuren auf keinen Fall mit Karren, Kufen oder auf sonstige mechanische Art eingekerbt worden sein können. In einer ungefähr 20 bis 30 Zentimeter tiefen Rille ist – mittendrin und unübersehbar – ein großes Stück des umliegenden Felsmaterials stehen geblieben. Man kann sich des Eindrucks nicht erwehren, ein gegossenes, jedoch schlampig verarbeitetes Werkstück vor sich zu haben, das man zu entgraten vergaß.

Wie angekündigt, handle ich die Cart Ruts ein wenig knapper ab, denn ich möchte hier einmal über andere Relikte berichten als die üblichen, über die man schon so oft gelesen hat.

Wasserwerk aus der Steinzeit

Vor ein paar Jahren waren die »Misqa-Tanks« noch ein echter Geheimtipp. Mittlerweile haben die Verantwortlichen der maltesischen Altertümer-Verwaltung ein Hinweisschild aufgebaut, welches gottlob von der Vegetation schon wieder halb verdeckt ist. Ausgangspunkt ist der Tempel von Hagar Qim. In der nach Archäologenmeinung um 2800 v. Chr. erbauten Anlage befindet sich mit einem geschätzten Gewicht von mehr als 50 Tonnen der größte Monolith Maltas. Nimmt man von dort aus den talwärts in Richtung Meer führenden Fußweg, so stößt man nach fast 500 Meter Strecke auf den Tempel von Mnajdra. Der soll sogar noch einmal eintausend Jahre älter sein als Hagar Qim und wurde jüngst, wie dieser auch, unter eine aufwendige Zeltdachkonstruktion gestellt. Das soll der Verwitterung Einhalt gebieten. Auch die EU hat einen Beitrag in klingender Münze geleistet – aber nun sieht man nicht mehr das Meer vom Tempel aus.

Nur ein paar wenige Meter, bevor man den Tempel von Mnajdra erreicht, zweigt ein unbefestigter, aber breiter Weg ab, um einen sanften Hügel hinaufzuführen. Ist man diesem Feldweg ungefähr 250 Meter weit gefolgt, sieht man weiter oben eine Steinmauer, die von einem dahinter stehenden, großen Feigenbaum wie ein Schirm überragt wird. Diesen stets im Blick, wird man bald die Mauer erreichen, der man noch etwa 50 Meter weit folgt. Unvermutet steht man dann am Rande eines von Weinstöcken und Gemüsebeeten eingerahmten Felsplateaus. Ich kann mir nicht helfen: Auf mich macht die Hochebene den Eindruck einer einstmals sorgfältig betonierten Fläche. Mittendrin die sogenannten Misqa-Tanks, die bis vor ein paar wenigen Jahren kaum ein Einheimischer kannte, geschweige denn Touristen.

Es sind dies mehrere, meist kreisrunde bis ovale Zisternen, deren ursprüngliche Tiefe gewöhnlich schwer zu bestimmen ist. Während der Wintermonate (auf Malta die Regenzeit) füllen sich die »Tanks« mit Wasser. Ein oder zwei von ihnen hat man, wahrscheinlich zur Sicherung, mit genau zugehauenen Monolithen abgedeckt. Während der Sommermonate trocknen die Misqa-Tanks zumeist aus. Dann kann man mehr oder weniger Felsbrocken auf dem Grund erkennen, die im Laufe der Jahre hineingeworfen wurden. Leider hat sich noch niemand die Mühe gemacht, zumindest einen jener »Tanks« auszuräumen. Dann wäre wenigstens die Frage nach ihrer Tiefe geklärt.

Beinahe noch spannender als die einzelnen »Tanks« aber sind die Dinge, die sich dazwischen befinden, respektive die riesigen Löcher auf der so verblüffend künstlich wirkenden Hochebene miteinander verbinden. Da gibt es Zu- und Ableitungen, Rillen und Überlaufkanäle, die zum jeweils nächsten »Tank« weiterlaufen. Eine dieser Rillen konnte ich vor einigen Jahren sozusagen »in Aktion« beobachten. Sie verbindet zwei Zisternen, wobei sie sich kurz vor Erreichen der zweiten verzweigt. Diese Ableitung, welche um den zweiten »Tank« herumläuft und in eine weitere Rille mündet, ist jedoch nicht so tief wie diejenige, aus der sie hervorgeht. Steckt ein Sinn dahinter, oder verrät dies alles nur schlampige Arbeit?

Hier wurde nichts, aber auch gar nichts dem Zufall überlassen! Wie unglaublich ausgeklügelt jenes System ist, durfte ich Ende Februar 2009 gewissermaßen »live« erleben. An diesem Tage hatte es stark geregnet, was für die Jahreszeit in Malta auch der Normalfall ist. Die erwähnte Ablaufrille, welche die zwei »Tanks« miteinander verbindet, war mit Wasser gefüllt. Ich kam gerade rechtzeitig, um mitzuerleben, wie der Wasserstand noch weiter anstieg, um nun auch die Ableitung zu fluten, welche um den zweiten »Tank« herumläuft. Das unterschiedliche Niveau ist voll beabsichtigt: Erst wenn der »Hauptkanal« ein gewisses Level erreicht hat, dann fließt überschüssiges Wasser in die Umleitung ab. Wer diese Anlage vor unbekannten Zeiten ausgedacht und gebaut hat, musste eine Menge Ahnung von Architektur, Wassermanagement und dergleichen mehr gehabt haben.

Ein wenig abseits von den großen »Tanks« befinden sich zwei kleinere Becken. Das flachere, beinahe quadratisch ausgeformte besitzt eine Neigung zum tieferen, runden Becken; durch einen Zulauf von nur wenigen Zentimetern Durchmesser sind die beiden miteinander verbunden. Hier wird offensichtlich, dass die ganze Anlage auf der kleinen Hochebene zu weitaus mehr vorgesehen war, als nur Wasser zu speichern. Hier wurde das lebensnotwendige Nass gewonnen, gefiltert und aufbereitet. Wir stehen hier gewissermaßen vor einer äußerst gut durchdachten Wasserversorgung aus der Steinzeit. Die Frage nach dem Wozu kann man also beruhigt abhaken. Die spannende Frage, wer vor unbekannten Jahrtausenden ein solches hocheffektives Wasserabscheide- und Filtersystem auf die Insel stellte, bleibt dagegen unbeantwortet. Ebenfalls ungeklärt ist auch der Sinn und Zweck mehrerer exakt gerader, sich gelegentlich kreuzender Vertiefungen im Boden. Beinahe drängt sich der Eindruck auf, als hätten diese geometrisch angeordneten Bodenrillen von nur ein paar Zentimetern Tiefe den genauen Standort irgendwelcher Installationen markiert, die ursächlich mit der Wasseraufbereitung zu tun hatten.

Die »grüne Hölle« von Malta

Es mag also nicht verwundern, wenn inzwischen selbst Archäologen und noch mehr Laienforscher in den Misqa-Tanks mehr sehen als bloße Wasserzisternen.[41]

Auch sie nennen sich »Tanks« und liegen nur wenige Kilometer westlich Misqa auf gleicher Höhe bei den Klippen von Dingli. Die »Dingli-Tanks«, von denen in einem späteren Abschnitt ausführlich die Rede sein wird, dienten aber mit an Sicherheit grenzender Wahrscheinlichkeit ganz anderen Zwecken.

So verweile ich hier lieber noch in der Nähe der Tempel von Hagar Qim und Mnajdra, denn höchstens zwei Kilometer Luftlinie nördlich von ihnen befindet sich einer der rätselhaftesten Orte Maltas. Ich fahre nun bereits seit 25 Jahren auf die Insel, doch mit jedem Mal wird mir bewusster, dass es dort noch immer Neues zu entdecken gibt. Eine Erkenntnis, die auch in die Überschrift zu diesem Kapitel eingeflossen ist. Erst bei meiner – ich glaube, es war die 13. – Reise im März 2010 kam ich erstmalig an die Stätte, die mir bis dahin nie aufgefallen war. Hellhörig geworden durch einen Artikel eines Freundes und Autorenkollegen, Alexander Knörr[42], rückte der Krater von Il Maqluba in den Mittelpunkt meines Interesses. Im Nachhinein vermag ich mir nicht mehr vorzustellen, warum ich jenen hochinteressanten Ort nicht schon viel früher aufgesucht habe. Denn eigentlich ist es so einfach. Gegenüber der Zufahrt zu Hagar Qim und Mnajdra führt eine mittlerweile ganz neu geteerte Straße in die Ortschaft Qrendi. Hält man sich beim Ortseingang rechts, so kommt man zu einer kleinen Kirche, deren Vorplatz neu gepflastert wurde. Hier führt, direkt bei einem blauen Hinweisschild, eine Treppe nach unten. Nach ungefähr einhundert Metern endet der Abstieg an einem Geländer, hinter dem ein Abgrund gähnt. Sieht man hinunter, glaubt man sich in eine gänzlich andere Welt versetzt.

Mit dem Abstieg auf der erwähnten Treppe hat man das knappe Drittel der Tiefe des Kraters erreicht. Von ovalem Grundriss, bei einer Länge von geschätzten 300 Metern sowie einer Breite von etwa 150 Metern, bietet sich dem Auge des Betrachters eine Szenerie, die man auf der ansonsten karg bewachsenen Insel nie und nimmer erwarten würde. Eingefasst von senkrecht abfallenden und teils stark zerklüfteten Felswänden gedeiht am Kraterboden eine geradezu tropische Vegetation. Man muss wissen, dass zwischen Februar und Mai auf Malta alles grünt und blüht. Im Sommer aber ist alles vorbei. Dann weicht das satte Grün und die Farben der Flora rasch den beigen und braunen Farbtönen einer dem Verdorren preisgegebenen Pflanzenwelt.

Nicht im Krater Il Maqluba. Hier trotzt das tropisch aussehende Immergrün von Bäumen, bis zu drei Meter hohen Schilfgürteln und Bodendeckern erfolgreich allen »Bemühungen« der Sonne, die Insel auszutrocknen. Man fühlt sich geradewegs in die Urwaldlandschaften Mittelamerikas versetzt – auch wegen einer möglichen Parallele, auf die ich ein wenig später zurückkommen werde. Mehr noch: Man glaubt sich beinahe an »Jurassic Park« erinnert, wäre nicht wirklich überrascht, urplötzlich einen leibhaftigen Dinosaurier durch das Gestrüpp brechen zu sehen. Aber dies ist reine Phantasie, die sich des Betrachters am Schutzgeländer bemächtigen kann, das ihn vor einem etliche Meter tiefen Absturz in die »grüne Hölle« von Malta bewahrt.

Ein zerborstener Tank?

Für die tiefreligiösen Bewohner Maltas zeugt der Krater vom Zorn Gottes, der an dieser Stelle strafend vom Himmel herabgefahren sei. Eine alte Legende erzählt von einem sündigen Dorf, das hier buchstäblich vom Erdboden verschlungen wurde – »Sodom und Gomorrha auf Maltesisch«.

Die Geologen indes vermuten eine viel profanere Ursache für die Existenz des Kraters. Karsthöhlen, so deren Erklärung, wären infolge einer fortlaufenden Erosion einfach in sich zusammengestürzt und hätten dabei Il Maqluba gebildet. Ob sich dort einst ein Dorf befunden hat oder nicht, wäre hierbei von zweitrangiger Bedeutung.

Immerhin stößt man bereits am vorderen Ende des schützenden Geländers auf eindeutige Spuren, die zeigen, dass Felsstrukturen künstlich bearbeitet wurden. Ein ungefähr drei Meter hoher Steinblock, der offenbar in mehrere Einzelteile zerborsten ist, lässt noch heute erkennen, dass er einst als eine Art Hohlraum beziehungsweise als Tank ausgeformt war. Besieht man sich aber den verbliebenen Steinblock etwas näher, fällt sofort eine eigenartige Beschichtung in dessen Innerem auf. Es ist, als wäre der Fels verputzt worden. Denn jene Stellen, an denen die »Beschichtung« abgeplatzt ist, zeigen das darunter liegende Felsgestein in dessen natürlicher Struktur. Dass hier total unterschiedliche Materialien zusammengefügt wurden, ist bereits mit bloßem Auge leicht zu erkennen.

Es gelang mir, ein kleines Stück dieser Beschichtung loszuklopfen. Dieses macht den Eindruck eines äußerst widerstandsfähigen Verputzes, aufgetragen im Innern eines Hohlraumes, damit der für die Lagerung bestimmter Substanzen oder Flüssigkeiten geeignet ist. Eine Einschätzung, die auch mein bereits erwähnter Forscherkollege Alexander Knörr teilt. Auch er konnte eine Reihe von Materialproben entnehmen, die er verschiedenen Stellen zur Untersuchung zugänglich machte. Ein Resultat liegt inzwischen vom Verband Deutscher Zementwerke (vdz) in Düsseldorf vor. Der Untersuchungsbericht stellt fest, dass das untersuchte Material bis auf minimale Abweichungen der Zusammensetzung heutiger Estriche entspricht.[43] Zur Erklärung: Als Estrich bezeichnet man dünne Schichten aus speziellem Mörtel, welche auf den für den jeweils vorgesehenen Zweck nicht unmittelbar nutzbaren, aber tragfähigen Untergrund aufgebracht werden.[34]

Die »Angströhre«

Gleich hinter diesem offenbar geborstenen »Tank«, der vielleicht einmal zur Lagerung irgendwelcher Flüssigkeiten diente, beginnt ein in den Fels gehauener Tunnel unbekannter Herkunft und ebenso unbekannten Alters. Aufgrund der teilweise mit Moos bewachsenen, dadurch rutschigen und überdies sehr verwitterten Stufen besteht kein Zweifel daran, dass dieser sehr steil nach unten führende Gang künstlichen Ursprungs ist. Im Lauf Tausender von Jahren fand auch ein Felssturz statt, welcher den Gang, nachdem er den Tunnel verlassen hat, beinahe völlig blockiert. Ein mehrere Tonnen schwerer Steinbrocken steckt wie ein Pfropf zwischen den senkrecht aufragenden Wänden und hat gerade einmal 40 Zentimeter lichte Höhe gelassen. Will man der »Angströhre« weiter folgen, bleibt keine andere Wahl, als mit einem mulmigen Gefühl im Magen unter dem eingeklemmten Felsbrocken hindurchzukriechen. Danach bleiben noch knappe zwei Meter, welche umsichtiges Klettern verlangen, bis der abenteuerliche Abstieg ganz unvermittelt an einer mehr als fünf Meter hohen, senkrecht abfallenden Felswand endet.

Ein blaues Kunststoffseil, an den Fuß eines niedrigen Bäumchens geknotet, lässt vermuten, dass sich schon des Öfteren ein paar todesmutige Zeitgenossen die letzten Meter zum Grunde des Kraters abgeseilt haben. Im ersten Moment hätte es mich ebenfalls gereizt. Doch wie lange mag das Seil dort schon hängen, das ich auch bei meinem jüngsten Besuch Anfang April 2015 noch an derselben Stelle vorfand? Es könnte inzwischen recht marode sein und wird auch irgendwann abreißen. Wahrscheinlich just in dem Augenblick, wenn wieder ein leichtsinniger Kletterer daran hängt. Doch sollte sich für mich noch 2010 die ebenso unerwartete wie freudige Gelegenheit ergeben, den Kratergrund zu erreichen, ohne mich dem alles andere als vertrauenerweckenden, »wilden« Kletterseil anzuvertrauen.

An den Wänden der »Angströhre« fallen immer wieder Felsritzungen auf. Es sind dies verschiedene Symbole: eine stilisierte menschliche Gestalt mit ausgestreckten Armen sowie diverse geometrische Muster. Sind es Petroglyphen aus prähistorischen Epochen oder wurden sie in jüngerer Zeit in den Fels geritzt? Die Zeichnungen sind altersmäßig schwer einzuordnen, archäologische Forschungen fanden dort meines Wissens noch nicht statt.

Im Bereich des festgeklemmten Felsens wurden einige Vertiefungen in den Fels geschnitten. Auf der linken Seite von oben her gesehen verläuft eine ebenso breite wie tiefe Rille, als wäre darin einmal eine steinerne Tür eingepasst gewesen. Oben rechts sind es mehrere rechteckige Vertiefungen in verschiedenen Formen und Größen. Alles eindeutig von Menschen geschaffene Bearbeitungen, aber zu welchem Zweck? Wozu diente der abenteuerliche Abgang in die geheimnisvolle Kraterwelt überhaupt?

In den Höllenschlund abgeseilt

An dieser Stelle, oder besser gesagt, an der gut fünf Meter in die Tiefe abfallenden Felswand, wäre die Geschichte nun zu Ende, wenn mir an jenem Samstagnachmittag Ende März 2010 nicht ein besonderes Glück widerfahren wäre. Und zwar in Gestalt einer Gruppe maltesischer Bergretter, die an diesem Tag zu einer Übung ausgerückt waren. Man trainierte das Abseilen der Retter nebst einem Rettungsschlitten, wie er auch bei der Bergung von Verletzten in Wintersportgebieten heute zum Einsatz kommt. Für den Einsatzleiter des Rettungsteams war das nichts Ungewöhnliches. Denn wie er mir verriet, hatte er schon wiederholte Male Urlaub in den bayerischen Bergen gemacht. Als er dann vernahm, woher ich komme, machte er mir spontan ein verlockendes Angebot. Ich durfte in den Krater hinunter.

In Windeseile hatten mich geübte Hände eingeseilt und meinem Abstieg ins Ungewisse stand nichts mehr entgegen. Klopfenden Herzens ließ ich mich abseilen und stellte nebenbei fest, dass es gar nicht so einfach ist, selbst mit geübter Assistenz bergab – und hernach wieder bergauf – zu klettern. Aber es hat sich gelohnt.

Nachdem ich auf halbem Wege kurz in den Armen einer jungen, glutäugigen maltesischen Rettungsassistentin gelandet war, bekam ich nach ein paar bangen Augenblicken wieder glücklich festen Boden unter meine Füße. Als ich mich da unten am Grund des Höllenschlundes umsah, konnte ich so etwas wie ein Bachbett erkennen, eingesäumt von ein paar über und über bemoosten Felsbrocken. Wenige Meter weiter zieht sich eine Mauer unbestimmbaren Alters an der Kraterwand entlang. Hatten hier Menschen gelebt? Alles spricht dafür. Aber wenn, wie die Legende erzählt, einst ein »verderbtes Dorf« komplett den Boden unter den Füßen verlor, wäre dies doch eher ein Grund, jenen sinistren Ort zu meiden. Der unter der dichten Vegetation halb verdeckte Zugang zu dem Tunnel, der steile Abstieg sowie die insgesamt ziemlich unzugängliche Lage lassen eher die Vermutung zu, dass die Menschen, die dort hausten, sich von den anderen bewohnten Gebieten absichtlich fernhielten.

Ich fände es lohnenswert, würden sich die Archäologen etwas genauer mit Il Maqluba befassen. Da warten Geheimnisse. Ob sie aus prähistorischen Zeiten stammen oder aus einer uns näheren geschichtlichen Epoche, eines ist klar: Die rätselhafte Stätte weiß eine spannende Geschichte zu erzählen.

Dazu gehört auch die Art und Weise, wie das gewaltige Loch in der Landschaft entstanden sein mag, zu dem dann der megalithische Gang gebohrt wurde.

So komme ich an dieser Stelle noch einmal zurück zu den Erklärungen, die über Il Maqluba im Umlauf sind. Jene fromme Legende mit dem sündenbeladenen Dorf gründet sich auf das altbekannte Prinzip von Schuld und Sühne, und trägt mehr als deutlich erkennbar die Spuren christlicher Indoktrination. Als ein warnendes Beispiel gewissermaßen, welch unausweichliche Folgen es nach sich zieht, wenn man kein gottesfürchtiges Leben führt. Da auch die Menschen früherer Jahrhunderte in dieser Hinsicht viel leichtgläubiger waren, ging die »Rechnung« meist auf.

Geologen denken hingegen an den Einbruch eines weitläufigen Systems von Karsthöhlen, die das ganze Gebiet einem Schweizer Käse gleich durchzogen haben sollen. Dann allerdings wären die senkrechten Wände Il Maqlubas mit Gängen dieser hypothetischen Höhlen durchzogen, was nicht der Fall ist. Auch die Eindrücke, die sich mir am Grunde des Kraters boten, scheinen gleichfalls nicht für diese Annahme zu sprechen. Wäre da eine Höhlendecke eingestürzt, so müsste ja noch das gesamte Material – etwa 300 mal 150 Meter in dessen ursprünglicher Ausdehnung – am Kraterboden zu finden sein. Dies würde einen Anblick ergeben ähnlich einem gesprengten Weltkriegsbunker, doch mir erschien der Kraterboden gleichmäßig flach. Selbst der dichteste Bewuchs hätte herumliegende Felsbrocken nicht vollständig kaschieren können, die zudem bis zur Größe eines kleinen Hauses dort herumliegen müssten.

Aber um was könnte es sich bei dem geheimnisumwobenen tiefsten Loch Maltas denn sonst handeln?

Vergleiche mit Yucatán

Als ich dort unten stand, an jenem Ort, an den ich ohne die Bemühungen »meiner« Bergretter nicht so gefahrlos gekommen wäre, meldete sich unvermutet eine Idee. Schon mehrmals war ich in Mexiko gewesen, wo ich die eindrucksvollsten Pyramidenstädte der alten Mayas auf der Halbinsel Yucatán ansteuerte. Unter diesen war jedes Mal Chichen Itza, weltbekannt durch sein beispielloses Licht- und Schattenspiel, das alljährlich Hunderttausende Touristen anzieht. Jedes Jahr, am 21. März, entstehen durch die sinkende Sonne neun aus Schatten gebildete Dreiecke, die vom Himmel herniederkommen. Sie symbolisieren den Mayagott Kukulkan, und am 21. September steigt das Wellenband aus Licht und Schatten wieder zum Himmel empor.[44]

In der Anlage von Chichen Itza gibt es auch einen »heiligen Brunnen«, der nicht von Menschenhand gebohrt wurde. Er ist einer von Hunderten sogenannter Cenoten in der Region. Ihre Entstehung wird einem Meteoriteneinschlag zugeschrieben, der sich den Angaben der Geologen zufolge vor zirka 60 Millionen Jahren ereignet und zum Aussterben der einst so mächtigen Dinosaurier geführt haben soll.[45]

Jene Cenoten Mittelamerikas, deren wahre Ursache im Übrigen nicht vor dem Jahr 1991 durch Auswertungen von Satellitenfotos aus dem Erdorbit erkannt wurde, zeigen in der Regel eine runde Form. Der Krater von Il Maqluba hingegen ist oval und erinnert mich in seiner ganzen Erscheinung trotzdem verblüffend an diese Relikte auf der Halbinsel Yucatán, die an eine aus dem Kosmos gekommene Katastrophe in erdgeschichtlichen Zeiten denken lassen. Womöglich geht auch Il Maqluba auf einen Meteoritenimpakt zurück. Und bevor ich es vergesse: Die Cenoten Mittelamerikas wurden vor dem Jahre 1991 von den Geologen ebenfalls als eingestürzte Karsthöhlen angesehen.

Um die Besiedelung von Malta rankt sich ein weiteres, ungelöstes, dunkles Mysterium. Die Archäologen fanden heraus, dass es da eine bis zum heutigen Tage nicht hinreichend erklärbare Zäsur gibt. Erste Spuren menschlicher Kultur auf den maltesischen Inseln reichen zurück bis in die mittlere Steinzeit vor mehr als 7000 Jahren. Doch dann, zwischen 3000 und 2000 v. Chr., soll sich für die Dauer von mehreren hundert Jahren keine einzige Menschenseele mehr auf Malta wie auch dessen Schwesterinsel Gozo befunden haben. Gibt es eine Erklärung für das so unvermittelte Verschwinden einer kompletten Bevölkerung? Was geschah mit den ursprünglichen Bewohnern des kleinen Archipels?

Tsunami oder Meteoritenimpakt?

Es wird spekuliert, dass ein gewaltiger Tsunami – eine Monsterwelle, wie sie im Dezember 2004 die Anrainer des Indischen Ozeans und im März 2011 Japan heimgesucht hat – alles menschliche Leben von den Inseln tilgte. Erst viel später seien wieder Einwanderungswellen nach Malta gekommen, und zwar vom 90 Kilometer entfernten Sizilien aus.

Obwohl Malta mit einer Länge von 27 Kilometern bei einer maximalen Breite von 14 Kilometern sehr klein ist, hätte die hypothetische Tsunami-Welle schon unglaubliche Dimensionen besitzen müssen. Die Schreckenswelle, die zu Weihnachten des Jahres 2004 Hunderttausende Opfer gefordert hatte, war schon nach nur zwei oder drei Kilometern im flachen Hinterland zum Stillstand gekommen. Maltas Küsten sind steil, die Klippen im Süden ragen an die 200 Meter senkrecht aus dem Meer. Und die höchste Erhebung der Insel bringt es auf über genau 257 Meter. Ich kann mir beim besten Willen keinen Tsunami vorstellen, der die Insel mit einem einzigen Schlag hätte »abräumen« können. Dieser hätte dann auch die megalithischen Tempel wie Spielzeug weggespült. Diese standen nämlich bereits, als die angebliche Monsterwelle Malta getroffen haben soll.

Der Einschlag eines nicht allzu großen Meteoriten wäre vielleicht geeigneter, das zeitweilige Verschwinden einer kompletten Inselbevölkerung zu erklären. Steht Il Maqluba für die aus dem Weltall kommende Bedrohung, die uns auch heute noch jederzeit treffen und daran erinnern kann, wie machtlos und wie unbedeutend die Spezies Mensch den Gewalten von Natur und Kosmos gegenübersteht? Weitere Forschungen in dieser Richtung können und werden ungeheuer spannend und lohnsam sein.[46]

Jahrhunderte vergingen, bis neue Siedler auf die kleine Insel zwischen Sizilien und Nordafrika kamen. Gut möglich, dass auch sie bereits über all jene megalithischen Rätsel staunten, an denen Malta so unglaublichen Reichtum besitzt. Auch ich habe dort wieder das Staunen gelernt und mir ist klar geworden, dass es dort so schnell nicht langweilig wird.

7 Vor der Antike

Unbekanntes megalithisches Griechenland

Das antike Land der Hellenen mit seiner buchstäblich in »Kompaniestärke aufgestellten« Götterwelt: Wer ob des griechischen Altertums in romantisches Schwärmen gerät, sollte nicht vergessen, dass dort noch weitaus ältere Relikte ein trauriges Schattendasein fristen. Hier geht es nicht um Säulen und Kapitelle, nicht um die Statuen nackter Jungfrauen und Jünglinge und die hoch über Athen thronende Akropolis werde ich ebenfalls links liegen lassen. Es ist vielmehr das prähistorische, das megalithische, kurzum: das unbekannte Griechenland, das uns auf den folgenden Seiten entgegenleuchtet.

Nehmen wir als erstes Beispiel Olympia, das etwa 20 Kilometer landeinwärts von Pirgos, im westlichen Teil der Peloponnes gelegen ist. Wiederholte Male schon führte mich mein Weg dorthin. Das erste Mal im September 1978, als ich nach einer abenteuerlichen Fahrt mit dem Motorrad über den Balkan die Freuden des spätsommerlichen Saisonendes genießen durfte. Meine damalige, sehr kulturbeflissene Freundin und ich ließen es uns auf keinen Fall nehmen, diese hinlänglich aus dem Geschichtsunterricht bekannte Stätte aufzusuchen, in der anno 776 v. Chr. die ersten olympischen Wettkämpfe ausgetragen wurden. Für uns eben mit der Schule fertig gewordenen Jungspunde war es unglaublich spannend, den vordem recht trockenen Geschichtsstoff nun sozusagen »live vor Ort« zu erleben.

Mit meiner Pocket-Kamera – von mir ebenso liebevoll wie respektlos als »Idiota-Klick« betitelt – machte ich gerade eine Aufnahme der antiken Stätte, als ganz plötzlich ein Touristenkopf aus der Versenkung emportauchte. Beinahe reflexartig nahm ich einen kleinen Stein und traf wider Erwarten genau auf den Punkt. Worauf der so plötzlich Aufgetauchte augenblicklich wieder in Deckung ging. Dies ermöglichte mir ein zweites Foto ohne störenden Touristenschädel darauf. Damals hatte ich mit den ganz großen Steinen noch nicht viel am Hut, aber dies hat sich zwischenzeitlich ja bekanntlich geändert.

Steinzeitolympiade

Über einen Zeitraum von insgesamt 1169 Jahren – nämlich von 776 v. Chr. bis 393 n. Chr. – fanden in Olympia in Abständen von jeweils vier Jahren sportliche Wettkämpfe statt. In der Gegenwart gibt es das dem antiken Vorbild nachgestaltete Sportevent seit dem Jahr 1896, wiederbelebt durch den französischen Baron Pierre de Coubertin (1863–1937).

Die heutzutage für den Tourismus restaurierten Sportstätten und Tempel von Olympia stehen auf viel älteren, vorgeschichtlichen Ruinen. Heute weiß man, dass bereits im dritten vorchristlichen Jahrtausend, also in der Jungsteinzeit, Menschen in jener Region siedelten. Sie errichteten Heiligtümer zu Ehren ihrer Götter und veranstalteten offenbar auch lange vor den ersten Olympischen Spielen sportliche Wettkämpfe.[47]

Wer heute über das weitläufige Gelände von Olympia wandert, stößt immer wieder auf die Relikte einer megalithischen Bauweise. Große, perfekt geschliffene Steinplatten lassen exakt gearbeitete Aussparungen erkennen, in welchen einst Metallklammern zum Zusammenhalten der Blöcke steckten. Man fühlt sich beinahe an die spektakulären und hochtechnischen

Bauten von Tiahuanaco und Puma Punku im Andenhochland Boliviens erinnert, so ähnlich sehen sich die Bilder. Andere, teils kreuz und quer im Gelände herumliegende Riesenquader zeigen sorgfältig herausgeschnittene Vertiefungen, die den Eindruck vermitteln, als habe hierzu ein passendes Gegenstück existiert. Einmal mehr zerbrechen wir uns die Köpfe darüber, warum die Steinklötze, mit denen unsere Vorfahren einst hantierten, umso größer waren, je weiter diese ins Grau der Zeiten zurückdatieren.

Muss ich denn an dieser Stelle noch explizit erwähnen, dass Olympia nicht die einzige antike Stätte Griechenlands ist, deren Bauten auf ungleich älteren aus megalithischer Epoche stehen? Nördlich des Golfes von Korinth, der die Fast-Insel Peloponnes vom griechischen Festland trennt, liegt am Fuß des Parnass-Gebirges das Heiligtum von Delphi. Es wurde einst zu Ehren des Gottes Apollon, Sohn des Zeus und der Leto, errichtet. Jener Apollon soll seinerzeit sogar die technischen Voraussetzungen zum Fliegen besessen haben, doch dies nur am Rande.[2] Im Grunde genommen waren die heute beiderseits der Hauptstraße gelegenen Ruinen bereits in der Antike so etwas wie ein »Touristenzentrum«. Denn die Felsspalte, über der die legendäre Seherin Pythia ihre oft recht nebulösen Prophezeiungen verkündete, befindet sich in schwer erreichbarer Umgebung, etliche Kilometer nördlich des heutigen UNESCO-Weltkulturerbes. Es gibt mitunter auch aufrichtige Reiseführer, die einen vor Ort auf diesen Umstand hinweisen.

Trotzdem weist das »offizielle« Delphi spektakuläre Einzelheiten auf, die den Schluss nahelegen, dass dort schon in der Steinzeit Bedeutendes vor sich gegangen ist. Wer die bergseits gelegenen Anlagen besucht, der sollte es nicht versäumen, sich den Unterbau des großen Apollo-Tempels genauer anzusehen. Dieser zeigt sich nämlich von monumentaler, weil in Megalithbauweise gefertigter Pracht. Und war zu Zeiten des Tempelbaus bereits längst vorhanden. Stammen die klassischen Ruinen aus dem sechsten vorchristlichen Jahrhundert, so ist besagter Unterbau, die sogenannte »Polygonmauer«, um ein Vielfaches älter.

Gegossene Steinquader?

Unterhalb der erwähnten Durchgangsstraße befinden sich weitere Bauwerke. Der Abstieg lohnt sich: Da wäre beispielsweise der »Kleine Apollotempel« mit seinem kreisrunden Grundriss. Er ist ein beliebtes Fotomotiv, doch die eigentlich spektakulären Megalithen befinden sich im wahrsten Wortsinn nur einen Steinwurf davon entfernt. Zum Teil zerbrochene, vom Zahn der Zeiten etwas ramponierte Steinklötze weisen exakt geschliffene zapfenartige Erhebungen auf, die millimetergenau auf ihr entsprechendes Gegenstück passten. Sie erwecken den Eindruck normierter, in Serie gefertigter Bauelemente. Ein Block mit rechteckig eingearbeiteten Vertiefungen sieht wie gefräst aus, so exakt sind dessen Kanten. Wie schon erwähnt: Ähnliches sah ich am anderen Ende der Welt, in den Ruinenstätten Tiahuanaco und Puma Punku, wenige Kilometer vom Ufer des Titicacasees entfernt. Da wurde ebenfalls geklotzt, nicht gekleckert![36]
Eine der beeindruckendsten Stätten in Griechenland ist das uralte Mykene, in der Landschaft Argolis auf der nordöstlichen Peloponnes gelegen. Mykene wird von den Archäologen als bronzezeitliche Burg und Stadt aus dem 16. Jahrhundert v. Chr. angesehen. Doch steht fest, dass dort bereits um 2500 v. Chr. megalithisch gebaut wurde, möglicherweise auch schon deutlich früher. Das dreieckige Areal auf dem Burgberg wird von einer mächtigen Zyklopenmauer aus tonnenschweren Steinquadern geschützt. Durch diese rund 900 Meter lange Mauer,

die der Sage nach von einäugigen Zyklopen errichtet wurde, führt das berühmte »Löwentor«. So genannt wegen jener zwei monumentalen Löwenreliefs, die auf drei gewaltigen Monolithen ruhen, welche die in der Zyklopenmauer verbauten Steine um ein Mehrfaches übertreffen.

Zum Begriff geworden ist Mykene dank der Ausgrabungen durch den deutschen Kaufmann und Altertumsforscher Heinrich Schliemann (1822–1890), der dort in den Jahren 1874 bis 1876 mit dem Spaten zugange war. Schliemann fand in fünf Schachtgräbern die Skelette von zwölf Männern, drei Frauen und zwei Kindern, dazu reiche Grabbeigaben, die heute allesamt im Griechischen Nationalmuseum zu Athen ausgestellt sind.[34, 47]

Bei aller Bekanntheit von Mykene, das selbst in den schwierigen Zeiten, die Griechenland aktuell durchmacht, nichts von seiner Anziehungskraft verloren hat, scheinen dessen Zyklopenmauern ein weithin unbekanntes Geheimnis zu bergen. Bei einer Anzahl von Megalithen aus dieser Mauer kann es sich schwerlich um reinen Naturstein handeln. Denn die darin verbauten Blöcke bestehen offenbar aus unterschiedlichen Materialien – als wäre hier eine Art Grobbeton zusammengemischt worden.[47]

Prähistorischer Beton – ja, geht's noch? Bei Untersuchungen an der Cheopspyramide im ägyptischen Gizeh kam man zu ähnlich »ketzerischen« Feststellungen. Auf dem 2. Internationalen Ägyptologen-Kongress 1979 im französischen Grenoble berichtete der Gesteinschemiker Dr. D. Klemm über seine Begutachtungen an den Steinen der Großen Pyramide. Dr. Klemm und dessen Mitarbeiter hatten insgesamt 20 verschiedene Gesteinsproben der Cheopspyramide analysiert. Dabei stellten sie fest, dass die betreffenden Steine Bestandteile von Mineralien aus allen Landesteilen Ägyptens enthielten. Beinahe so, als wäre das angelieferte Material in einen Zerkleinerungsmechanismus gekommen und dann zu Blöcken gegossen worden. Natürliche Steinquader sind in ihrer Dichte und Zusammensetzung eher homogen. Die von Dr. Klemm und Kollegen untersuchten Proben aber wiesen im unteren Bereich eine höhere Dichte auf als oben im Block, enthielten des Weiteren eine ungewöhnlich große Anzahl Luftbläschen.[48, 49]

Das Haar in der Betonsuppe

Damit aber nicht genug. Bereits 1974 führte das Stanford Research Institute in Kalifornien, zusammen mit Spezialisten der Kairoer Ain-Shams-Universität, elektromagnetische Messungen an der Cheops- und der Chefren-Pyramide durch. Man schickte Hochfrequenzwellen durch das Gestein, die von trockenen Monolithen nicht vollständig reflektiert werden. Durch die Messungen hoffte man auf die Entdeckung bis dahin unbekannter geheimer Gänge und Kammern, denn die Pyramiden galten mitsamt dem Gizeh-Plateau, auf dem sie stehen, als völlig trocken. Doch entgegen aller Erwartungen wurden diese Wellen vollkommen vom Gestein absorbiert. Das konnte nur bedeuten, dass die Pyramidenblöcke um ein Vielfaches mehr Feuchtigkeit enthalten als natürliches Gestein. Allein für die Chefren-Pyramide ergaben die Computerberechnungen einen Gehalt von mehreren Millionen Litern Wasser! Der an den Untersuchungen maßgeblich beteiligte Professor Joseph Davidovits, Direktor des Instituts für angewandte archäologische Forschung an der Barry-Universität von Miami, konstatierte hierzu: »Die Blöcke sind künstlich.«[48, 50]

Und eine andere Entdeckung muss man erst einmal mühsam verdauen. Zumindest wenn man noch dem althergebrachten Bild unserer Geschichte verhaftet ist. Als der erwähnte Professor Davidovits Gesteinsproben der Cheops-Pyramide unter sein Mikroskop legte, fand er zunächst Spuren eines menschlichen Haares. Später kam ihm sogar ein vollständiges, etwa 21 Zentimeter langes Exemplar unter die Linse.[48, 51]

Wie dies Haar in den Stein aus der Cheops-Pyramide, der wir etwas später noch einmal begegnen werden, geraten sein könnte, überlasse ich der Phantasie meiner Leser. Beton gab es bereits lange, bevor wir ihn erfanden, soviel steht fest. Damit kehren wir zurück ins megalithische Mykene im Nordosten der Halbinsel Peloponnes.

»Schatzhaus« mal drei

Außerhalb des durch die Zyklopenmauer eingefriedeten Areals und höhenmäßig ein ganzes Stück tiefer liegt das auch als Kuppelgrab bezeichnete »Schatzhaus des Atreus«. Ob das eindrucksvolle Gemäuer tatsächlich einmal als Grabanlage diente, steht indes zu bezweifeln. Der gewaltige, kuppelförmige Bau befindet sich unter einem Hügel und weist einen Durchmesser von 15 Metern bei einer Höhe von 13,30 Metern auf. Die Wölbung der Kuppel entstand durch insgesamt 33 Lagen ringförmig angeordneter Blöcke, von denen jede Lage ein kleines Stück über die darunterliegende hervorragt. Der Architekt spricht in diesen Fällen von einem »falschen Gewölbe«; man kennt aus der Geschichte der Baukunst unzählige Beispiele dafür. Ganz oben verschließt ein mächtiger Block das letzte Loch in der Kuppel.

Dieser Abschlussstein ist jedoch geradezu mickrig gegen jene steinerne Platte, die sich auf etwa zwölf Metern Höhe befindet und vom Eingang aus gut zu erkennen ist. Diese Steinplatte besitzt ein Gewicht von unglaublichen 120 bis 130 Tonnen. Wieder einmal müssen für den Transport und das Einbauen »Erklärungen« wie schräge Rampen, hölzerne Rollen und

Unmengen an »Manpower«, wie die menschliche Arbeitskraft auf Neudeutsch heißt, herhalten. Ob die Verbreiter solcher »Patentlösungen« überhaupt mitbekommen, dass sie damit nicht nur das Publikum, sondern letztendlich auch sich selbst gehörig verarschen?

Eine rätselhafte Beobachtung im Zusammenhang mit jener Kuppel des »Schatzhauses« möchte ich hier nicht unerwähnt lassen. Ein paar Teilnehmer einer Leserreise durch Griechenland ließen mir Fotos zukommen, die selbige oben in der Kuppel aufgenommen hatten. Darauf waren die kreisförmig angeordneten Lagen zu erkennen, aus welchen das »falsche Gewölbe« besteht – sowie eine stattliche Anzahl sogenannter »Orbs«. Dies ist vielleicht eins der erstaunlichsten Phänomene der jüngsten Zeit: Auf digitalen Fotografien tauchen immer wieder meist kreis- oder kugelförmige, schwebende Strukturen auf. Laien wie Experten streiten darüber, was es mit jenen seltsamen Objekten auf sich haben mag. Die einen sehen darin nur mikroskopisch kleine Staub- und Wasserpartikel, die vom Blitz angeleuchtet werden, während andere dahinter Plasma oder nicht an Materie gebundene, intelligente Lebensformen vermuten.[52]

Ich kann die Frage auch nicht beantworten, was diese »Orbs« nun eigentlich sind. Fakt ist aber, dass sie besonders oft auf den Speicherkarten von Digitalkameras auftauchen, wenn an prähistorischen Stätten fotografiert wird. Dies war zum Beispiel der Fall in der eiszeitlichen Höhle von Ghar Dalam auf der Insel Malta, bei den jungsteinzeitlichen Dolmen Irlands oder den Wohnhöhlen des Peking-Menschen bei Zhoukoudian, welche östlich von Peking liegen. Und eben auch in der Kuppel des »Schatzhauses des Atreus« zu Mykene.

So spektakulär dieser Kuppelbau nicht zuletzt wegen des 120 bis 130 Tonnen schweren Eingangssteines immer sein mag, ist er doch nicht einzigartig in Mykene. Geht man vom Löwentor aus in direktem Weg talwärts, so stößt man auf gleich zwei identische Bauten. Ich weiß nicht mehr, welche Eingebung mich Mitte Oktober 2011 dort hinunterschickte – besonders, da an jenem Nachmittag bereits tiefschwarze Wolken am Himmel aufgezogen waren und sich ein kräftiger Wind erhob –, aber es hat sich gelohnt. Nicht einmal 150 Meter Luftlinie unterhalb des Löwentores kam ich zu zwei Kuppelbauten, die einander wie auch dem Schatzhaus des Atreus wie ein Ei dem anderen glichen. Bei einem davon ist die Kuppel an deren Oberseite aufgebrochen; wegen der Absturzgefahr würde ich in aller Deutlichkeit davon abraten, sich von oben zu nähern. Ich konnte gerade noch ein paar Fotos machen, da öffnete der Himmel all seine Schleusen. Als ich den rettenden Bus erreichte, regnete es so stark, dass man das Wasser in Würfel hätte schneiden oder Fische darin aussetzen können. Ich aber hatte etwas gesehen, das in keinem Reiseführer steht und das so gut wie kein Tourist zu Gesicht bekommt. Warum wohl?

Griechenlands vergessene Monumente

Ich kannte die Pyramiden von Ägypten, in deren Schatten ich im Winter 1981/82 mit meinem Geländemotorrad herumgekurvt war. Auch auf der Halbinsel Yucatán mit den ungezählten Maya-Bauten hatte ich mich schon zur Genüge herumgetrieben. Über die lange umstrittenen Pyramiden im Reiche der Mitte hatte ich in mehreren meiner Bücher geschrieben – schließlich genoss ich das Vergnügen, als erster Ausländer überhaupt eine Sondergenehmigung der chinesischen Behörden zum Betreten dieser Region zu bekommen, in der über einhundert von ihnen herumstehen.[53, 54] Nichts Ungewöhnliches mehr. Dann hörte ich von Pyramiden in Griechenland. Wo sollten die sein, in jenem touristisch so erschlossenen Zielgebiet, in welchem man bereits jeden Tempel, jede antike Stätte zu kennen glaubte?

Ich habe zwei dieser vergessenen griechischen Pyramiden besucht; von der Existenz und den Standorten von mindestens fünf weiteren wurde mir berichtet. Fast alle diese Bauwerke stehen im Nordosten der Peloponnes, eine hingegen in der Umgebung von Theben in der Region Attika.

Eine Pyramide – leider befindet sie sich in einem traurigen Zustand – steht einen Kilometer westlich von Ligourio, am Fuße des Berges Arachnaion. Was schon einmal das drohende Argument entkräftet, es hätte sich nur um eine Art Wachtturm gehandelt. Den hätte man ja wohl *auf* den Berg gestellt, denn im Schatten desselben ist es nicht weit her mit Ausblick und Übersicht. Da liegen jede Menge großer Steinbrocken kreuz und quer, als hätten Riesen damit gewürfelt. Aber auf einer Seite lassen sauber aufeinanderstehende Steine und der Ansatz einer Kante gut erkennen, dass dies ohne Zweifel eine Pyramide war. Deutlich besser ist der Erhaltungsgrad der Pyramide von Ellenikon, unweit der Stadt Argos. Was für ein Unterschied: Hier liegen noch etliche Reihen übereinander, sauber zusammengefügt aus respektablen Steinblöcken von bis zu eineinhalb Meter Länge. Mindestens ebenso viele Steine liegen rund um die Pyramide verstreut, deren heutige Höhe geschätzt nur noch ungefähr ein Drittel ihrer ursprünglichen beträgt. Hier nagte der Zahn der Zeit, was im Klartext bedeutet: Die Bewohner der Umgebung waren nicht sehr zimperlich, sich über die Jahrhunderte mit kostenlosem Baumaterial zu versorgen.

Ähnliche Spuren ungezügelter Plünderung stießen mir auch im Outback von Queensland, bei den kümmerlichen Überbleibseln der sogenannten Gympie-Pyramide, sauer auf. Mehr hierüber im Kapitel über das megalithische Australien.

Ungewöhnlich sind die Außenmaße der Pyramide von Ellenikon, verraten sie doch einen eindeutig rechteckigen Grundriss:

Diese betragen 14 Meter an der Nordseite, 12 Meter an der Südseite sowie 12,50 Meter an der westlichen und 12,75 Meter an der östlichen Seite. Sogar ein überdeckter Eingang ist noch sichtbar und die aktuelle Höhe liegt zwischen sechs und sieben Metern. Das für Griechenland ungewöhnliche Bauwerk steht auf einer kleinen Anhöhe in Sichtweite des Dorfes Ellenikon und als Unterbau dient eine sorgfältig nivellierte, ebenfalls aus tonnenschweren Monolithen errichtete Plattform.

Älter als die ägyptischen Pyramiden?

Über die beiden hier beschriebenen Pyramiden berichtete bereits der griechische Schriftsteller Pausanias in seinem Reisebericht »Periegesis tes Hellados«, den er zwischen 160 und 180 n. Chr. verfasste.[34, 47] Doch sollte es noch bis zum Jahre 1997 dauern, bis sich eine Gruppe griechischer und britischer Archäologen der Pyramiden in der Region Argolis annahm. Hier besonders der Pyramide von Ellenikon. Dazu wurde eine Altersbestimmung mithilfe der Thermolumineszenzmethode durchgeführt. Diese ist ein spezielles Verfahren zur Datierung von Mineralien, die im Laufe der Zeit durch die natürliche, radioaktive Strahlung Schäden in ihrem molekularen Gitter erleiden. Was dazu führt, dass sogenannte Valenzelektronen – dies wiederum sind Elektronen, die im äußeren Bereich der Elektronenhülle eines Elements angeordnet sind und dessen chemisches Verhalten bestimmen – im Gitternetz ein höheres Energieniveau annehmen. Durch Erhitzen wird dieser Vorgang unter Abstrahlung von Licht rückgängig gemacht und aufgrund der abgegebenen Lichtmenge kann nun das Alter der Mineralprobe bestimmt werden.[34]

Langer Rede kurzer Sinn: Die Spezialisten waren von den Resultaten der Altersbestimmung schlichtweg verblüfft! Die

Pyramiden der Region Argolis besaßen demnach ein Alter von mindestens 4700 Jahren, könnten aber durchaus noch etwas älter sein. Selbst mit der Minimaldatierung von 2700 v. Chr. würden sie die ägyptischen Pyramiden an Alter übertreffen, zumindest nach der offiziellen Lehrmeinung. Beispielsweise datiert man die Stufenpyramide von Sakkara in die Regierungszeit des Pharaos Djoser, der von 2609 bis 2590 v. Chr. regiert haben soll.[55] Die Cheopspyramide soll das Werk des Pharao Khufu sein, der ungefähr von 2551 bis 2528 v. Chr. Herrscher über das alte Land am Nil war. Aber vielleicht war sowieso alles ganz anders ...

Ich habe es bereits kurz angedeutet: In dieser Region Griechenlands sollen sich noch etliche weitere Pyramiden befinden. Erich von Däniken erwähnte eine erheblich größere Pyramide unweit von Mykene, die noch Jahrtausende älter sein soll als die Stufenpyramide von Sakkara. Seinen Informationen zufolge möchte das Kulturministerium in Athen aber nicht, dass das Bauwerk eingehender erforscht oder gar freigelegt wird.[47]

Ein an meiner Thematik interessierter örtlicher Reiseführer verriet mir vor ein paar Jahren, dass in dieser Ecke Griechenlands, außer den hier beschriebenen von Ligourio bei Epidauros und Ellenikon bei Argos, noch mindestens fünf weitere Pyramiden existieren sollen:

1. Die Pyramide von Kambia, unweit von Nea Epidauros.

2. Gleichfalls in der Nähe von Argos soll sich bei Dalamanara eine Pyramide befinden. Das Dorf Dalamanara liegt direkt an der Straße, die Argos mit Nauplion verbindet.

3. /4. Bei den Dörfern Sikiona und Biglafia sollen sich gleichfalls die Überreste zweier Pyramiden befinden.

5. Ein weiteres Exemplar – die Stufenpyramide von Amfios – befindet sich seinen Angaben zufolge nicht mehr auf der Halbinsel Peloponnes, sondern unweit des antiken Theben in der Region Attika, nordwestlich von Athen.

Diese kleine Liste kann natürlich keinen Anspruch auf Vollständigkeit erheben. Denn ich bin mir sicher, da kommt noch eine ganze Menge bislang unbekannter Bauwerke aus der Vergangenheit eines Landes auf uns zu, die nichts mit dem klassischen, mit dem antiken Hellas gemeinsam hat.

Was mich persönlich betrifft, bin ich sowieso noch nie einzig zum Baden nach Griechenland gefahren.

8 Städte, die es nicht geben dürfte

Begann die Zivilisation in Anatolien?

Ungefähr 15 Kilometer nordöstlich der Provinzhauptstadt Sanliurfa und damit nicht weit von der türkisch-
syrischen Grenze entfernt, befindet sich eine buchstäblich steinalte Metropole, die inzwischen als die älteste Stadt der Welt
betrachtet wird. Ihre Gründung reicht 12 000 Jahre zurück –
somit in die ausgehende Altsteinzeit, in welcher nach gültiger
Meinung der Historiker weder Haustiere noch Ackerbau oder
Keramiken existierten. Der Mensch sei noch gar nicht sesshaft
gewesen. Das, was in der Archäologie als »Neolithische Revolution« bezeichnet wird, sei nämlich erst um 7500 v. Chr.
eingetreten. In jener Zeit, an der Schwelle von der Alt- zur
Jungsteinzeit, habe der Mensch begonnen, Landwirtschaft zu
betreiben, nachdem er vorher ein unstetes Nomadenleben
geführt hätte.[56]

So seien es umherziehende Jäger und Sammler gewesen, welche Göbekli Tepe (»Nabelberg«) – so der Name jener Stadt des
ausgehenden Paläolithikums – gegründet hätten. Diese nicht
sesshaften Menschen sollen es geschafft haben, eine einst beispiellos monumentale, aus mehr als 20 kreisförmigen Einzelanlagen bestehende Stätte, die weltweit ihresgleichen sucht, aus
dem Boden zu stampfen.

Schon zu Anfang der 1960er-Jahre wussten die Einheimischen,
dass sich im wahrsten Sinne steinalte Relikte unter der Kuppel
des »Nabelberges« versteckten. Doch erst 1995 schlug die offi-

zielle Stunde der Entdeckung für diese Anlage, die noch in der Schwärze der Vergangenheit in den Schoß der Erde zurückgegeben worden war. Weder Kriege noch Katastrophen, nicht Kataklysmen oder Klimaumschwünge und schon gar nicht der berüchtigte »Zahn der Zeit« waren es, die Göbekli Tepe wieder versinken ließen. Die geheimnisumwobene Anlage wurde stattdessen noch in prähistorischer Zeit, vermutlich von den Nachfahren der Erbauer, mit Sorgfalt und fast liebevoll mit Sand und Geröll zugedeckt, als wolle man sie für künftige Zeiten konservieren. Möglicherweise geschah dies nicht gleichzeitig, sondern Stück für Stück. Oder man schüttete eine der kreisförmigen Anlagen zu und errichtete eine neue in unmittelbarer Nachbarschaft.[57] Letztendlich wuchs der damals aufgeschüttete Hügel bei einem Durchmesser von etwa 300 Metern und einer Höhe von gut 15 Metern auf ein Gesamtvolumen von 300 000 Kubikmetern an.

Monolithen mit filigranen Reliefs

In der Folgezeit blieb die gesamte Fläche unangetastet. Man errichtete keine Folgebauten darauf, obwohl ringsum manche andere Anlage entstand. Über die Gründe dafür lässt sich bestenfalls spekulieren. Es war 1995, da stieß der Archäologe Klaus Schmidt vom »Deutschen Archäologischen Institut« (DAI) am Göbekli Tepe zunächst auf eine ausgedehnte Feuerstein-Manufaktur. Deren Sortiment reichte von groben Feuerstein-Knollen bis hin zu fein ausgearbeiteten Pfeilspitzen, was auf eine industrielle Fertigung der steinzeittypischen Gebrauchsobjekte schließen lässt. Allerdings gab es oben auf dem Göbekli überhaupt keinen Feuerstein; dieser musste vielmehr über einen Höhenunterschied von 400 Metern mühsam hinaufgeschleppt werden. Dieweilen sich der Archäologe hierüber noch den Kopf zerbrach, stießen die Arbeiter nur wenige Zentimeter unter der Oberfläche auf eine echte Sensation. Sie legten steinerne Pfeiler frei, die im Durchschnitt mehr als drei Meter hoch und aus einem einzigen Stück angefertigt waren. Sie bestehen aus dem harten und stark kristallinen Kalkstein des Bergkammes. Bei meinem zweiten Besuch vor Ort im Mai 2012 sah ich mehrere Stellen, wo das Rohmaterial für diese T-förmigen Pfeiler gewonnen worden war.

Im Zuge der Ausgrabungskampagnen, die bis zum heutigen Tage andauern, wurde ein Steinpfeiler nach dem anderen dem Erdboden entrissen. Stück für Stück wird Göbekli Tepe aus seinem tiefen Dornröschenschlaf aufgeweckt, der viele tausend Jahre angehalten hatte.

Die nächste Überraschung ergab sich bei genauer Betrachtung der Pfeiler. Alle Monolithen auf dem »Nabelberg« sind mit wunderbar filigranen Tierreliefs verziert. Bis heute kamen höchst unterschiedliche Vertreter der Fauna, kunstvoll eingemeißelt, ans Licht des Tages: Stiere, Füchse, Löwen, Keiler, Schlangen, Gazellen, Kraniche und diverse Gliederfüßler. Auch vollplastische Darstellungen tauchten auf wie zum Beispiel ein Hund. Ist es tatsächlich ein Hund? Immerhin wurden Reste des ältesten domestizierten Begleiters des Menschen an mehreren bis zu 10 000 Jahre alten Fundstellen im Vorderen Orient ausgegraben.

Ein besonders spektakuläres Exemplar, wohltuend uninterpretiert als »Pfeiler 43« bezeichnet, lässt Gravuren erkennen, die ihn deutlich von anderen Monolithen unterscheiden. Da sitzt ein geierähnlicher Vogel mit einem Ei, darunter ein Skorpion samt seinem gefürchteten Stachel – sowie weitere vogelähnliche Darstellungen, die ohne große Anleihen bei der Phantasie an Dinosaurier erinnern. Auch die Schmalseite des Reliefpfeilers ist verziert. Zwischen den Tierfiguren findet man immer wieder abstrakte Zeichen wie auf dem über sechs Meter hohen

»Pfeiler 18«, der mindestens 20 Tonnen auf die Waage bringt. Da sind der Buchstabe »H« in stehender und liegender Form, außerdem eine Reihe aus Winkeln und Balken sowie kreis- und halbmondförmige Symbole. Ist das eine Schrift, zudem aus der Altsteinzeit, die bekanntlich bis Ende der letzten Eiszeit vor etwa 8000 Jahren angedauert hat? Dies ist eine der größten Streitfragen rund um Göbekli Tepe – darum komme ich später noch etwas ausführlicher auf sie zurück.[58]

Vorbild für Menorca?

Die eingangs erwähnten, mehr als 20 kreisförmigen Teilanlagen bestehen jeweils aus einer Anzahl von T-förmigen Pfeilern, welche mit Trockenmauern zu einem Ring mit bis zu 20 Metern im Durchmesser zusammengefasst wurden. Im Zentrum einer jeden Anlage befinden sich zwei weitere T-Pfeiler, die in jedem Falle größer sind als die ringförmig um sie angeordneten. Sie erreichen eine Höhe von mehr als sechs Metern und sind – vorsichtig geschätzt – 20 Tonnen schwer. Einmal mehr kommt mir auch hier die Frage in den Kopf, mit welch offensichtlicher Leichtigkeit die steinzeitlichen Bauingenieure mit den Großbrocken hantiert haben. Schon solche Trümmer von »nur« 20 Tonnen stellen selbst uns vor logistische Probleme; sowohl bei der Fertigung, jedoch noch mehr bei Transport und Aufrichtung. Um ein Vielfaches komplizierter wird das Ganze, wenn wir es mit Tonnagen zu tun haben, die in die Hunderte gehen.

In einem der vorangegangenen Kapitel habe ich über die spanische Insel Menorca und deren aus einer weitaus jüngeren Zeit stammenden megalithischen Relikte berichtet. Ein wahres »Freilichtmuseum«, kann man die kleine Baleareninsel, was die Dichte an prähistorischen Stätten angeht, fast schon mit

Malta vergleichen. Jene Bauform, die bis vor Kurzem noch als ebenso typisch für Menorca wie als weltweit einmalig galt, ist die Taula, wobei als Namensgeber das katalanische Wort für den Tisch fungiert. Tatsächlich erinnern diese T-förmig übereinandergelegten, viele Tonnen schweren Konstruktionen an überdimensionale Steintische für die Riesen der Sagen und Legenden. Im Gegensatz zu den Pfeilern aus dem Südosten Anatoliens, die aus einem einzigen Stück gearbeitet sind, bestehen die Taulas auf Menorca aus zwei genau ineinandergepassten Monolithen. Auf einem senkrecht aufragenden Orthostaten liegt quer dazu der passende Deckstein. Als schönste Taula der kleinen Schwesterinsel Mallorcas gilt jene aus der Anlage von Torralba d'en Salord. Mindestens 4000 Jahre soll sie schon auf dem Buckel haben, reicht somit bis in die Jungsteinzeit zurück.

Vom Alter her reichen die menorquinischen Steintische nicht annähernd an die so filigran bearbeiteten Reliefpfeiler am Göbekli Tepe heran. Lange Zeit galten sie, wie erwähnt, weltweit als einmalig. Doch nach der Entdeckung der paläolithischen Metropole gilt dies natürlich nicht mehr.

Ganz abgesehen davon, dass die Monolithen aus der südöstlichen Türkei mindestens dreimal älter sind wie deren mittelmeerische Pendants. Doch sei die Frage erlaubt: Wurde die Bauform gewissermaßen nach Westen exportiert, wurde sie so zum Vorbild der viel jüngeren Taulas? Im Augenblick ist dies zwar nur eine unbewiesene Spekulation. Aber immer mehr Indizien unterstützen die Schlussfolgerung, dass bereits in prähistorischer Zeit rege Kontakte herrschten zwischen den einzelnen Kulturen in weit voneinander entfernten Weltgegenden. Die Spuren altägyptischer Seefahrer im Outback Australiens – ich berichtete ausführlich über diese spektakulären Funde[36] – seien hier nur stellvertretend für viele weitere erwähnt.

Schriftliche Mitteilungen

Ganz kurz habe ich bereits die Frage nach einer Schrift auf den Monolithen gestreift. Denn auf zahlreichen Pfeilern findet man nicht nur stilisierte tierische und menschliche Gestalten. Auffällig sind hier vor allem lange, dünne Arme und feingliedrig herausgearbeitete Hände.[56] Auch hieroglyphenartige Zeichen wurden dem Stein anvertraut: Scheiben, Kreise und Winkelreihen, Halbmonde, waagerechte Balken und Wellen, der Buchstabe »H« in stehender wie auch in liegender Form. Mehrfach sind diese Zeichen hintereinandergeschaltet, lassen eine Art System erkennen – was ganz eindeutig gegen einen Zweck als bloße Dekoration zu sprechen scheint. Dass es nur Ornamente seien, dies behauptet im Grunde auch niemand. Ob aber diese 12 000 Jahre alten Piktogramme eine Schrift darstellen oder nicht, ist unter den Fachgelehrten aufs Heftigste umstritten. Immerhin ließ sich Klaus Schmidt, der bereits erwähnte Chefausgräber des »Deutschen Archäologischen Instituts«, zu dem vorsichtig formulierten Statement herab, dass damals schon »Menschen anderen Menschen etwas mitteilen wollten«.[57]

Für mich deutet das alles viel eher auf hochentwickelte intellektuelle Fähigkeiten, wenn Botschaften mit Bildern, Symbolen, Piktogrammen mitgeteilt werden und nicht in Schriftform. Die Altvorderen haben sich durchaus etwas dabei gedacht. Jedes Schriftzeugnis muss nach Jahrtausenden mühselig entziffert werden, unterliegt stets den Gefahren einer fehlerhaften Interpretation. Doch dass die Menschen jener Zeit an die ferne Zukunft dachten, beweist schon die Tatsache, dass Göbekli Tepe auf das Sorgfältigste eingegraben und auf diese Weise für die Nachwelt erhalten wurde.[58]

Die fast paranoide Scheu der Archäologen, in der Anlage aus der Altsteinzeit ein hochintelligentes System inklusive Kommunikation zu sehen, liegt wahrscheinlich darin begründet, dass sie die Entwicklungsgeschichte der Menschheit stets und einzig im Lichte der Evolutionstheorie Charles R. Darwins (1809–1882) betrachten. Anthropologen wie Archäologen beten hier eine Theorie – und mehr ist es, bitte schön, auch nicht – einem allein selig machenden Glaubensbekenntnis gleich herunter. In Wahrheit verstellt der Darwinismus nur allzu häufig den Blick auf harte Fakten, die unser längst überkommenes Geschichtsbild von Grund auf erneuern würden. Besonders die Arbeit der Paläo-SETI-Forschung dient als gutes Beispiel für die kritische Auseinandersetzung mit der durch und durch dogmatischen Evolutionstheorie Darwin'scher Prägung.

Was gleichfalls nicht in das Konzept der in Nibelungentreue fest zur Evolutionstheorie stehenden Fraktion passt, ist, dass Göbekli Tepe eins der wichtigsten Dogmen unserer Entwicklungsgeschichte in ein tiefes Loch stürzt. Bislang galt nämlich uneingeschränkt die sakrosankte Lehrmeinung, geistiges Leben und Monumentalbauten konnten erst dann aufkommen, als der Homo sapiens sich anschickte, sesshaft zu werden. Doch anstatt Häuser zu bauen, Getreidefelder anzulegen und das Vieh auf immer derselben Weide grasen zu lassen, seien die Menschen in jenen Tagen, da Göbekli Tepe in seiner weltweit beispiellosen Monumentalität aus dem Boden gestampft wurde, noch ruhelos als Jäger und Sammler durch die Savannen gezogen.

»Uns wurde doch immer beigebracht«, resümiert Erich von Däniken, »diese fellbehangenen Dummerchen von anno dazumal seien voll damit ausgelastet gewesen, für Nahrung zu sorgen und wilde Tiere fernzuhalten. Doch die Wirklichkeit spricht eine ganz andere Sprache.«[59] Und die renommierte »bild der wissenschaft« konstatierte: »Bereits die Sammler und Jäger des Paläolithikums bauten Ortschaften und errichteten Großarchitektur.«[60] Die unbekannten Erbauer der Anlage waren ihrer Zeit tatsächlich ein ordentliches Stück voraus: Wie ich schon in der Einleitung zu diesem Kapitel kurz bemerkt hatte, setzte die sogenannte »Neolithische Revolution« erst um 7500 v. Chr. ein. Zu diesem Zeitpunkt aber existierten die Megalithbauten auf dem »Nabelberg« seit mittlerweile rund 2500 Jahren.

Die Mär von den Steinfäustlingen

Man kann daran rütteln, es drehen und wenden, wie immer man möchte: Göbekli Tepe widerlegt zweifelsfrei das vorherrschende Dogma, dass monumentale Architektur und ebenso intellektuelle Leistungen vor der Sesshaftwerdung des Menschen überhaupt nicht möglich waren. Aber vielleicht war sowieso alles, wie so oft, auch hier ganz anders.

Hört man sich unter den Archäologen um, konnte dies Wunderwerk der Ingenieurskunst einzig mit primitiven Werkzeugen und schweißtreibender Sklavenarbeit geschaffen worden sein. Um das nachzuvollziehen, führte Chefausgräber Klaus Schmidt eine Reihe von Experimenten durch. Wie mochten die viele Tonnen schweren Steinpfeiler einst bearbeitet, transportiert und letztlich an ihrem Bestimmungsort aufgestellt worden sein? So versuchten Schmidt und seine Arbeiter einen Steinblock ohne Zuhilfenahme von Werkzeugen aus Metall zu bearbeiten. Stattdessen verwendeten sie nur primitive Steinwerkzeuge, wie man sie den Menschen jener Epoche zutraut. Danach versuchten sie noch, den Pfeiler über eine kurze Distanz zu transportieren.

Interessant ist, wie die Versuche ausgingen. Jene Arbeiter, welche den Stein behauen sollten, hämmerten zwei Stunden ununterbrochen auf den »Pfeiler« ein. Alles, was sie danach vorzuweisen hatten, war eine undeutliche, kaum sichtbare Linie. Was mich ganz spontan an eine ähnliche Aktion erinnert, die der berühmte norwegische Forscher Thor Heyerdahl (1914–2001) auf der anderen Seite der Erdkugel durchführte (mehr dazu in dem Kapitel, in dem ich nicht nur über die Riesenstatuen der Osterinsel berichte). Das Resultat war, kurz vorweggenommen, dasselbe.

Hier wie dort halte ich die Versuche zur Ermittlung der zur Herstellung benötigten Arbeitszeit eher für eine eindrucksvolle Demonstration, wie es *nicht* abgelaufen sein kann. Unbequeme Schlussfolgerungen hieraus will man aber nicht aussprechen, da wie immer nicht sein kann, was nicht sein darf.

Eine weitere Gruppe von 12 Männern, die am Göbekli Tepe einen Pfeiler von der Stelle bewegen sollten, schafften in vier Stunden gerade einmal sieben Meter. Als Folgerung aus Schmidts Experimenten kann man festhalten, dass Hunderte von Arbeitern viele Jahre damit beschäftigt gewesen wären, um auch nur eines jener mehr als 20 kreisförmigen Einzelareale zu erstellen. Man steht immer wieder sprachlos vor den unglaublichen architektonischen Meisterleistungen aus grauer Vorzeit. Und stets erzählen uns die Archäologen ihre unendliche Geschichte von groben Steinfäustlingen und anderen primitiven Werkzeugen sowie der grenzenlosen Zeit, welche die Menschen damals hatten. War denn nicht auch die Lebenserwartung zu Olims Zeiten deutlich geringer als heute? Monumentalbau als Arbeitsbeschaffungsmaßnahme – ohne im Geringsten die logistischen »Feinheiten« wie Nachschub und Ernährung des Arbeiterheeres oder die schlichte Erkenntnis zu bedenken, dass sich die vielen Leute irgendwann gegenseitig auf die Zehen treten! So stellt sich für kritische Geister die unbequeme Frage nach fortschrittlicheren Arbeitsmethoden. Dies aber steht bekanntlich im krassen Gegensatz zu unserem althergebrachten Geschichtsbild, wie es noch immer an den Hochschulen gelehrt wird.

Alt, älter …

Die Anlage von Göbekli Tepe sucht ihresgleichen, ist bisher einmalig auf der Welt. Eingedenk der Tatsache, dass die Archäologen heute immer weniger dazu bereit sind, solche exakt bearbeitete prähistorische Bauten zeitlich weit zurückzudatieren – und wieder grüßt Darwins Evolutionstheorie! –, erscheinen diese hier angenommenen 12 000 Jahre mehr als erstaunlich.

Nur ein weiteres Beispiel vom anderen Ende der Welt. Wurden die Ruinen von Tiahuanaco und Puma Punku im Andenhochland von Bolivien Mitte des 20. Jahrhunderts noch auf ein stolzes Alter von 22 000 Jahren geschätzt[61], so gesteht ihnen die Altertumsforschung heute kaum mehr als 2000 Jährchen zu. Sie macht die Vorfahren der heutigen Aymara-Indianer für den Bau verantwortlich. Jene aber werden nicht müde zu versichern, dass ihr Volk zu keiner Zeit etwas mit den Hightech-Ruinen zu tun hatte. Darüber jedoch mehr im 13. Kapitel.

Mit seinem Alter von 12 000 Jahren hat Göbekli Tepe auch die legendenumwobenen Mauern von Jericho, die bis dato als älteste Stadtgründung galten, klar überholt und so die Anwartschaft auf den Titel der ältesten Kulturstätte der Menschheit. Zumindest so lange, bis noch ältere Mauern auftauchen.

Mehrere tausend Jahre wurde die Anlage benutzt. Doch plötzlich, um 7500 v. Chr., war Schluss. Die Nachfahren der mysteriösen Erbauer ließen das Wunderwerk nicht etwa verfallen, nein, sie vertrauten es wieder dem Erdboden an. Aus den tiefer gelegenen Regionen karrten sie Zigtausende Tonnen Erdreich heran, um die kreisförmigen Strukturen zuzuschütten. Planten sie, den Menschen einer fernen Zukunft die einzigartige Anlage über unbekannte Jahrtausende hinweg zu erhalten? Welche Botschaft gedachten sie uns zu übermitteln mit ihren tierischen und abstrakten Symbolen, die – gleich, ob man sie als »steinzeitliches Notationssystem«, als Piktogramme oder Schrift bezeichnet – so überhaupt nicht in unser Geschichtsbild hineinpassen? Göbekli Tepe ist die wohl massivste Kampfansage an ein völlig überkommenes Weltbild. Alles, was man uns bis dahin über unsere steinzeitlichen Vorfahren erzählte, gerät zur Makulatur.

Es ist auch eine unbestreitbare Tatsache, dass keine einzige der nachfolgenden jungsteinzeitlichen Siedlungen in der Umgebung – die bekanntesten hiervon sind die von Urfa und Nevali Cori – auch nur annähernd den Level der altsteinzeitlichen Kultur vom »Nabelberg« erreichte. Deren monumentale Anlagen standen am Anfang, und alles, was später kam, war viel kleiner, ja unbedeutender und lange nicht mehr so perfekt.[56]

Der Drang, Götter zu verehren

Dieses Phänomen vor Augen, finde ich es nur legitim, Fragen zu stellen. Durch welche unbekannte Intelligenz wurden die Baumeister der Altsteinzeit beeinflusst? Entstand alles nur durch »Zufall«, aus einer bloßen Laune der Menschen heraus, oder gab es wirklich Denkanstöße von außen? Wer zeichnete die Blaupause für das bislang nie da gewesene Meisterwerk?

Auch wenn er es mit Sicherheit nicht im Sinne der Paläo-SETI-Forschung tat, formulierte Chefausgräber Klaus Schmidt seine Interpretation der künstlerischen Gestaltung wie folgt: »Möglicherweise treten wir hier den frühesten Götterbildnissen in der Menschheitsgeschichte entgegen.«[57] Und im Juni 2011 stellte die deutsche Ausgabe des »National Geographic« die Frage in den Raum: »Wurde der Drang, Götter zu verehren, zum Zündfunken für den Aufstieg der Zivilisation?«[62]

Mittlerweile betrachtet man wohl auch in den Reihen der etablierten Wissenschaften religiöse Vorstellungen als den Motor, zumindest als eine Art »Starthilfe« für die kulturelle Entwicklung der Menschheit. Für jene unter uns aber, für die Eingriffe durch nicht von dieser Welt stammende Intelligenzen einen hohen Grad an Wahrscheinlichkeit besitzen, ist dieser Gedankengang nicht wirklich neu. Indizien, die hierauf hindeuten, werden in unserer Forschungsrichtung nicht einfach mit oft fadenscheinigen »Erklärungen« wegdiskutiert.

Zum Glück hat der Wind auch in dieser Richtung aufgefrischt, denn die Bauten vom Göbekli Tepe haben in der Welt der Wissenschaft schon für reichlich Aufregung gesorgt. Sind sie ja, wie hinreichend dargelegt, vollkommen unvereinbar mit dem Gedanken einer stetig fortschreitenden Evolution auch auf geistig-kulturellem Gebiet, wie ihn die Archäologie vertritt. Auf den Punkt gebracht hat dies ein Artikel im türkischen Fachmagazin »Bilim ve Teknik« (dt.: »Wissenschaft und Technik). Jener gipfelte in der folgenden, für manche konservativen Denkrichtungen beinahe blasphemisch klingenden Erkenntnis: »Diese neuen Daten enthüllen eine große Fehlkonzeption, was die Betrachtung der Geschichte der Menschheit angeht. Der Fehler liegt nämlich darin, wie Geschichte stets im Licht des Evolutionsbetruges (sic!) interpretiert wird.«

Das sind harte, aber umso klarere Worte. Vielleicht ist die wichtigste Botschaft, die die gewaltige Anlage auf dem Göbekli Tepe an uns richtet, die, nicht länger Altertumsforschung aus einem von vorgefassten Meinungen beherrschten Blickwinkel heraus zu betreiben.[58]

Asikli Hüyük: Abstecher zum »Knochenhügel«

Eine andere Stadt in demselben geografischen Raum, die es ebenso wenig geben dürfte, besticht nicht durch megalithische Wunder. Sondern vielmehr durch Artefakte, die von medizinisch-technischen Meisterleistungen zeugen. Und dies gleichfalls aus dem Paläolithikum, ist sie doch eben mal 1000 Jahre jünger als Göbekli Tepe. Bei uns ist sie noch so gut wie unbekannt, darum möchte ich meinen Lesern die nachfolgenden Informationen nicht vorenthalten.

Westlich von Kappadokien mit seinen bizarren Felskegeln aus Tuffstein und knapp 40 Kilometer vor der Provinzhauptstadt Aksaray liegt die kleine Ortschaft Kizilkaya. Nur ein paar hundert Meter außerhalb, am Ufer des Bergflusses Melendiz und malerisch eingerahmt von Pappelhainen, stößt man auf die Ausgrabungsstätte von Asikli Hüyük – was wörtlich übersetzt »Knochenhügel« bedeutet. Im Hintergrund einen der höchsten Berge des Landes, den mit 3263 Metern Höhe immer schneebedeckten Hassan Dag, liegt Asikli Hüyük inmitten einer uralten Kulturlandschaft, welche bereits in der ausgehenden Altsteinzeit besiedelt war.

Von den geheimnisumwitterten unterirdischen Städten Kappadokiens kommend – von diesen wird im folgenden Kapitel noch ausführlich die Rede sein –, machte ich am 18. Mai 2012 gemeinsam mit einer Gruppe meiner Leser einen außerplanmäßigen Abstecher. Unser Reiseführer, der inzwischen ein feines Gespür für interessante, prähistorische Orte entwickelt hatte, kannte nämlich sowohl die Ausgrabungsleiterin als auch deren Assistentin persönlich. So durften wir die Stätte, die noch nicht für die Öffentlichkeit freigegeben ist, ausgiebig in Augenschein nehmen. Hier wähnte ich mich beinahe wieder im Reich der Mitte – nicht nur wegen der eingangs erwähnten Pappelhaine. Das »Herzstück« dieser Anlage, besagter »Knochenhügel«, bereitete mir so etwas wie ein Déjà-vu-Erlebnis. Ganz ähnlich wie die mehr als 100 Pyramiden in der zentralchinesischen Provinz Shaanxi stellt auch dieser eine künstlich aus Erdreich und Lehm aufgeschüttete pyramidale Erhebung dar.

20 Das megalithische »Grabdenkmal II« ist das spektakuläre Herzstück von Prano Muttedu, der beeindruckendsten prähistorischen Anlage ganz Sardiniens. Aus der Vogelperspektive hat man den besten Blick auf das gesamte Bauwerk.

21 Sie passt so gar nicht zu den anderen Großsteinbauten Sardiniens: die Stufen-pyramide Monte d'Accoddi. Von der Südseite her führt eine über 40 Meter lange Rampe heran, über die die Pyramida bis zur obersten Terrasse betreten werden kann.

22 Heute spurlos verschwunden: die Schautafel, der zufolge Monte d'Accoddi älter sein soll als die Cheops-Pyramide in Ägypten (oben links).

23 Nur einen Kilometer entfernt von der Pyramide: Cart Ruts wie auf der Insel Malta unterbrochen von jungsteinzeitlichen »Domus de Janas«. Was beweist, dass die Bodenrillen zuerst da waren (oben rechts).

24 Die Misqa-Tanks auf Malta sind ein geniales, steinzeitliches Wasserwerk zum Sammeln und Aufbereiten der lebensnotwendigen Flüssigkeit. Ich erlebte sie »in Aktion«.

25 Zum Rande des Kraters von Il Maqluba (ebenfalls Malta) führt ein in den Fels gehauener Tunnel unbekannten Alters mit sehr verwitterten Stufen. Der Gang, der jäh an einer Steilwand endet, ist heute durch einen Felssturz blockiert.

26 Abstieg in die »Grüne Hölle«, in der eine für Malta ungewöhnlich reiche Vegetation wuchert. Fast fühlt man sich an »Jurassic Parc« erinnert. Ich hatte das unwahrscheinliche Glück, auf einen Trupp übender Bergretter zu stoßen, die mich in den Krater abseilten.

27 Das »Schatzhaus des Atreus« im griechischen Mykene. Die Steinplatte etwas oberhalb der Bildmitte befindet sich in zwölf Metern Höhe und wiegt zwischen 120 und 130 Tonnen. Wie wurde das Riesentrumm bewegt, wie an Ort und Stelle eingepasst?

28 Nein, dies ist nicht das »Schatzhaus« aus anderer Perspektive. Kaum jemand weiß, dass sich zwei völlig identische Bauten etwa 150 Meter Luftlinie unterhalb des berühmten »Löwentors« von Mykene befinden. Obwohl fast am Wegesrand, verirrt sich niemand dorthin.

29 Auch in Griechenland stehen Pyramiden, Zeugnisse einer Zeit vor der Antike. Die Pyramide von Ellenikon soll gleichfalls älter als die Cheops-Pyramide von Gizeh sein. Ursprünglich war sie drei Mal so hoch wie heute.

30 Das nahe der syrischen Grenze gelegene Göbekli Tepe wurde Ende der Altsteinzeit erbaut. Die aus mehr als 20 Einzelanlagen bestehende älteste Stadt der Welt ist dabei, das gesamte Wissen über unsere Vorgeschichte über den Haufen zu werfen!

31 Derinkuyu ist eine von über 80 unterirdischen Städten in Kappadokien. Sie reicht 20 Stockwerke tief in die Erde und bot bis zu 20 000 Menschen Schutz. Strategisch wichtige Stellen können durch runde Steine blockiert werden, die größer sind als die Gänge selbst.

32 Bis zur 13. Etage ist Derinkuyu für Besucher zugänglich. Hauptattraktion dort unten ist die »Große Halle«, die Hunderten Menschen Platz bietet.

33 Dieser Gang zweigt von einem Nebenraum der »Großen Halle« ab, nur um offenbar sinnlos eine Kurve von 180 Grad im Gestein zu beschreiben. Nachdem ich den seltsamen Gang beschritten hatte, überfiel mich plötzlich eine unerklärliche Panik ...

34 Im antiken Arsameia, unweit des Berges Nemrut Dag, führt dieser ungewöhnliche, polygonale Schacht in das Felsgestein. Ein seltsames Leuchten geht vom Gestein aus. Alter, Verwendungszweck und Erbauer sind unbekannt.

35 Eines der weltweit größten megalithischen Mysterien unter Wasser liegt vor der Küste der kleinen japanischen Insel Yonaguni. Glatte Oberflächen, Treppen mit scharfkantigen Stufen sowie exakte Terrassen und Durchgänge sprechen eindeutig gegen eine natürliche Entstehung.

36 Am Ort der Gympie-Pyramide (Australien) sind nur mehr ganz wenige monolithische Reste zu finden. Wie diese beiden »Peilsteine«, zwischen denen die aufgehende Sonne am 21. Juni und 21. Dezember ihre Strahlen hindurchschickt.

Den Archäologen ist Asikli Hüyük bereits seit 50 Jahren ein Begriff. Stand die Ruinenstätte doch 1964 im Mittelpunkt einer ersten Ausgrabungskampagne, die vom Archäologen Professor Todd von der Universität Pennsylvania geleitet wurde. Nach Einstellung dieser Arbeiten gingen mehr als zwei Jahrzehnte ins Land, während der die Stätte brach lag. Erst 1989 gingen die Grabungen weiter. Grabungsleiter war diesmal Professor Ufuk Esin von der Universität Istanbul. Die seither andauernden Ausgrabungen brachten bemerkenswerte Exponate ans Licht des Tages. Außerdem machte man sich an die Rekonstruktion der aus Lehm und Steinen erbauten Wohneinheiten, deren Fundamente und Überreste man unmittelbar unter der Hügeloberfläche gefunden hatte.

Exakte Chirurgen am Werk

Augenfälligstes Detail am »Knochenhügel« ist ein zehn Meter in der Vertikale messender Grabungsschnitt, der recht deutlich alle Schichten der künstlich errichteten Struktur sehen lässt. Der gesamte Hügel ist durchsetzt mit Knochen, ebenso mit Obsidianbruch. Obsidian ist ein glasiges Gestein vulkanischen Ursprungs mit einer Färbung, die sich von dunkeloliv bis fast in den schwarzen Bereich erstreckt. Die Bruchkanten sind rasierklingenscharf, was den Obsidian in seiner Schneidfähigkeit modernen Skalpellen in nichts nachstehen lässt.

Schon in der Altsteinzeit wurden mit Instrumenten aus Obsidian diffizile Operationen – zumeist am menschlichen Schädel – durchgeführt. Dies führt uns direkt zu dem spektakulärsten Artefakt, das dem Boden von Asikli Hüyük entrissen werden konnte. Die Archäologen der Universität von Istanbul fanden einen auf das 9. Jahrtausend v. Chr. datierten Schädel, der unwiderlegbare Merkmale eines solchen operativen Eingriffs erkennen lässt. Da wurden mehrere exakt kreisrunde Öffnungen gelegt, deren medizinisches Ziel war, einen durch Verletzung oder Tumor verursachten Druck vom Gehirn zu nehmen. Die Patientin, eine auf 20 bis 25 Jahre geschätzte Frau, hat den Eingriff auch überlebt – leider aber nur um wenige Wochen.[63]

Über die Ursachen ihres Ablebens vergleichsweise kurze Zeit nach der Operation kann man heute nur spekulieren. Das Schicksal der Frau ist nämlich eher untypisch. Denn man kennt unzählige Funde trepanierter Schädel aus aller Welt, deren postoperative Knochenneubildung eindeutig dafür spricht, dass die Patienten die gefährlichen und selbst nach heutigen medizinischen Erkenntnissen nicht unkomplizierten Eingriffe um Monate und sogar Jahre überlebt haben.

Da diese Zeugnisse bis in die Altsteinzeit zurückreichender Gehirnchirurgie absolut nicht in den zeitlichen Kontext passen wollen, stellen sie eines der größten und unerklärlichsten Mysterien in der Geschichte der Menschheit dar. Der Erfolg jener Eingriffe steht und fällt mit der unabdingbaren Notwendigkeit, dass die Gehirnhaut unverletzt bleibt. Die *Dura mater*, wie der exakte Fachbegriff lautet, umgibt als äußerste von drei Hüllen Rückenmark und Gehirn. Sie stellt auch die wichtigste Barriere gegen Infektionen dar.[64] Seltsam, ja unglaublich ist, dass die chirurgischen Eingriffe, die zu den ältesten am Menschen ausgeführten Operationen zählen, gleichzeitig zu den gefährlichsten und kompliziertesten gehören.[65]

Wie die beispiellose Anlage auf dem Göbekli Tepe können wir auch die Funde vom Asikli Hüyük als Kampfansage an bisherige, von der Evolutionstheorie vorgegebene Lehrmeinungen verstehen. Auch am »Knochenhügel« war zeitlich noch ein ganzes Stück Weg bis zur vielzitierten »Neolithischen Revolution« zurückzulegen. So bekommt das noch immer vehement verteidigte Dogma, dass die großen intellektuellen Leistungen – auf welchem Gebiet auch immer – nicht vor der Sesshaftwerdung des Menschen in Erscheinung traten, immer deutlichere Risse. Auch dank solcher Städte, die es eigentlich nicht geben dürfte.

Steter Tropfen höhlt den Stein – und auch falsche Ansichten über die Steinzeit und die Menschen in jenen Tagen.

9 Flucht in den Untergrund

Welche Gefahr kam von oben?

Megalithische Wunderwerke, jene für uns heute so uner-
gründlichen Mysterien aus der Steinzeit, die ganz sicher
anders verlief als in unseren Geschichtsbüchern aufgezeichnet,
finden wir nicht nur oberhalb des Erdbodens. Ganz im Gegenteil: In sämtlichen Winkeln unseres Planeten existieren gewaltige, unterirdische Kammern, Gangsysteme, ja ganze Städte
nebst dazugehöriger Infrastruktur. Auf sie komme ich später in
diesem Kapitel noch ausführlich zurück. Immer wieder aber
stößt man auch auf kleine »Schlupflöcher«, die allenfalls einer
oder ganz wenigen Personen Raum bieten. Lange habe ich über
deren Verwendungszwecke nachgedacht, bis sich plötzlich
ein Pressefoto aus längst vergangenen Zeiten und mit eher tra-
gischem Hintergrund den Weg zurück in mein Gedächtnis
bahnte.

Die betreffende Ausgabe des Nachrichtenmagazins »Stern« aus
dem Jahr 1968 oder 1969 ist längst den Weg alles Irdischen
gegangen. Doch eine Szene, damals von trauriger Aktualität,
sehe ich noch immer deutlich vor mir. Es war die Zeit des Vietnamkriegs unseligen Angedenkens, der von den Amerikanern
und Südvietnamesen auf der einen Seite und den Kommunis-
ten im Norden gleichermaßen verbissen und voller Grausam-
keiten geführt wurde. Aus einem Loch im Erdboden – gewissermaßen einem »Ein-Mann-Bunker« – heraus beobachtete
ein Vietcongkämpfer seine Umgebung. Jene zumeist schlecht

ausgerüsteten Freischärler, die oft aus dem Nichts heraus angriffen und ihrem Gegner empfindliche Verluste zufügten, lehrten die Amerikaner und deren südvietnamesischen Verbündeten durch ihre Guerillataktik mächtig das Fürchten. Dieser Krieg zwischen so ungleichen Gegnern war unmöglich zu gewinnen. Und so zogen sich die USA nach dem am 23. Januar 1973 in Paris unterzeichneten Waffenstillstandsvertrag als Verlierer aus Indochina zurück. Sie hatten einen enormen Blutzoll bezahlt, die Wälder Vietnams durch chemische Entlaubungsmittel auf Jahrzehnte hinaus verwüstet und unzählige Missgeburten bei Menschen und Tieren verursacht. Selbst der Imageverlust klebt mehr als 40 Jahre später noch wie Pech an der größten Militärmacht unserer Erde.

Die seltsamen »Dingli-Tanks«

Was möchte ich dem geschätzten Leser mit diesem Abschweifen in die Abgründe des Vietnamkriegs eigentlich sagen? Um es möglichst rasch auf den Punkt zu bringen: Damals, 1968 oder 1969, konnte ich als Heranwachsender dies Pressefoto aus dem »Stern« allenfalls mit einer gewissen Portion Neugier betrachten. Doch in späteren Jahren führte mich mein Weg in die verschiedensten Länder auf dem Globus. Dabei stolperte ich ein ums andere Mal in steinzeitlichen Anlagen über künstlich in den harten Felsboden hineingebohrte Löcher, die dem »Ein-Mann-Bunker« des Vietcongkämpfers zum Verwechseln ähnlich sahen. Déjà-vu! Ein paar Beispiele gefällig?
Dazu muss ich noch einmal kurz auf die älteste Stadt dieses Planeten, auf das altsteinzeitliche Göbekli Tepe zurückkommen. Schon während meines ersten Aufenthaltes dort im Mai 2010 fielen mir im Eingangsbereich, noch bevor der Weg steil zur Hauptausgrabungsstätte hin ansteigt, ein paar Besonder-

heiten am Wegesrand auf. Da waren tief in den Kalksteinboden eingeschnittene »Wannen« und eine unübersehbare Anzahl kleiner schälchenartiger Vertiefungen, beide nicht natürlichen Ursprungs. Genauso auffällig waren kreisrunde, wie zu Bunkern führende Einstiege in demselben Geländeabschnitt.

Ein Jahrzehnt früher schon war mir Ähnliches auf der Baleareninsel Menorca aufgefallen, von der hier bereits wiederholte Male die Rede war. In der Ruinenstätte von Torre d'en Gaumes, südlich des Städtchens Alaior, findet man mehrere runde Löcher im felsigen Boden, die exakt geformte Einstiege aufweisen. Die Archäologen deuten sie meist als Wasserreservoirs oder Getreidespeicher. All diesen »steinzeitlichen Unterständen« aber ist eines gemein: Die »Erklärungen« der Scherben sammelnden Zunft können nur an der Realität vorbeigehen. In dem porösen Untergrund würde jeder Tropfen Wasser in kürzester Zeit versickern, während dort gespeichertes Getreide in dem feuchten Umfeld genauso schnell keimen würde![40]

Die bis dato eindrucksvollste Ansammlung solcher »Ein-Mann-Löcher« jedoch begegnete mir auf der an prähistorischen Relikten so unglaublich reichen Insel Malta.

Von den »Dingli-Tanks« – nicht zu verwechseln mit den oberhalb des Mnajdra-Tempels gelegenen Misqa-Tanks, in denen wirklich Wasser gespeichert wurde – hörte ich erstmals im Frühjahr 2012. Allerdings ohne passende Wegbeschreibung. Das Umfeld der Dingli-Klippen kann sehr weitläufig und unübersichtlich sein, wenn man etwas sucht. So startete eine befreundete Reiseführerin kurzerhand einen Rundruf unter Kollegen und nur zwei Tage später fanden wir die Stelle und konnten sie staunend in Augenschein nehmen. Fährt man von der Maddalena-Kapelle mit ihrem höchstgelegenen Aussichtspunkt über den Dingli-Klippen ungefähr zweieinhalb Kilometer auf der der Küstenlinie folgenden Straße nach Osten, hält man kurz vor einer Linkskurve an. Dort zweigt ein felsiger

Steig ab, der steil in Richtung Küste nach unten führt. Am Ende dieses Steiges angekommen, lädt ein Fenster im Felsen zu einem atemberaubenden Blick aufs Meer. Nicht weniger faszinierend ist die Aussicht, wenn man den Fels erklimmt. Jedoch sollte hier die Vorsicht ständiger Begleiter sein; immerhin stürzen die Klippen an dieser Stelle stolze 200 Meter lotrecht in die Tiefe.

Von diesem Ausblick fast ein wenig in den Schatten gestellt wird das Ziel der Suche. Wenige Meter vor dem Aussichtsfenster erstreckt sich eine plane Fläche mit spärlicher Vegetation an den Rändern in östlicher Richtung. Darauf sind in mehr oder weniger geordneter Formation ein gutes Dutzend exakt runder Einstiege verstreut, die aber zum Teil mit Kies und Schotter angefüllt wurden. Beide Male, an denen ich bislang dort war, ist es uns gelungen, ein paar weitere dieser Bodenlöcher, die auch noch unter Gestrüpp verborgen lagen, aufzufinden und freizulegen. Bei einem stemmten wir einen an die zwei Zentner schweren Felsblock von der Stelle, welcher den Einstieg blockiert hatte. Was mir bei den meisten dieser seltsamen »Dingli-Tanks« in die Augen stach, war die Tatsache, dass ihre kreisrunden Einstiege gewissermaßen eine Stufe aufwiesen. Genauso, als hätte dermaleinst eine runde, massive und schlüssig passende Platte draufgelegen, um den Einstieg abzudichten. Im Durchmesser sind jene Bodenlöcher so gehalten, dass sich eine Person mehr oder weniger bequem in den Untergrund begeben kann. Welche Raumausdehnung die »Tanks« besitzen, wie weit sie nach unten reichen und ob sie möglicherweise Verbindungen untereinander besitzen, das zu untersuchen ist im Augenblick schwer möglich. Denn die Verfüllung mit Kies und Schotter müsste erst einmal vollständig entfernt werden, um weitere Recherchen zu ermöglichen.

Was jedoch mit Sicherheit festgestellt werden kann: Auch in diesem Fall sprechen sowohl die klimatischen Bedingungen als auch die poröse, also wasserdurchlässige Kalksteinschicht eindeutig gegen eine Verwendung jener »Dingli-Tanks« als Wassertanks oder Getreidespeicher.

Ein Sinn hinter der Übung?

Die wohl beeindruckendste und ausgedehnteste Anlage solcher »Ein-Mann-Löcher« ist leider im Zuge von Baumaßnahmen gefräßigen Bulldozern zum Opfer gefallen. In seinem zweiten Buch »Zurück zu den Sternen« berichtet Erich von Däniken über Hunderte Löcher in Cajamarquilla, einem Vorort der peruanischen Hauptstadt Lima. Bei einem Durchmesser von 60 Zentimetern reichten sie zirka 1,70 Meter in die Tiefe. In einer einzigen Fluchtlinie zählte er 209 einzelne Löcher, die exakt rund aus dem felsigen Untergrund herausgeschnitten waren. Da auch hier Getreidesilos als Erklärung herhalten mussten, machte von Däniken – in Ermangelung von Getreide – mit Sand die Probe aufs Exempel. Diesen wieder aus dem randvoll gefüllten Loch zu schöpfen, gelang nur im obersten Drittel. Doch mit zunehmender Tiefe wurde dies immer schwieriger. Zum Schluss war es unmöglich, den restlichen Sand nach oben zu holen.[66]
Was hat die Menschen früherer Zeiten dazu bewogen, sich unter der Erdoberfläche zu verbergen? Welch ein praktischer Nutzen stand hinter der schweißtreibenden Übung, gewissermaßen in Serie schützende Unterstände zu produzieren? Wenn die Löcher, wo auch immer auf der Welt, tatsächlich zum Einlagern von Getreide gedient hätten, wäre es dann nicht eindeutig sinnvoller gewesen, einen einzigen Speicher mit umso größerem Fassungsvermögen in den Boden zu treiben?
Oder dienten die so auffällig auf menschliche Maße getrimmten Löcher in Wirklichkeit ganz konkreten Schutzzwecken,

mussten sich die Menschen vor irgendeiner akut drohenden Gefahr in Sicherheit bringen? Kam diese Bedrohung womöglich »von oben« – und unsere Vorfahren reagierten hierauf ähnlich wie der Mensch der Neuzeit, der seit dem Ersten Weltkrieg Bunker und Schutzräume errichtet, die ihn vor Luftangriffen bewahren sollen?

Bevor ich hier engere Verbindungen zu knüpfen versuche und mögliche Parallelen herausarbeite, möchte ich mich im wahrsten Sinn des Wortes noch weiter ins Thema *megalithische Wunderwerke im Untergrund* vertiefen. Massenweise Ein-Mann-Bunker in unserer Vergangenheit – das klingt spannend. Und muss doch verblassen angesichts riesiger Städte nebst aller notwendiger Infrastruktur, die vor Jahrtausenden tief im schützenden Inneren der Erde angelegt wurden.

Raum für 20 000 Menschen

Von Ankara, der Hauptstadt der modernen Türkei, sind es ungefähr 350 Kilometer nach Süden bis zu einer 1200 Meter ü. d. M. gelegenen Ebene, der man von oben wahrlich nicht ansieht, dass sie einem Schweizer Käse gleich durchlöchert und unterminiert ist. Die Rede ist von Kappadokien, jener Region, die bei Touristen vorwiegend für ihre bizarren, pilzförmigen Tuffsteinkegel und Felsenkirchen, Letztere aus frühchristlicher Zeit, bekannt ist. Vor Tausenden Jahren war diese Hochebene zentrales Siedlungsland der Hethiter, deren Herkunft noch immer im Dunkeln liegt. Ob sie die Schöpfer der wahren Sensation in dieser Gegend sind, ist eher ungewiss.

Zwischen den Städten Nigde und Nevsehir befinden sich zahlreiche unterirdische Städte. Die bekanntesten unter ihnen sind Derinkuyu und Kaymakli; beiden stattete ich jeweils im Mai des Jahres 2010 und 2012 einen Besuch ab. Nebenbei bemerkt bin ich heilfroh, bei meiner Reise im Mai 2010 nicht auf den Reiseleiter und Dolmetscher gehört zu haben. Der riet mir nämlich nach der Besichtigung der bekanntesten dieser Stätten – Derinkuyu – vom Besuch der anderen großen, für Touristen freigegebenen Untergrundsiedlung – Kaymakli – ab. Beide würden sich ja ohnehin wie ein Ei dem anderen gleichen. Es geht nichts über eine gute Portion Eigensinn: Bei der nachfolgenden Erkundung konnte ich feststellen, dass in beiden Fällen zwar enge Gänge immer tiefer in die Eingeweide der Erde führen. Doch in der Bauart, der Raumaufteilung und sogar bei den Gesteinsarten herrschen unerwartet große Unterschiede.

Aber vielleicht stand hinter des Reiseführers gut gemeintem Rat nur die Intention, mich stattdessen in eine der unzähligen Teppichknüpfereien zu lotsen. Ben-im'de günüm yirmi-dört saat, sadece – auch mein Tag hat nur 24 Stunden. Und so zog ich Kaymakli entschieden vor.

Beginnen wir hier mit Derinkuyu, jener Stadt im Untergrunde Kappadokiens, die die meisten Touristen anzieht. Ihre in einem Winkel von etwa 30 Grad abwärts verlaufenden, engen Gänge sind heute natürlich mit elektrischem Licht ausgestattet. Womit jedoch wurden sie in grauer Vorzeit erhellt? Denn es geht tief, ja sehr tief hinab: Bislang sind 13 Stockwerke zugänglich, aktuelle Schätzungen besagen, dass Derinkuyu insgesamt 20 Etagen umfasst, die bis in 80 Meter Tiefe reichen. Berechnungen ergaben, dass die Stadt Raum für 20 000 Menschen bot.

Bis vor ein paar Jahren galt noch die Ansicht unter den Archäologen, die Städte im Schoß der Erde Kappadokiens seien von den ersten Christen aus dem Gestein herausgehauen worden, die sich vor ihren Verfolgern in Sicherheit bringen mussten. Diese verfolgten Christen der ersten Jahrhunderte stießen wohl eher auf bereits vorhandene Anlagen, die sie für ihre Zwecke nutzen konnten. Derzeit geht die Geschichtsforschung davon aus, dass die ursprünglichen Gangsysteme bereits im 2. und 3. vorchristlichen Jahrtausend von den Hethitern angelegt wurden,[56] jedoch ist dies auch nicht mehr als eine Vermutung. Das wirkliche Alter dieser megalithischen Wunderwerke unter der Erde aber verliert sich im Dunkelgrau der Zeiten.

Aircondition und abgeschottete Segmente

Als diese Städte bewohnt waren, handelte es sich keineswegs um improvisierte, also eilig und planlos erstellte Fluchträume. Das Gegenteil ist der Fall, denn die Gemeinwesen verfügten allesamt über eine perfekte Infrastruktur. Da gab es kleine Säle und weite, ja riesige Gemeinschaftsräume, komplette Wohneinheiten, Wasserschächte, Vorratsräume und sogar Ställe für Nutztiere und vieles mehr. Die einzelnen Ebenen sind durch zusätzliche senkrechte Schächte miteinander verbunden. Mir wurde schwindlig, als ich meinen Kopf in eine dieser »Angströhren« steckte, die mutigeren Menschen, als ich einer bin, durch in die senkrechte Wand eingelassene Tritte ermöglichten, rasch von einem Stockwerk in andere zu wechseln. Erneut ertappte ich mich bei der Frage nach der Beleuchtung – denn eine Benutzung dieser zig Meter langen Schächte wäre in der Dunkelheit glatter Selbstmord gewesen.

Wie schon erwähnt, wurden in Derinkuyu bis heute 13 von vermuteten 20 Etagen ausgegraben. Um den Besuchern den Durchgang etwas leichter zu machen, wurden die Gänge auf den Hauptrouten geringfügig erweitert. Das dort vorherrschende Tuffgestein erleichterte die Aushubarbeiten, sodass man nicht unbedingt über Hightech-Werkzeuge spekulieren muss, die dort zum Einsatz gekommen seien. Was weder Derinkuyu noch irgendeiner anderen der unterirdischen Städte etwas von ihrem sensationellen Charakter nimmt. Denn die Schaffung solcher gewaltiger Strukturen ist in jedem Fall eine technische Meisterleistung, die selbst uns mit dem Know-how des 21. Jahrhunderts rascher als gedacht an unsere Grenzen bringen würde.

An manchen strategisch wichtigen Stellen wurden große runde Steine zum Verschließen der Verbindungsgänge eingebaut; diese waren dann nur noch von innen zu öffnen. Sie bestehen auch aus einem härteren Material als das dortige Gestein. Doch weil die »Mühlsteine« ohne Ausnahme größer sind als die Durchgänge, erhebt sich die Frage, wie sie an ihre Plätze geschafft wurden. In den tieferen Stockwerken fand man Grabstätten, Waffenlager, Brunnen und Fluchtwege. Wer immer – und das in der ausgehenden Steinzeit – für den Bau solcher Städte verantwortlich war: Das müssen begnadete Architekten und Baumeister gewesen sein. Denn sie bauten sogar eine regelrechte Aircondition dort unten ein. So verfügt Derinkuyu über insgesamt 52 perfekt platzierte Luftschächte, die auch in den untersten Teilen der Stadt für eine permanente Luftumwälzung sorgen. Platzangst mag der eine oder andere Bewohner bekommen haben. Atemprobleme mit an Sicherheit grenzender Wahrscheinlichkeit nicht, denn die frische Luft gelangte bis in die letzten Winkel.

Apropos Winkel. In der untersten für Besucher zugänglichen, also der 13. Etage, hatte ich im Mai 2012 ein seltsames, regelrecht beängstigendes Erlebnis. Die größte Attraktion in diesem Stockwerk ist die »große Halle«, die Hunderten Menschen Platz bietet. An der Wand eines Nebenraums der besagten Halle zweigt ein enger, niedriger Gang ab. Nur um in dem harten Felsgestein eine Kurve zu machen und wenige Meter daneben wieder im selben Raum herauszukommen. Einhundertachtzig Grad, die der ansonsten völlig sinnlos scheinende Gang beschreibt. Kein Zugang zu einem anderen Raum, keine weitere Verzweigung, nichts.

Panik unter Tage

Meine Neugier und eine nagelneue »Maglite«-Taschenlampe mit modernster LED-Technik, die ich ein paar Tage zuvor geschenkt bekommen hatte, ließen mich ohne langes Zögern den geheimnisvollen Gang betreten. Eine junge Türkin nutzte mit mir die Gunst der Stunde oder vielmehr das taghelle Licht meiner Lampe. Sie folgte mir auf dem Gang nach, dessen Wände zwar exakt bearbeitet sind, dessen einstiger Sinn und Zweck jedoch, wie auch der Gang selbst, vollkommen im Dunkeln liegen. Ob es wohl der jungen Frau in der Folge wie mir ergangen ist?

Nur ein paar Minuten später ergriff mich nämlich eine mir völlig unerklärliche Panik. Ich leide nicht an Klaustrophobie, habe mit engen unterirdischen Gängen und Räumen wirklich keine Probleme. Einmal kroch ich beispielsweise die engen Stufen unter der Kukulkanpyramide von Chichen Itza in Mexiko – nichts für zartbesaitete Gemüter – bei stickigster Hitze nach oben. Besagte Pyramide wurde, wie sie sich heute präsentiert, einst über eine bereits bestehende, ältere Pyramide darübergebaut. Durch eine von der hohen Luftfeuchtigkeit halbverrostete Tür kann man den engen Bereich zwischen den beiden Bauphasen betreten. Und dies gelang mir problemlos. Doch hier, 13 Stockwerke unter Tage in Derinkuyu, musste ich raus, durch die engen und niedrigen Gänge so rasch wie möglich nach oben! Irgendetwas trieb mich unaufhaltsam an, gleichzeitig verspürte ich eine für mich ebenso ungewohnte wie unerklärliche Kraftlosigkeit. Und war heilfroh, als ich nach mir schier endlos vorkommenden Minuten wieder das Licht des Tages erblickte.

Aber auch oben ging es mir kein bisschen besser. Im Gegenteil. Zu meiner Kraftlosigkeit gesellten sich Zittern und Herzrasen und für den Rest des Tages war nicht mehr viel mit mir anzufangen. Ich schaffte es nicht einmal mehr, die Höhlenkirchen und Behausungen im Tal von Göreme zu betreten. Vollkommen am Ende meiner Kräfte, wartete ich vor deren Eingang. Im weiteren Verlauf kamen noch weitere Beschwerden körperlicher Art hinzu und fast drei Tage lang lief ich nur mehr als ein Schatten meiner selbst herum. Erst gegen Ende der Reise hin hatte ich wieder einigermaßen meine übliche Form zurückgewonnen.[67] Was hatte mich da in seine »Fänge« bekommen?

Zuflucht für Millionen

Kaymakli, die andere Stadt im Untergrund, deren Lokaltermin ich mir trotz Abratens durch den örtlichen Dolmetscher und Reiseführer nicht nehmen ließ, liegt nur wenige Kilometer von Derinkuyu entfernt. Anders als dort, wo man das unterirdische Gemeinwesen durch ein darüber errichtetes Haus betritt, beginnt hier direkt hinter einem Gitter der Abstieg in den Orkus. Beiden gemeinsam sind jedoch die unvermeidlichen Souvenirstände. Untrügliches Zeichen, dass mit Kitsch und Krempel bei vielen Touristen noch immer ein gutes Geschäft zu machen ist.

Als ich mich in gebückter Haltung durch die gleichfalls etwas erweiterten Gänge nach unten begab, verspürte ich beinahe so etwas wie Wiedersehensfreude. Denn in manchen Details erinnerte mich dieses unterirdische Kaymakli an das berühmte Hypogäum von Hal Saflieni auf der Insel Malta. Diese über und über mit Mysterien behaftete Anlage, die meiner Meinung nach ebenso von unbekannten Erbauern vor unbekannten Zeiten aus dem Vollen geschnitzt und später von jungsteinzeitlichen Bewohnern Maltas für deren tägliche Zwecke in Besitz genommen wurde. Sich selber ein eigenes Bild zu machen, ist eben doch noch zielführender, als sich nur blindlings auf Gehörtes, Gelesenes oder gar Behauptetes zu verlassen.

Die gesamte Region ist, ich hatte es eingangs erwähnt, noch mehr durchlöchert als ein Schweizer Käse. Eine weitere unterirdische Stadt, die für Besucher freigegeben wurde, liegt an die 60 Kilometer nördlich von Derinkuyu. Ihr Name ist Özkonak; sie reicht bis in 40 Meter Tiefe und besteht gleichfalls aus einem weitläufigen Netz von Gängen und Kammern, das hier zehn Etagen umfasst. Zwischen den einzelnen Stockwerken verläuft ein ausgeklügeltes Belüftungs- und Kommunikationssystem in Form von Röhren mit einem Durchmesser von fünf bis 10 Zentimetern. Die Experten schätzen, dass die Anlage aufgrund ihrer Weitläufigkeit wie auch der ungewöhnlich hohen Kapazität ihrer Vorratskammern sogar maximal 60 000 Menschen für einen Zeitraum von drei Monaten aufzunehmen vermochte.[56]

Dies waren jetzt nur drei unterirdische Städte – drei exemplarisch für insgesamt 82 in jener relativ eng begrenzten Region, von denen die Altertumsforscher inzwischen wissen. Und sie sollen allesamt durch unterirdische Stollensysteme untereinander verbunden gewesen sein, sodass man von einem durchorganisierten, komplett unter der Erde liegenden Gemeinwesen sprechen kann. Rechnet man das Ganze am Beispiel von Derinkuyu, das ungefähr 20 000 Menschen Schutz geboten hat, hoch, so kommt man auf die unglaubliche Anzahl von 1,6 bis 2 Millionen Individuen, die dort auf längere Dauer gewohnt, gearbeitet, geschlafen und gegessen haben müssen. Wird man sich dieser Tatsachen bewusst, gerät man unversehens in einen Wald aus Widersprüchen und Fragezeichen, aus dem es offenbar kein Entrinnen mehr gibt.

Perfekte Tarnung

Bis vor nicht allzu langer Zeit war Kappadokien ein ziemlich dünn besiedelter Landstrich. Woher kam das für damalige Zeiten unglaublich große Heer an Menschen? Warum wurden derart riesige Unterkünfte konzipiert? Und das vermutlich in einer Epoche, als die Gesamtbevölkerung der Erde noch lange nicht die Grenze von einer Milliarde Häuptern überschritten hatte.

Es führte kein Weg daran vorbei: Die »Unterirdischen« mussten auch essen. Das bedeutet, dass Nahrungsmittel in ausreichenden Mengen beschafft werden mussten. Aber woher und wie? Die unterirdischen Stadtsiedlungen verfügten zwar über Ställe, in denen Vieh gehalten wurde. Aber Felder mit Getreide oder Bäume mit Früchten gediehen da unten mit Sicherheit nicht. Es fehlte schlicht und einfach das Licht zum Wachstum. Einmal ganz abgesehen davon, wie es die unbekannten Erbauer bewerkstelligt haben mögen, die vielen Stockwerke bis ganz hinunter zu beleuchten. Und ohne dass es im Fall von Fackeln zum vieltausendfachen Erstickungstod wegen des Verbrennens von Sauerstoff gekommen wäre. Da existiert zwar, wie erwähnt, eine »steinzeitliche Aircondition« – aber es wollten auch viele tausend Lungen mit dem lebensnotwendigen Sauerstoff versorgt sein.

Hätte man aber an der Oberfläche Ackerbau und Viehzucht betrieben, so wäre es wesentlich sinnvoller gewesen, sich gleich auf »normale« Art und Weise anzusiedeln. Stellten diese Städte jedoch Fluchtasyle – aus welcher Notwendigkeit heraus auch immer – dar, so hätten sie sich damit verraten und ihre sichere Zuflucht dem Feind preisgegeben. Dieser hätte sich dann nur in aller Ruhe vor den Eingängen positionieren müssen, um abzuwarten, bis die Untergrundbewohner ausgehungert ans Licht des Tages drängen.

Ackerbau und Viehzucht? Fehlanzeige. Oberirdische Siedlungen? Fehlanzeige. Bis zu den Stadtgründungen in moderner Zeit war die ganze Region öd und leer – wie eine Mondlandschaft auf Erden – und nicht das Geringste deutete darauf hin, dass sich dort bis zu zwei Millionen Menschen verbargen. Es war die perfekte Tarnung und Leben oberhalb der Erde fand überhaupt nicht statt. In genau diesem Zusammenhang stellt sich die vielleicht spannendste Frage des ganzen, immer undurchsichtiger werdenden Mysteriums.

Bei insgesamt 82 weitläufigen, tief in den Boden reichenden Städten müssen doch schier unübersehbare Berge von Aushubmaterial angefallen sein. Enorme Mengen an Schutt, Sand und Geröll mussten während der Bauarbeiten nach oben gebracht werden. Gab es von vornherein einen wohldurchdachten Plan, die eher nach Kubikkilometern zählenden Massen zu entsorgen, ohne einmal mehr zu riskieren, sein Refugium zu verraten? Wie dies letztlich bewerkstelligt wurde, das bleibt vielleicht für immer ein Rätsel. Fest steht, dass es eine logistische Meisterleistung erster Klasse gewesen sein muss, an der wir uns heute sämtliche Zähne ausbeißen würden. Es wurde einfach nichts gefunden. Man gewinnt beinahe den Eindruck, als hätte sich das in gigantischen Massen angefallene Material ganz einfach in Luft aufgelöst.

Im Angesicht tödlicher Gefahren

Als es die Städte und Dörfer, die heute in dieser Ebene stehen, noch nicht gab, deutete nichts, aber auch gar nichts auf die Existenz der unterirdischen Anlagen hin. Doch was in aller Welt war der Grund dafür, dass sich die Menschen früherer Zeiten so konsequent von der Erdoberfläche fernhielten? Blieb ihnen gar keine andere Wahl, mussten sie sich vor ganz konkreten Gefahren in Sicherheit bringen, die bedrohlicher waren als alles, was ihnen üblicherweise gefährlich werden konnte? Und war diese Bedrohung nicht nur vorübergehender Art, sondern schwebte für lange Zeit über ihnen?

Wer sich diese technisch meisterhaft geschaffenen Refugien einmal persönlich vor Ort angesehen hat, dem wird sehr schnell klar, dass hier nichts provisorisch gebaut wurde. Man buddelte sich nicht mal eben ein, um irgendwelche wilde Horden von Barbaren, die das Land überfielen, ins Leere laufen zu lassen. Im Gegenteil: Da wurde über längere Zeiträume geplant, realisiert und erweitert. Offenbar war man sich schon lange im Voraus all jener Gefahren bewusst, denen es sich zu entziehen galt.

War es panische Furcht vor einer Bedrohung, die im wahrsten Sinne »von oben« kam, welche die Menschen in hellen Scharen in die unterirdischen Städte trieb? Gruben sie sich daher so tief ein, und dies in einer Perfektion, die sogar heute noch zumindest die unteren Teile der Anlagen so gut wie atombombensicher machen? Dafür würde auch sprechen, dass die ganze weite Landschaft ringsum einen öden, komplett verlassenen Eindruck vermittelte: »Keine Seele weit und breit.«

Doch welcher Art könnte diese Bedrohung gewesen sein? Rund um unseren Planeten berichten steinalte Mythen von grausigsten »Götterkriegen«, die mit Waffen geführt wurden, welche schaudernd an das nukleare Arsenal moderner Großmächte denken lassen. So beschreiben beispielsweise Passagen im altindischen Götterepos Mahabharata furchtbare Verwüstungen und entsetzliche Massenvernichtungswaffen, deren apokalyptisches Potenzial uns vor den Atombombenabwürfen von Hiroshima und Nagasaki völlig fremd war. Und sogar der Gott des Alten Testaments ging alles andere als zimperlich mit seinen Geschöpfen um, ließ in Sodom und Gomorrha »Feuer und Schwefel vom Himmel regnen«. Es wäre interessant zu erfahren, ob auch im Raum Kappadokien ähnliche lokale Mythen und Überlieferungen existieren.[67]

Einen weiteren Lösungsansatz – und ich muss ehrlich zugeben, dass mir dieser auch recht plausibel erscheint – hat Professor Dr. Robert M. Schoch, Geologe und Geophysiker an der Universität von Boston, in die Diskussion eingebracht. Er vermutet eine gefährliche Zunahme der Sonneneinstrahlung ab etwa 8000 v. Chr., welche die Menschen dazu zwang, in den Untergrund zu gehen. Es kommt auf der Sonne tatsächlich oftmals zu außergewöhnlich heftigen· Eruptionen, die Plasmastürme und elektromagnetische Wellen auslösen. Ursache hierfür könnten etwa Supernova–Explosionen sein, wenn sie in einem Umkreis von weniger als 100 Lichtjahren (1 Lichtjahr = 9,46 Billionen Kilometer) stattfinden.[68] Vielleicht beruht auch unser viel zitierter Klimawandel nicht auf dem CO_2-Ausstoß in Industrie, Straßenverkehr und furzenden Rindern, sondern auf vergleichbaren Reaktionen unseres Zentralgestirns auf kosmische Ereignisse. Unleugbar ist, dass gravierende Klimaumschwünge sich im Laufe der gesamten Erdgeschichte ereigneten. Und allen jenen, die ebenso verbohrt wie gebetsmühlenartig ihr Credo von der Klimaveränderung herunterleiern mit der Intention, öko-ideologische Zwangsmaßnahmen damit zu begründen, möchte ich hier ins Stammbuch schreiben, dass zu Zeiten der großen Dinosaurier lange nicht so viele Kraftfahrzeuge zugelassen waren als heutzutage.

Wie schon angemerkt, kann ich Professor Dr. Schochs Überlegungen durchaus eine Menge abgewinnen. Wenn sie auch nicht den Umstand zu erklären vermögen, dass die gesamte Landschaft, in der sich die unterirdischen Städte verbergen, auch aufs Allerbeste getarnt wurde. Die fachgerechte Entsorgung jener enormen Massen an Aushub inbegriffen.

Ganz brandaktuell erreichte mich noch die Nachricht von der Entdeckung einer weiteren, bis dahin noch unbekannten unterirdischen Stadt in Kappadokien. Ihre Ausdehnung dürfte alle anderen deutlich in den Schatten stellen. Wie die »Daily News« am 17. Februar 2015 mitteilte, liegt diese Stadt unweit von Nevsehir und wird auf ein Alter von 5000 Jahren geschätzt. Freigelegt wurde das, was Fachleute bereits als größte archäologische Entdeckung des Jahres feiern, im Zuge von Arbeiten zur Wohnraumbeschaffung. Die Rede ist von Tunnelpassagen im Ausmaß von sieben Kilometern. Im Vergleich zu dieser Neuentdeckung würden andere Untergrundstädte wie Derinkuyu nicht einmal einer Küche gleichkommen, erstreckt sich doch die Stadt über eine Fläche von mindestens 45 Hektar! Welche Sensationen warten noch auf uns im Untergrund dieser Region Anatoliens?

Der polygonale Schacht

Ich möchte diese meine Ausführungen zu unterirdischen Megalithbauwerken um eine Kuriosität bereichern, die ebenfalls im weiten Osten der Türkei zu finden ist. Im Norden des 1990 eingeweihten Atatürk-Stausees liegt, inmitten des Taurusgebirges, der 2150 Meter hohe Nemrut Dag, heiliger Berg des Königreiches von Kommagene. Die ganze Spitze des Berges wurde einst in eine Schotterpyramide verwandelt, die von weit her zu sehen ist und von etlichen monolithischen Kolossalfiguren bewacht wird. Ihre Inschriften besagen, König Antiochos I. (324–261 v. Chr.) habe hier für sich seine Grabstätte und für die Götter ein Heiligtum errichten lassen. Ich habe den Nemrut schon zweimal im ersten Tageslicht erlebt – der Sonnenaufgang auf dem Gipfel entschädigt mit einer unglaublichen Fernsicht für all die Plackerei des Aufstiegs.

Die Rückfahrt geht steil bergab und wer nach halsbrecherischer Fahrt und betäubendem Druck in den Ohren noch Nerven übrig hat, der sollte es nicht versäumen, das nahe gelegene, antike Arsameia am Nymphaios zu besuchen. Es war nicht die Burgruine oder das ausgedehnte Grabungsgelände, die meine Aufmerksamkeit in ihren Bann zogen. Am Fuße einer völlig mit uralten Inschriften bedeckten Wand führt ein anfangs mehr als mannshoher Schacht in einem Winkel von 25 bis 30 Grad in den Berg hinein. Dessen Länge mag etwa 30 bis 35 Meter betragen, bis der Gang – sich im Querschnitt immer mehr verengend – in einer Art rechteckigen Struktur im gewachsenen Fels endet.

Was mich an diesem Schacht wirklich fasziniert hat, ist die ausgesprochen polygonale (von gr. polygon = Vieleck) Ausformung. Dieselbe erinnerte mich spontan an die Innenansicht von modernen Polygonläufen. Die weisen keine abwechselnd ins Rohr eingeschnittenen Züge und Felder auf, um einem abgeschossenen Projektil Stabilität im Flug zu verleihen, sondern eine in des Wortes Sinn vieleckige Struktur. Man findet Polygonläufe heute vor allem bei modernen Handfeuerwaffen für den Militärgebrauch, doch auch bei einigen zivilen Ausführungen. Und als ich in den Schacht hinabstieg, fiel mir im Schein meiner Taschenlampe ein seltsames, irisierendes Leuchten auf, das offenbar vom Gestein selbst ausging. Vorzugsweise in der Farbe Blau, aber auch Weiß und Grün.

Welchem Zweck der geheimnisvolle polygonale Schacht ehemals diente, wie alt er ist und von wem er aus dem Fels herausgearbeitet wurde, ist nicht bekannt.

»Horatio, es gibt mehr Dinge
zwischen Himmel und Erde,
als sich unsere
Schulweisheit träumen lässt.«
William Shakespeare
(1564–1616)

10 Megalithrätsel unter Wasser

Ein Weltwunder vor Japans Küste

W as die uralten Steinsetzungen betrifft, bei denen sich mir stets so penetrant der Eindruck aufdrängt, unsere Altvorderen hätten jene tonnenschweren Kloben geradezu wie Spielzeug jongliert, ist auch der Ferne Osten immer wieder für Überraschungen gut. Im Jahr 2006 berichtete die amtliche Nachrichtenagentur der Volksrepublik China, *Xinhua*, dass ein Team von Archäologen eine mehr als 4000 Jahre alte megalithische Anlage ausgegraben hatte, die zweifellos als Observatorium benutzt wurde. Diese steinzeitliche Sternwarte von Taosi liegt in der nordchinesischen Provinz Shanxi, unweit der Stadt Linfen.

Die Provinz Shanxi sollte man nicht mit Shaanxi verwechseln, an die sie östlich angrenzt und die seit 1994 bekannt ist für die zahlreichen Pyramiden westlich der alten Kaiserstadt Xian. Doch dies hier nur am Rande.[54]

Das Observatorium von Taosi, dessen äußerer Durchmesser etwa 60 Meter beträgt, wird durch konzentrische Ringe festgelegt – ganz ähnlich wie beim englischen Stonehenge. Mathematisch-astronomische Rekonstruktionen ergaben, dass insgesamt 13 an die vier Meter hohe Steinpfeiler zwölf Öffnungen bildeten, die einen direkten Bezug zu Himmelskörpern und Sternbildern besaßen.

Die gesamte Ausgrabungsstätte nimmt dabei eine Fläche von fast drei Quadratkilometern ein.[69]

Es ist vielleicht ganz informativ, was örtliche Überlieferungen über das steinalte Observatorium zu erzählen wissen. Sie bringen die Anlage mit den fünf »legendären Urkaisern« in Verbindung, die das alte Reich der Mitte in vordynastischen Zeiten regierten. Mit selbigen hatte es eine besondere Bewandtnis: Ständig betonten sie, nicht von irdischen Vorfahren abzustammen. Ihre Herkunft leiteten sie stattdessen von »Himmelssöhnen« ab, die in grauer Vorzeit mit feurigen, metallenen Drachen aus den Tiefen des Weltalls zur Erde herabgekommen waren.[70]

Steinalleen und Zyklopenmauern

Gehen wir einen Schritt weiter in östlicher Richtung – nach Japan. Auf der dünn besiedelten, ein wenig abgelegenen Halbinsel von Ashizuri im Westen Shikokus (dies ist die kleinste der Hauptinseln Japans) stand noch bis vor wenigen Jahrzehnten eine gewaltige Ansammlung von Megalithen. Vergleiche mit Anlagen wie Carnac in der Bretagne boten sich durchaus an. Leider wurden viele dieser Monolithen dann im Jahr 1977 beiseitegeräumt, um Platz für einen Park zu schaffen. Man findet sie noch immer in der näheren Umgebung, unter dem dichten, grünen Blätterdach eines Wäldchens. Dort blieb ein Steinkreis erhalten sowie die Überreste von 17 Steinreihen (»Alignements«) mit einer Gesamtlänge von bis zu 185 Metern. Wie überall auf unserer Welt rätselt man auch hier, warum und von wem die tonnenschweren Kloben dort einstmals aufgerichtet wurden.[71]
Es würde mich echt wundern, hätten nicht auch die Vorfahren der Japaner derselben »Leidenschaft« gefrönt wie die Menschen in aller Herren Länder. So ist denn auch das »Reich der aufgehenden Sonne« kein weißer Fleck auf der Landkarte,

151

wenn es um Megalithanlagen geht, die mit scheinbarer Leichtigkeit in die Botanik gestellt wurden.

Knappe 30 Kilometer südlich der alten Kaiserstadt Kyoto befindet sich die Stadt Nara. Während des japanischen Hochmittelalters – um genau zu sein, von 710 bis 1192 – war auch sie Kaiserstadt, angelegt nach chinesischem Vorbild. Aus jener Epoche sind noch die meisten sakralen Bauwerke erhalten. Diese stehen allesamt konzentriert im großen Nara-Park: Der prachtvolle Kasuga-Schrein, das Todaiji mit der größten, nur aus Holz erbauten Halle der Welt und einer riesigen Buddha-Statue sowie das Schatzhaus Shosoin aus dem 8. Jahrhundert mit dem Privatbesitz des Kaisers Shomu.

Nur wenigen aber dürfte bekannt sein, dass sich etwas außerhalb von Nara technisch vollendet bearbeitete Steinkolosse befinden. Gewaltige Brocken mit exakten Rillen, Fugen und Stufen, Ausbuchtungen und Leisten vermitteln den Eindruck moderner Betonbauten. Sie bestehen jedoch aus hartem Granit.[2] Wie bei den ähnlich bearbeiteten Zyklopenmauern im Andenhochland von Bolivien und Peru stehen wir hier vor der Frage, wer vor unbestimmbaren Zeiten und mit welcher technologischen Raffinesse solche wahrhaft titanischen Leistungen zuwege brachte.

Der Sensationsfund

Die eigentliche Sensation vorgeschichtlicher Megalithbauten Japans aber liegt, dem Auge des normalen Betrachters entzogen, unter Wasser. Am südlichen Ende der Ryukyu-Inselkette befindet sich, nicht weit von Taiwan entfernt, das kleine Eiland Yonaguni. Bis vor nicht allzu langer Zeit war dies ein unbedeutender Fleck im weiten Meer. Dann stieß der Sporttaucher Kihachiro Aratake dort Mitte der 1980er-Jahre – publik wurde der Fund jedoch erst Anfang des 21. Jahrhunderts – auf einem seiner Tauchgänge ganz unversehens auf einen gewaltigen Unterwasserkomplex. In Tiefen zwischen fünf und 30 Metern unter dem Meeresspiegel erstrecken sich exakte Terrassen und sorgfältig geglättete Oberflächen, steil ansteigende Treppen mit scharfkantigen Stufen sowie senkrechte Wände, Durchgänge und Wege. Langer Rede kurzer Sinn: In der Gesamtansicht hat man ein pyramidenähnliches Bauwerk vor sich. Die Struktur liegt, wie bereits gesagt, komplett unter Wasser, nur etwa 100 Meter vor der Küstenlinie der Insel Yonaguni.

Archäologen und Geologen, Forscher weiterer Fachrichtungen wie auch interessierte Laien sind gleichermaßen begeistert von diesem sensationellen Fund. Masaaki Kimura, ein Meeresseismologe von der Ryukyu-Universität auf Okinawa, beschäftigte sich in den vergangenen Jahren intensiv mit jenem Unterwasser-Monument. Er ist vollkommen davon überzeugt, dass es künstlich geschaffen wurde. Da man es logischerweise nicht unter dem Spiegel des Meeres errichtet haben konnte, wurde es vermutlich in einer Epoche erbaut, als der Pegel des Ostchinesischen Meeres – wie alle Ozeane auf diesem Planeten – noch um einiges tiefer lag. Dies war nach Meinung der Geologen und Klimaforscher zwischen 8000 und 6000 v. Chr. der Fall. Ebenso denkbar erscheint auch jene Möglichkeit, dass der ganze Komplex ursprünglich auf einer zu der Insel gehörenden Landzunge stand, welche dann zum Beispiel durch ein Erdbeben untergegangen ist.[54]

Doch es gibt auch andere Meinungen, ist der künstliche Charakter dieser unterseeischen Monumentalstruktur doch alles andere als unumstritten. So vermutet der Geologe und Geophysiker Professor Robert M. Schoch von der Universität Boston, der selbst ein paar Tauchgänge vor Yonaguni absolvierte, eher eine durch natürliche Verwitterung entstandene Formation. Meines bescheidenen Wissens ist aber weltweit kein Fall

bekannt, bei dem die Erosionskräfte der Natur derart gleichförmige, geometrisch exakte und obendrein messerscharf abgegrenzte Strukturen entstehen ließen. Noch weitaus unwahr-
scheinlicher ist die Annahme, dass dies alles unterhalb der
Meeresoberfläche geschah. In dem Fall wären nämlich die der
Strömung ausgesetzten Partien allesamt abgerundet: keine
Ecken, keine Kanten, keine Stufen.

» ... von Menschenhand nachgebessert«

Dieser Aspekt bereitet auch Professor Schoch nicht unerhebli-
ches Kopfzerbrechen. Trotz der von ihm präferierten natürlichen Entstehung des Unterwassermonuments schreibt er: »Es
kann durchaus sein, dass das Yonaguni-Monument eine natürliche steinerne Formation ist, die von Menschenhand verändert
und verfeinert wurde – im Grunde eine viel frühere Version der
brillanten Synthese aus Kunst und Natur, welche in Pyramiden-
bauwerken wie Borobodur, Macchu Picchu und Sacsayhuaman
realisiert ist. (...) Auch wenn wir Yonaguni gegenwärtig noch
nicht in die lange Liste der weltweiten Pyramiden aufnehmen
können, so zeigt dieser Komplex doch die faszinierende Möglichkeit, dass Baumeister viel früher in monumentalen Begrif-
fen dachten und auf dieses Ziel mit größerer Sachkenntnis hin-
arbeiteten, als man bislang angenommen hat.«[35]
Und an anderer Stelle bringt der Professor aus Boston diesen
Gedanken auf den Punkt, wenn er die Möglichkeit nicht aus-
schließt, dass Stufen, Terrassen und andere auffällige Details
des Monuments »vor langer Zeit durch Menschenhand nach-
gebessert wurden«.[35]
Was wissen wir Genaues über das rätselhafte Objekt, welches –
wie jedes Mal, wenn ein Fund partout nicht in das »bewährte«
Bild unserer Vorgeschichte passen will – die Experten in einen

heftigen Disput geraten lässt? Der »Stein des Anstoßes« ist ein mächtiger Sandsteinmonolith, der geologisch ins Erdmittelalter (Mesozoikum) datiert wird. Dieses währte von 220 bis 60 Millionen Jahre vor unserer Zeit. Der Klotz ist von rechteckiger Form; er besitzt eine Länge von 200 Metern, eine Breite von 150 Metern und eine maximale Höhe von 26 Metern. Im Durchschnitt liegt das Gebilde 25 Meter unter der Meeresoberfläche, wobei die am höchsten gelegene Terrasse bis zu fünf Meter unterhalb des Meeresspiegels reicht. Es sind vor allem die völlig ebenen Flächen und Plattformen wie auch die scharf abgegrenzten Stufen und senkrechten Wände, die mit ihrer faszinierenden Gleichmäßigkeit den künstlichen Charakter der Struktur unterstreichen.

Auch ich glaube, dass der Sandsteinmonolith natürlichen Ursprungs ist. Da wurden keine einzelnen Monolithen aufeinandergetürmt, so wie dies bei Pyramidenbauten in vielen Teilen der Welt meist üblich war. Aber gearbeitet wurde an dem Ding, und dies so gründlich, wie es die natürlichen Kräfte der Verwitterung niemals zustande bringen könnten. Die Frage ist folglich nicht, ob hier im großen Stil etwas Bleibendes geschaffen wurde. Die Frage ist vielmehr, wer da vermutlich vor vielen Jahrtausenden am Werk war.

Denn dass dort in einer fernen Vergangenheit schon Menschen lebten, kann man als gesichert annehmen. Nicht weit davon entfernt, nämlich auf der Insel Yonaguni selbst, befindet sich eine große Tropfsteinhöhle, in der uralte Werkzeuge aus Stein und gemeißelte Steingefäße entdeckt wurden. Reste von Holzkohle, die in einer weiteren, heute unter Wasser liegenden Höhle gefunden wurden, datierten die Archäologen mit etwa 40 000 Jahren in die Altsteinzeit. Zudem fand man unter Wasser ein grob zugehauenes Steintableau mit auf dessen Oberfläche eingravierten Buchstaben »X« und »V«.[35]

Landbrücke nach Taiwan

Das geheimnisumwitterte Monument lag nicht immer unter Wasser. Denn mehrere mit wärmeren Perioden abwechselnde Eiszeiten führten immer wieder zu großen Schwankungen des Pegels. Dieser stieg nach der letzten Eisschmelze um bis zu 80 Meter an. Weite Regionen, die heute überflutet sind, waren damals trockenes Land. Und zwischen dem chinesischen Festland, Japan und Taiwan befand sich eine Landbrücke.

Vor Jahrtausenden scheint dort rege Bautätigkeit geherrscht zu haben. Ende des Jahres 2002 entdeckten Taucher in der Nähe der Pescadores-Inseln vor der Westküste Taiwans eine zweifelsohne künstlich errichtete Mauer im Meer. Steve Shieh, Direktor des taiwanesischen Institutes für Unterwasserarchäologie, gibt das Alter dieses Walls mit 6000 bis 7000 Jahren an – demzufolge stammt das Bauwerk aus der Jungsteinzeit.

Die Mauer befindet sich in einer Tiefe von 25 bis 30 Metern und liegt demnach genauso tief unter der Meeresoberfläche wie das Yonaguni-Monument. Dies lässt natürlich Spekulationen Raum, ob die Funde in irgendeinem Zusammenhang stehen. Der Wall vor Taiwan ist etwa einen Meter hoch, einen halben Meter breit und mehr als 100 Meter lang. Sonarmessungen haben ergeben, dass im selben Gebiet noch etliche weitere solcher Mauern auf dem Meeresgrund zu finden sind.

Bereits 1976 war eine drei Meter hohe Unterwassermauer nahe der Hu-Ching-Inseln entdeckt worden, deren Alter noch deutlich höher – auf 7000 bis 12 000 Jahre – geschätzt wurde. Das reicht nun zeitlich sogar bis in die Mittel- und die Altsteinzeit zurück. Und Mitte der 1990er-Jahre stießen Taucher vor der Insel Taiwan auf die Ruinen einer versunkenen Stadt.[72]

Doch kehren wir an dieser Stelle noch einmal kurz zurück zu dem unterseeischen Objekt vor der Insel Yonaguni. Für Professor Masaaki Kimura, den bereits erwähnten Seismologen aus

Okinawa, ist das Megalithbauwerk der Beweis für eine untergegangene Zivilisation. Diese habe auf Yonaguni existiert, lang bevor der steigende Meeresspiegel die einmal existierende Landbrücke dauerhaft unter Wasser setzte. Seit sich der Homo sapiens aus dem Dunkel seiner Höhlen wagte, baute er rund um die Welt Pyramiden und andere hohe Bauwerke. Vielleicht aus dem Grund, weil er sich damit den Göttern näher glaubte. Jene Götter, die aus einem sehr konkreten Himmel kamen, um ihren »Schützlingen« Zivilisation, Wissen und Regeln für ein geordnetes Zusammenleben zu bringen. Sie gaben den »Startschuss« für unsere Kultur.

Die »Azoren-Pyramide«

Auch aus anderen Regionen der Welt erreichen uns immer wieder Berichte von Pyramiden und anderen künstlichen Strukturen, die man unter Wasser entdeckt haben will. Einen globalen Hype löste dabei jene Entdeckung bei den zu Portugal gehörenden Azoren aus, in der ein paar allzu Eilige schon das Wiederaufspüren des versunkenen Atlantis sahen.
Am 19. September 2013 wurde der portugiesische Seemann Diocleciano Silva auf eine ungewöhnliche Unterwasserstruktur aufmerksam, die sich deutlich erkennbar auf dem Bildschirm seines Sonargerätes manifestierte. In einer Tiefe von etwa 400 Metern (!) unter der Meeresoberfläche machte er, zwischen den Azoreninseln Sao Miguel und Terceira, eine rechteckige pyramidenförmige Anordnung aus. Silva musste zweimal hinschauen: An der Basis 90 Meter lang, betrug die Höhe 60 Meter. Doch mehr als die Ausmaße waren es die Form sowie die Ausrichtung jenes Objekts, welche den Portugiesen beeindruckten. Die mysteriöse Unterwasserstruktur habe einer perfekten Pyramide geglichen, deren präzise Nord-Süd-Achse ihn

spontan an die Pyramiden von Gizeh erinnerte. Aufgrund der exakten Lage jenes Artefakts glaubte der Seemann, dass es nicht natürlichen Ursprungs sein könnte. Deshalb hielt er es für die Überreste einer alten, lange untergegangenen Zivilisation, was er auch bei einem Interview mit dem nationalen Fernsehsender »Radio e Televisão de Portugal« (RTP) explizit herausstrich.

Die Entdeckung wurde daraufhin in zahlreichen Medien publiziert, und der Jubel war groß – besonders unter jenen, die das legendenumwobene Atlantis wieder aus den Tiefen der Versenkung aufsteigen sahen.

Doch die Ernüchterung folgte rasch.

Nachdem vor allem in der Internet-Community das Geschrei immer lauter wurde, warum zum Beispiel die portugiesische Marine nichts unternehme, gab das Hydrographische Institut des Landes am 5. Oktober eine Stellungnahme heraus. Demnach besaß das Sonargerät auf Silvas Schiff nur eine extrem niedrige Auflösung, die hierbei erhaltenen Daten bildeten gerade Linien ab, die ein regelmäßiges Aussehen der Struktur vortäuschten. Und inzwischen war auch die portugiesische Marine vor Ort und hatte mit einem Sonar mit ungleich höherer Auflösung Messungen durchgeführt. Das Ergebnis war äußerst ernüchternd: Es existiert dort unten keine künstliche pyramidenförmige Struktur. Alles, was sich im betreffenden Seegebiet zwischen den Inseln Sao Miguel und Terceira finden lässt, ist ein natürlicher Hügel am Meeresgrund. Und dieser ist höchstwahrscheinlich vulkanischen Ursprungs. Denn die Azoren sind bekanntlich das Produkt ausgedehnter vulkanischer Aktivitäten unter dem Meeresspiegel.[34, 73]

Im Gegensatz zu der durch zahllose Unterwasseraufnahmen allerbestens dokumentierten Existenz des Bauwerkes vor der Insel Yonaguni gilt hier der für solche Fälle passende »Satz mit X – war wohl nix«. Es wäre auch zu schön gewesen!

Das Mysterium vom Rock Lake

Wesentlich gesicherter dürfte die Existenz pyramidenartiger Bauten sein, die sich am Grund eines kleinen Sees im mittleren Norden der USA befinden. Der Rock Lake ist ein kleiner, gerade einmal fünf Kilometer langer See, an die 40 Kilometer östlich von Madison, der Hauptstadt des Staates Wisconsin. Um die Wende vom 19. zum 20. Jahrhundert herrschte in dieser Region eine große Trockenheit, sodass der Wasserspiegel ganz beträchtlich absank. Damals entdeckten die Brüder Claude und Lee Wilson aus dem Örtchen Lake Mills bei einer Bootsfahrt steinerne Strukturen am Grunde des Rock Lake. Die nächste Beobachtung gelang im Jahre 1936. Dieses Mal war sogar von vier Pyramiden am Seeboden die Rede, und es wurde der Plan gefasst, den rätselhaften Bauten eine gründliche Untersuchung angedeihen zu lassen. Doch genauso wie an der Schwelle zum 20. Jahrhundert gerieten die ominösen Gemäuer rasch in Vergessenheit. Richtig los ging es dann in den 1960er-Jahren, als Spezial-Tauchteams den trüben, schlammigen Grund des Rock Lake absuchten. Dieses Unterfangen sollte sich als gar nicht einfach herausstellen. Denn bereits zehn Meter unter der Wasseroberfläche wird es empfindlich kalt und schon bald erkennt man wegen des ausgesprochen trüben Wassers die eigene Hand kaum mehr vor den Augen. Glücklicherweise blieben die Nachforschungen nicht ohne konkrete Ergebnisse.
So fand ein Forschungsteam um den Taucher Mike R. Kutska im Jahr 1968 mehrere künstliche Strukturen am Boden des Sees. Eines davon ragte geschätzte fünf Meter aus dem Schlamm. Ein anderes Objekt war sogar 20 Meter lang und maß zehn Meter in der Breite. Als man dann 1989 modernere technische Hilfsmittel zum Einsatz brachte, konnten letzte Zweifel an der Existenz dieser Unterwasserpyramiden ausgeräumt werden.

Einer der Taucher der 1989er-Expedition, John Shulak, merkte hierzu an: »Sechs Jahre beschäftigte ich mich mit dem Rock Lake. Dann wurde Sonar-Elektronik eingesetzt und eine Pyramide nach der anderen gefunden. Besonders beeindruckend empfinde ich zwei Bauten in der Mitte des Sees. Eine davon ist beinahe vier Meter breit, 30 Meter lang, und ragt acht Fuß (2,40 Meter) aus dem schlammigen Boden. Das Bauwerk besteht aus Steinen unterschiedlicher Größe, wobei die größeren unten und die kleineren oben eingesetzt wurden. Weite Teile der Konstruktion sind wie zementiert, als hätten die Erbauer die Steine sorgsam aufeinandergefügt und mit einer Art Zement verbunden.«[74]

Nur ein paar Meter davon entfernt befindet sich die zweite Pyramide. Sie ist den Angaben Shulaks zufolge annähernd gleich breit, aber kürzer und in ihrem Neigungswinkel deutlich steiler ansteigend. Beide Bauwerke sollen zudem exakt in Nord-Süd Richtung ausgerichtet sein.[75]

Insgesamt spricht man von einer größeren Pyramide und neun kleineren Bauwerken. Wie groß diese Unterwasserstrukturen tatsächlich sind, ist noch immer nicht bekannt. Nach wie vor gibt es keine Untersuchungen, wie viel von ihrer Höhe von der dicken Schlammschicht am Seegrund bedeckt ist. Man rätselt auch, wann die megalithischen Bauten errichtet wurden.

Das Alter des Rock Lake wird auf etwa 10 000 Jahre geschätzt. Dies fällt mit dem Ende der letzten Eiszeit zusammen, als sich der Wisconsin-Gletscher immer weiter zurückzog und mit seinem Schmelzwasser genau jene Mulde füllte, die heute als Rock Lake bezeichnet wird. Dies aber würde bedeuten, dass die Pyramiden auf dem schlammigen Grund wenigstens genauso alt wären.[74] Dass sie damit einmal mehr unser herkömmliches Geschichtsbild sprengen, muss ich wohl nicht eigens erwähnen.

Meine Ausführungen über megalithische Wunder unter Wasser möchte ich nicht beschließen, ohne auf einen rätselhaften Fund hinzuweisen, den man erst 2013 im Nahen Osten gemacht hat. Israelische Archäologen sind dabei, Ursprung und Bedeutung eines großen, vermutlich von Menschenhand errichteten Steinkegels am Grund des Sees Genezareth herauszufinden. Das Monument besteht aus unbearbeiteten Basaltblöcken und weist an der Basis einen Durchmesser von 70 Metern auf. Die Höhe beträgt ersten Messungen zufolge etwa zehn Meter.

Die Struktur zeigt keine Ähnlichkeiten mit natürlichen Formationen, muss folglich als künstlich errichtet angesehen werden. Eine erste altersmäßige Datierung geht von etwa 4000 Jahren aus. Der Archäologe Izchak Paz schätzte das Gesamtgewicht der verbauten Steine auf bis zu 60 000 Tonnen und nahm an, dass der Bau für die damaligen Menschen eine gewaltige Anstrengung bedeutete. Nach Ansicht der israelischen Archäologen könnte es sein, dass der Steinkegel erst im Lauf der Zeit vom steigenden Wasserspiegel des Sees Genezareth überflutet wurde.[76]

Jetzt wird es aber Zeit, aus den Gefilden unter Wasser wieder an die Oberfläche unserer Erde zu kommen.

11 Ein australisches Stonehenge?

Unverhoffte Funde auf dem fünften Kontinent

Es gibt noch immer etliche Zeitgenossen, die Australien als geschichtslosen Kontinent betrachten. Für sie beginnt die Geschichte des auf weiten Flächen aus Wüste bestehenden Erdteils nicht vor 1770, als der legendäre englische Weltumsegler James Cook (1728–1779) an der Ostküste landete. Danach vergingen gerade einmal 18 Jahre, bis die britische Krone auf die geradezu ruhmreiche Idee kam, das neu entdeckte Gebiet als Verbannungsort für abgeurteilte Gesetzesbrecher und solche, die man dafür hielt, zu nutzen. »Australien oder der Strang« lautete die Devise, die so manchem Sträfling die Entscheidung leicht machte. Dies ging so von 1788 bis 1854, danach erhielten die Kolonien Queensland, New South Wales, Victoria, Süd- und Westaustralien sowie die Insel Tasmanien ein beschränktes Recht zur Selbstverwaltung. Seit 1901 bilden diese zusammen mit den Northern Territories den Australischen Bund. Regierungssitz ist Canberra, das seit 1913 in dem zwei Jahre vorher gegründeten »Australian Capital Territory« (A.C.T.) als eine auf dem Reißbrett geplante Bundeshauptstadt ausgebaut wurde.

Die Geschichte Australiens reicht jedoch viel weiter in die Vergangenheit zurück. Und sie hat uns erstaunliche Relikte beschert, die wir dort wirklich nicht vermutet hätten. Der »geschichtslose Erdteil« besitzt sehr wohl eine eigene Historie – auch wenn sich manche der dort gemachten Funde überhaupt nicht in unser Geschichtsbild einfügen wollen.

Und ob es einzig die Aborigines – die ursprünglichen Bewohner Australiens – waren, die diese Geschichte prägten, das ist zumindest diskussionswürdig. Denn die Urbevölkerung hatte, soweit bekannt, mit megalithischen Bauten nichts am Hut. Doch es gibt sie auch in Australien, wenngleich die traditionelle Geschichtsschreibung sie partout nicht zur Kenntnis nehmen will.

Birramee, der »Vogelmensch«

Vieles von der einstigen Kultur der Aborigines ist verloren gegangen. Als der weiße Mann noch nicht die zweifelhaften »Segnungen« seiner Zivilisation über sie gebracht hatte, da lebten sie in nomadisierenden Gemeinschaften von 25 bis 200 Individuen. Natürliche Höhlen und Unterstände, einfache Laubhütten oder auch nur Windschirme dienten ihnen als Unterkunft. Um ihren Hunger zu stillen, gingen sie mit Speeren, Keulen und der einzigartigsten aller Waffen, dem Bumerang, zur Jagd. Rituale, Schamanismus und Zauberglaube waren beherrschend in ihrem alltäglichen Kampf ums nackte Überleben.

Ihre Vergangenheit beschrieben die Aborigines mit dem nebulösen Ausdruck »Traumzeit«, wobei dieser Begriff möglicherweise auf einer Verwechslung bei der Übersetzung beruht. Ende des 19. Jahrhunderts lebte der deutsche Missionar und Ethnologe C. Strehlow einige Zeit unter den Ureinwohnern. Hierbei lernte er ein paar ihrer Sprachen und Dialekte. Niemals hörte er sie von einer »Traumzeit« erzählen – vielmehr von einer »Zeit der Götter«. Strehlow zufolge wurde das Wort für Götter – »altjiranga mitjina« im Dialekt der Aranda – mit dem Wort für Traum – »altjirérinda« – verwechselt und von da an unkritisch verwendet.[77] Inzwischen trat sogar der sprichwörtliche Bumerang-Effekt ein: Die Aborigines sprechen nun ihrerseits auf Englisch von einer legendären, lange zurückliegenden »Traumzeit«.[78]

Ersetzen wir das Wort »Traumzeit« aber durch Begriffe, welche eine »Ära der himmlischen Besucher« umschreiben, dann wird rasch vieles klarer. In einer »Zeit ohne Anfang und Ende« und sehr lang vor dem weißen Mann und dessen Geschichtsschreibung stiegen fremde Wesen in großen, leuchtenden »Vögeln« vom Himmel hernieder und lebten eine Zeit lang unter den Eingeborenen. Einer jener Kulturbringer war Birramee, der »Vogelmensch«. Uralte Felszeichnungen stellen ihn als humanoides Wesen dar, das, in seltsame Gewänder gekleidet, Assoziationen an heutige Weltraumfahrer wachruft.[79] Nachdem er den Menschen Regeln zum Zusammenleben, sprich: Kultur, gebracht hatte, kehrte der Gott in den Himmel zurück. Hierbei soll ihm eine »Regenbogenschlange« als himmlisches Vehikel gedient haben.[78]

Wann immer diese »Regenbogenschlange« auftauchte, soll ihr Erscheinen von einem brausenden Windgeräusch begleitet gewesen sein, das bei den Menschen einen nachhaltigen Eindruck hinterließ. Fast identisch klingt es aus einer anderen, uns viel geläufigeren Quelle. Im Alten Testament der Bibel beschreibt der Prophet Hesekiel ein seltsames Phänomen, das auf ihn zusteuerte, als er sich zur Zeit der babylonischen Gefangenschaft der Israeliten am Ufer des Flusses Chebar befand:

»Und ich sah, und siehe, es kam ein ungestümer Wind von Norden her, eine mächtige Wolke und loderndes Feuer und Glanz war rings um sie her, und mitten in dem Feuer war es wie blinkendes Kupfer.« (Hesekiel, Kap. 1 Vers 4)[33]

Hesekiel (auch: Ezechiel) dürfte mehr als eine »unheimliche Begegnung« dieser Art gehabt haben. Denn offenbar trug ihn die rätselhafte Erscheinung bei anderer Gelegenheit aus seiner gewohnten Umgebung fort:

»Und der Geist hob mich empor, und ich hörte hinter mir ein Getöse wie von einem großen Erdbeben, als die Herrlichkeit des Herrn sich erhob von dem Ort. Und es war ein Rauschen von den Flügeln der Gestalten, die aneinanderschlugen ... « (Hesekiel, Kap. 3 Vers 12-13)[33]

Der ehemalige NASA-Projektleiter Josef Blumrich (1913–2002) konnte in einer blitzsauberen Arbeit dokumentieren, dass diese vom Propheten Hesekiel beschriebene Erscheinung wahrscheinlich eine Art Zubringerraumschiff – heute würde man es sicher *Space Shuttle* nennen – gewesen ist.[80] War die legendäre »Regenbogenschlange« der Aborigines ein ähnliches Vehikel? Wurde hier wie dort etwa die Geräuschkulisse eines sich nähernden Flugobjekts aus dem Weltall gekommener Astronautengötter beschrieben?

Monumentalbauten der Kulturbringer?

Nicht weniger häufig als Birramee findet man »Himmelsgöttin« Wondjina mit ihrem leuchtenden Strahlengewand. Auf Felsbildern ist sie als Geschöpf mit riesengroßen Augen, schmaler Nase und fehlendem oder nur sehr schmalem Mund dargestellt. Dies erinnert verblüffend an die unheimlichen »kleinen Grauen«, wie sie im Zusammenhang mit dem modernen UFO-Entführungsphänomen übereinstimmend von den Betroffenen beschrieben werden.

Wie so viele Götter rund um den Globus versprachen auch die der Ureinwohner Australiens, eines Tages wiederzukehren. Darum warten sie wie die Gläubigen der meisten Religionen sehnsüchtig darauf, dass dieses einst gegebene »göttliche Versprechen« endlich eingelöst wird. [81]

Ich habe hier mit Absicht ein wenig weiter ausgeholt, um zu erläutern, welche Herrschaften einst auch auf dem so abgelegenen »fünften Kontinent« zugange waren. Diesen werden sogar einige beachtliche Bauwerke zugeschrieben. Denn nach den Mythen der Aborigines errichteten deren Kulturbringer, die in »leuchtenden Vögeln« (!) zur Erde kamen, sogar eine Reihe megalithischer Monumentalbauten.

Von welchen Bauten könnte hier die Rede sein? Nun, offenbar existieren auch in Australien Pyramiden. Bereits 1890 stolperte ein Farmer in der Nähe von Atherton, westlich von Cairns im Norden von Queensland, mitten im Outback über eine aus großen, bearbeiteten Steinen errichtete Pyramide. Aus Rücksicht auf die Ureinwohner, welche den Standort aus religiösen Gründen geheim hielten, geriet der Fund damals rasch wieder in Vergessenheit.[82] Eine genauere Beschreibung gibt es erst seit 1999; sie stammt von dem australischen Altertumsforscher Rex Gilroy. Die Pyramide besitzt folglich eine Höhe von acht Metern und besteht aus sechs einzelnen Stufen unterschiedlicher Höhe. Es wurden megalithische Elemente von zwei bis vier Tonnen Gewicht verbaut und die vier Seiten sind sorgfältig nach den vier Himmelsrichtungen ausgerichtet. Die erste Stufe ist zwei Meter hoch und weist eine Seitenlänge von 30,5 Metern an der Basis auf. Die »Spitze« ist – wie wir das auch von den Pyramiden in China und den Maya-Pyramiden Zentralamerikas kennen – oben abgeflacht und besitzt eine Fläche von sechs Quadratmetern.[83]

Ob es die Aborigines waren, welche diese Pyramide errichtet haben, darf bezweifelt werden. Denn in ihrer Geschichte bauten sie keine steinernen Unterkünfte und ihre Mythen und Legenden sprechen explizit davon, dass es ihre Kulturbringer waren, die die Monumentalbauten aufstellten. Dies gilt wohl auch für ein weiteres Bauwerk dieser Art, das es zumindest in Australien zu relativ hoher Bekanntheit brachte. Die Rede ist von der leider nur noch rudimentär vorhandenen »Gympie-Pyramide«, ein kleines Stück außerhalb der gleichnamigen

Gemeinde nördlich der Hafenstadt Brisbane gelegen. Ich war persönlich vor Ort und konnte mir – tief erschüttert! – ein Bild davon machen, wie selbst in modernen Zeiten uralte Relikte einer sinnlosen Zerstörung zum Opfer fallen. Was dort abgelaufen ist, lässt einen schlichtweg am menschlichen Verstand zweifeln.

Vierseitige Struktur

Die besagte »Gympie-Pyramide« war ursprünglich ein terrassierter Hügel, der komplett mit großen, bearbeiteten Monolithen umkleidet war und dadurch die Form einer Pyramide erhielt. Das Bauwerk wurde 1975 von dem bereits erwähnten Altertumsforscher Rex Gilroy, damals Direktor des »Mount York Natural History Museum« in Bathurst (New South Wales), wiederentdeckt. Schon zuvor hatten Farmer wiederholt uralte Gegenstände gefunden. Gilroy beschrieb seinen Fund wohl etwas zu enthusiastisch, was in der Folge zahlreiche Neugierige – darunter leider auch ein paar wirklich üble Subjekte – an den Ort lockte. Über seinen Lokaltermin aus dem Jahr 1975 schrieb Gilroy:
»Als wir uns die bergige Gegend näher ansahen, fiel mir ein felsiger ›Hügel‹ auf, der dicht bewaldet war. Meine Frau Heather begleitete mich, als wir zusammen durch den Laubwald nach oben stiegen. Plötzlich bemerkte ich, dass ich über eine Mauer aus groben Steinblöcken stolperte, nach ein paar Fuß über eine andere und so weiter, bis wir den Gipfel des Hügels erreichten. Jede dieser Mauern war etwa vier Fuß (1,20 Meter) hoch und bildete Terrassen, die bis zu sechs Fuß (1,80 Meter) breit waren. Nachdem wir uns einen Weg durchs dichte Unterholz freigekämpft hatten, fanden wir heraus, dass die unteren Stufen aus kleineren Blöcken Sandstein bestanden. Die oberen

vier Terrassen waren aus viel größeren Steinen zusammengesetzt, welche zwischen einer und vier Tonnen Gewicht haben
mussten. Die Spitze wurde von einer gewaltigen Sandsteinplatte gekrönt, deren Gewicht um die acht Tonnen betragen
haben mag.

Bald wurde mir klar, dass die geheimnisvolle Struktur viersei-
tig ausgeführt war. Sie erhob sich auf etwa 60 Meter, während
ihr Umfang an der Basis an die 500 Meter ausmachen dürfte.
Bis zu 600 Jahre alte Bäume wuchsen in dem zerfallenen Bauwerk und bewiesen, dass diese Anlage nicht aus neuerer Zeit
stammen konnte. Ich hatte keine Zweifel daran, dass es sich
hierbei um eine grob gebaute Stufenpyramide handelte … «[79]

Sag mir, wo die Steine sind

Leider machte Gilroy damals einen verhängnisvollen Fehler. Er
vertraute sich einem Journalisten an, der ihn auf der nächsten
Exkursion begleitete. Jener gewissenlose Vertreter seiner Zunft
brach sein Versprechen, den Standort der Pyramide geheim
zu halten, schlachtete die Entdeckung stattdessen für eigene
Publicity aus. Damit trat er eine Lawine los. Ganze Horden
strömten nach Gympie. Amateur-Schatzsucher, Familien mitsamt ihren Kindern sowie asoziale Vandalen hinterließen eine
Spur der Verwüstung, begannen die Pyramidenreste auf dem
Hügel abzutragen. Den Vogel schoss ein Irrsinniger ab, indem
er mit einem Bulldozer anrückte und die östliche Seite des
Monuments plattmachte. Aber Schätze fand keiner dieser vom
Wahnsinn Befallenen!

Seit jenen unglückseligen Vorfällen waren gut 20 Jahre verstri-
chen, als ich mir vor Ort einen eigenen Überblick über den
Stand der Dinge machen konnte. Gegen Ende der 1990er-Jahre
war ich nämlich auf Einladung des vormaligen Herausgebers

der australischen Zeitschrift »Exposure Magazine«, David Summers, auf Vortragstour an der Ostküste. An den freien Tagen zwischen den Veranstaltungen blieb uns reichlich Zeit, ein paar rätselhafte Örtlichkeiten in diesem Teil des »fünften Kontinents« zu besuchen, was für entsprechende Resonanz in den Medien sorgte. Die Pyramide von Gympie, respektive was davon noch übrig geblieben ist, war eine dieser Stätten.

Bereits während des Aufstiegs durch den dichten, mit Bäumen durchmischten Bewuchs war ich ehrlich entsetzt, welche kläglichen Überreste von dem in früherer Zeit sicher eindrucksvollen Bauwerk geblieben waren, das gut zwei Dekaden zuvor noch exakt abgegrenzte Stufen und Terrassen besaß. Als mit Abstand am besten erhaltene Monolithen fielen mir zwei »Peilsteine« auf der obersten Terrasse auf. Sie sind in solcher Weise positioniert, dass die Sonne ihre Strahlen zu den Zeitpunkten der Sonnenwenden – also am 21. Juni beziehungsweise am 21. Dezember, wo die Sonne auf der südlichen Erdhalbkugel ihren höchsten Stand innehat – ganz genau dazwischen hindurchschickt. Im Übrigen sind jedoch so gut wie keine jener großen, bearbeiteten Steine auszumachen, mit denen der natürliche Hügel einst zu einer Pyramide überprägt worden war. In Abwandlung der berühmten Anti-Kriegs-Hymne erhob sich bei uns die bange Frage: Sag mir, wo die Steine sind, wo sind sie geblieben?

Die Antwort darauf sollten wir erhalten, als wir in den Ort Gympie zurückfuhren. Das war ein veritabler Schock! Fanden wir doch die Mehrzahl der verschwundenen Steinblöcke der Pyramide, eingebaut in die hohe Umfassungsmauer der methodistischen Kirche wieder. Was war geschehen? Auf welchen dunklen Wegen waren die Steinblöcke dahin geraten? In den Jahren 1936 und 1937 waren ganze LKW-Ladungen voller Sandsteinklötze davongekarrt und zum Bau der erwähnten Umfassungsmauer zweckentfremdet worden. Mit ähnlicher

Dreistigkeit wurde auch die Pyramide im griechischen Ellenikon geplündert (s. Kapitel 7). Und was die frommen Beter in
Gympie übrig gelassen haben, fiel dann knapp 50 Jahre später
den beschriebenen Vandalen endgültig zum Opfer.

Auf den Spuren des »australischen Stonehenge«

Selbst heute noch drohen der geheimnisvollen Stätte weitere
Gefahren. In jüngster Zeit plant das »Queensland Department
of Main Roads« (übergeordnete Straßenbaubehörde des Bundesstaates Queensland) den Bau einer Umgehungsstraße mitten durch den Pyramidenhügel. Zwar haben bisher noch keine
Baumaßnahmen begonnen, das Projekt wirft jedoch ein denkbar schlechtes Licht auf den Umgang mit Relikten aus der Vergangenheit.[84]
Wenn in der näheren Umgebung von Gympie schon die offen-
kundigen Überreste einer Pyramide stehen, so sollte man doch
meinen, dass auch ein paar altägyptische Funde dort das Licht
des Tages erblicken müssten. Doch Spaß beiseite: Was im ersten Augenblick nach einem weit hergeholten Gedankenspiel
klingt, ist knallharte Realität. Seit den 50er-Jahren des 19. Jahrhunderts gruben Farmer und Siedler rund um Gympie immer
wieder Artefakte aus, die aus dem Nahen Osten stammen müssen. Also aus Palästina und Phönizien, vor allem aber aus
Ägypten.
Im Jahr 1966 stieß der Farmer Dal Berry beim Pflügen seiner
Felder auf eine grob zugehauene Statue. Nachdem er seinen
Fund gesäubert hatte, erkannte Berry, dass es sich wohl um die
Darstellung eines Affen handelte.[79] Ich habe mir die als »Gympie Ape« bekannt gewordene Figur im Heimatmuseum der
kleinen Stadt angesehen. Und ich stimme Rex Gilroy zu, der
darin das Antlitz des altägyptischen Gottes Thot erkennt. Jener

wurde in den älteren Dynastien häufig als Affe dargestellt, galt als Gott der Gelehrsamkeit und als Schreiber der Götter.[34]

Bis nach Australien haben es die alten Ägypter vor Jahrtausenden geschafft. Sie hinterließen dabei unzählige Beweise für ihre einstige Präsenz. Bei einem ihrer Relikte gibt es spektakuläre Neuigkeiten, doch darüber später mehr.

Forscher konnten in jüngster Zeit wieder die Spur einer möglicherweise altsteinzeitlichen Megalithanlage aufnehmen. Zwei Archäologen hatten sie bereits 1939 im äußersten Nordosten von New South Wales entdeckt. Einer der beiden Forscher war Frederic Slater; er war damals Präsident der »Australian Archeological and Education Research Society«. Bis ins kleinste Detail wurde die Anlage vermessen, alle Steinsetzungen akkurat aufgezeichnet. Sie peilten Ausrichtungen und Hügelformen ein und erkundeten terrassenförmige Aufschüttungen. Als ihre Aufzeichnungen schließlich vollständig waren, versetzten sie die Fachwelt mit der Ankündigung in Erstaunen, das »australische Stonehenge« gefunden zu haben. In einem Schreiben erklärte Slater, die Untersuchungen hätten ergeben, »dass der Hügel einer der ältesten ist, oder genauer gesagt, den ältesten Formen von Tempeln in der Welt entspricht und aus der Altsteinzeit stammt – einer Zeit, in der die ersten Menschen auftraten.«[85]

Eine megalithische Anlage in einem Land, von dem man bisher sicher zu sein glaubte, dass dessen Ureinwohner niemals größere Bauten angelegt hätten – erst recht keine Großsteinbauten! Nicht genug, behaupteten die beiden Forscher auch noch, dieser prähistorische Komplex beinhalte »die Grundlage allen Wissens, die gesamte Geschichte und alle Formen des Schreibens, die mit der Nummerierung begannen.«[85] Frederic Slater und sein Kollege kamen zu der Überzeugung, Hinweise auf die älteste Sprache der Welt gefunden zu haben. Einer »heiligen Sprache«, gewissenhaft aufgezeichnet in dieser megalithischen Anlage.

Fundstätte eingegrenzt

Aus Vorsicht hielten Slater und sein Kollege die geografischen Koordinaten des Fundorts geheim. Kurze Zeit später, noch bevor eine offizielle Untersuchung einsetzen konnte, brach der Zweite Weltkrieg aus, in dem Australien von Anfang an das britische Mutterland unterstützte. Als sich dann noch Regierungsstellen einschalteten und der Grundstücksbesitzer weitere Forschungen kategorisch ablehnte, war es mit den Ausgrabungen vorbei. Nur wenig später gingen Slaters Aufzeichnungen verloren und der sensationelle Fund fiel der Vergessenheit anheim.

Dies wäre er wohl noch heute, wenn er sich nicht Mitte 2013 buchstäblich aus dem Staub der Archive erhoben hätte. In unbeschrifteten Akten der »Historical Society« fand man die Korrespondenz Slaters aus den späten 1930er-Jahren. Zwei an der Thematik interessierte Forscher, Steven Strong und sein Sohn Evan, sichteten das Material und setzten sich auf die Spur der damaligen Entdeckung. Das konnte nicht einfach sein. Doch trotzdem schafften sie es, den Ort der Fundstätte auf ein relativ überschaubares Gebiet einzugrenzen, und veröffentlichten ihre vorläufigen Ergebnisse am 4. Oktober 2013.[86]

An vorderster Stelle mussten Vater und Sohn Strong versuchen, die genaue Position zu lokalisieren, an der Slater im Jahre 1939 gegraben hatte. Da jener absichtlich keine genauen Angaben hinterlassen hatte, musste man beinahe ganz von vorn anfangen. Offenbar hatte Slater Angst, dass andere kommen würden und sich über die Terrassen, Hügel, Steinkreise und Bodenfunde hermachen könnten. Vielleicht wusste er, dass nur wenige Jahre zuvor die »Gympiepyramide« nach allen Regeln der Kunst ausgeplündert worden war. Ruft man sich noch einmal die geschilderten Exzesse am selben Ort im Jahr 1975 ins Gedächtnis zurück, so kommt man nicht umhin, dem Entdecker des »australischen Stonehenge« eine geradezu prophetische Weitsicht zu attestieren.

Bei ihrer Suche nach der sprichwörtlichen »Nadel im Heuhaufen« werteten die Strongs alle Eintragungen mit konkreten Hinweisen auf bekannte Orte aus. Die glichen sie mit dem Erkenntnisstand der modernen Archäologie ab, setzten sie in Beziehung zu geografischen Hinweisen, konsultierten sogar den Ältestenrat der Aborigines sowie diverse Archive. Aus allen gesammelten Informationen zuzüglich der über 70 Jahre alten Korrespondenz ging schließlich hervor, dass die Fundstätte zwar relativ abgelegen war, jedoch innerhalb eines Radius von 40 Kilometern um den Ort Mullumbimby in New South Wales lag.[86]

»Kleiner runder Hügel«

New South Wales ist groß. Ganz besonders, wenn man nach einem kleinen Ort sucht. Von meinen Australienreisen war mir Mullumbimby kein Begriff. Erst als ich genauere Informationen einholte, wurde mir klar, dass ich auf einem dieser Trips ganz in der Nähe vorbeigekommen war. Jene Ortschaft befindet sich ganz im äußeren Nordosten von New South Wales, fast an der Grenze zum nördlichen Nachbarstaat Queensland. Nach Osten hin sind es zur am Pazifik gelegenen Byron Bay grade einmal 19 Kilometer. In dieser Richtung kann die Fundstelle schon einmal nicht liegen, denn diese Seite ist durch den »Pacific Highway« sehr gut erschlossen und der 40-Kilometer-Radius würde obendrein durch das Wasser der Byron Bay verlaufen. Nach Norden sind es in etwa 160 Kilometer bis nach Brisbane, der Hauptstadt des Bundesstaates Queensland. Die Fundstelle kann sich folglich nur südwestlich bis nordwestlich von Mullumbimby befinden, mitten in den für Landwirtschaft und Viehzucht intensiv genutzten Ebenen von Paddock, den »Paddock Plains«.

Für die etwas über 3000 Seelen ist Mullumbimby »The biggest little town in Australia«, die größte kleine Stadt auf dem Roten Kontinent. Doch interessanter könnte die Abkunft des Ortsnamens sein, der aus einem der lokalen Aborigine-Dialekte entstammt: Mullumbimby bedeutet so viel wie »kleiner runder Hügel«. Am Ende eine Anspielung auf die uralten künstlichen Strukturen, die Frederic Slater 1939 entdeckte?

Doch zurück zu der Megalithstätte unbekannter Herkunft, die vielleicht eines Tages die Geschichte Australiens umschreiben könnte. Dort war Slater unter anderem auf einen etwa 70 Meter langen Hügel gestoßen, bei dem er seine Ausgrabungen zu beginnen gedachte.

Er stellte fest, dass große Mengen Sandstein aus einer Entfernung von mehr als 20 Kilometern herantransportiert worden waren. Denn an der Fundstelle in den Paddock Plains mit schwarzgrauem sumpfigem Lehmboden herrscht magmatisches Gestein vor, vorwiegend aus Silikaten bestehendes Erstarrungsprodukt aus der glutheißen Schmelze des Erdinnern. Diese geologischen Besonderheiten wiesen auch Steven und Evan Strong den Weg; sie vermochten die Ausrichtung der Stätte in Relation zum Meer und deren Entfernung davon zu ermitteln. Schließlich waren sie sicher, jene 1939 entdeckte Stätte wiedergefunden zu haben. Sie bekamen sogar eine auf zwei Tage befristete Grabungserlaubnis für den im dortigen Aborigine-Dialekt als »Ngarakwal« oder »Ngarkbul« bezeichneten Ort.

Dort sind tatsächlich zwei Hügel vorhanden wie in Frederic Slaters Korrespondenz beschrieben. Der kleinere davon ist etwa 70 Meter lang und fünf Meter hoch; aus dem ihn umgebenden Weideland sticht er trotz seiner eher bescheidenen Größe deutlich hervor. Einwohner der Region wissen aus alten

Überlieferungen, dass die Hügel künstlichen Ursprungs sind. In diesem Zusammenhang stellte ein Lehrer einer nahe gelegenen Schule die Frage: »Wie kann sich auf natürliche Weise urplötzlich eine Linie von Sandsteinbrocken auf einem Hügel in sumpfiger Umgebung bilden, wenn alle umliegenden Felsen magmatisch sind?«[86]

Böse Überraschung an der heiligen Stätte

Auf Vater und Sohn Strong wartete allerdings ein ziemlicher Schock, als sie sich die wiederentdeckte Stelle näher ansahen. Die prähistorische Konstruktion hatte nämlich in den vergangenen Jahrzehnten sehr gelitten: Beim Bau einer in der Nähe vorbeiführenden Straße wurden die künstlich errichteten Terrassen mit einer Planierraupe eingeebnet. Auf dem zweiten Hügel, dessen Länge mehr als 100 Meter beträgt, waren die einst sorgfältig ausgerichteten Sandsteinblöcke ganz wahllos umgesetzt worden. Sie fanden sich teilweise in mehr als 50 Meter Entfernung von ihrer ursprünglichen Position wieder. Dass sie einst künstlich bearbeitet wurden, erkennt man noch heute daran, dass sie vollkommen gerade Linien, ebene Seitenflächen und exakte Kanten aufweisen.

Probegrabungen zeigten unterschiedliche Erd- und Tonschichten an, was auf eine künstliche Errichtung der Hügel hinweist. Alle noch vorhandenen Steine wurden gezählt und sofort mit GPS markiert. Auf dem kleineren, etwa 70 Meter langen Hügel fanden die Forscher auf dem höchsten Punkt, der fünf Meter über seine Umgebung hinausragt, einen Steinkreis von kleinen Felsbrocken, die aus Achaten und Kristallen bestanden. Eingeschränkt wurde das Team um Vater und Sohn Strong dadurch, dass die Aborigines strenge Regeln verfügten. Noch die harmloseste davon war, dass Frauen die »heilige Spitze« der Hügel nicht betreten durften, denn darauf hatten ihre Vorfahren Zeremonien abgehalten und »in der heiligen ersten Sprache« gesungen. Ungleich schwerer wog da schon, dass jede Entnahme von Bodenproben jeweils der expliziten Zustimmung der Eingeborenen bedurfte und die Steine durften um keinen Millimeter verschoben werden.

Und dann geschahen höchst seltsame Dinge, die scheinbar ins Übersinnliche abglitten. Die Weisen und Stammesältesten waren sich nicht im Klaren darüber, welchem Zweck der kleinere der beiden Hügel einstmals gedient haben mochte. So beschlossen sie, einzig die Erfahrensten und Sensitivsten unter ihnen sollten freiwillig auf dem Hügel weitergraben. »Aber sie gruben nicht«, musste Steven Strong feststellen. Irgendetwas musste diese Aborigines verunsichert und verängstigt haben, was zu einer absoluten Blockade führte: »Zwei konnten nicht mal mehr einen Spaten anheben; sie näherten sich mir aschfahl und ziemlich erschüttert. Alles, was sie spürten, war, dass überall der Tod sei, und die Geister sie baten, alle Aktivitäten auf der Oberseite dieses Hügels sofort einzustellen. Zumindest war das ihre Erklärung.«

Strong wurde klar, dass er hier auf rationale Art nicht weiterkommen würde und ließ zwei erfahrene Aborigines kommen, damit diese entsprechende Vorgaben erarbeiteten. Doch deren Urteil lautete einhellig, dass der Hügel »eine der heiligsten der heiligen Begräbnisstätten« sei und ausschließlich der religiösen Verehrung vorbehalten bleiben solle. »Ohne eine Ausgrabung und Sichtung von möglichen Gebeinen aber stehen diese Aussagen ohne Beweise da und lassen sich empirisch nicht belegen«, fasste Steven Strong, nicht ohne eine gewisse Enttäuschung zu zeigen, die Ergebnisse seiner Vor-Ort-Recherchen zusammen.[87, 88]

Das verschwundene Alphabet

Dann jedoch stieß Strong in der Korrespondenz Frederic Slaters auf eine Andeutung, in der dieser von einem »hervorgehobenen Grabhügel« sprach. Bei einer seiner Grabungen war er auf ein Skelett gestoßen, welches so bestattet war, dass der Schädel über zwei senkrecht platzierten Beinknochen zu liegen kam. Bei den Aborigines hat diese Symbolik die Bedeutung, dass der Ort einen sehr heiligen Charakter besitzt. Außerdem sei es der »Ort, an dem Leben eingehaucht wird«.

Wie schon erwähnt, wurden in den seit 1939 vergangenen Jahren ein paar Terrassen umgepflügt; auch die Hügel selbst kamen ebenfalls nicht ungeschoren davon. Was nicht minder schwer wiegt, ist der Tatbestand, dass man große Steine entfernt und in eine Scheune geschafft hatte, aus der sie später gestohlen wurden. Darunter befanden sich größere Exemplare mit Markierungen und Gravuren. Auf ihnen glaubte Slater ein Alphabet mit 16 Buchstaben zu erkennen, das er als die erste Schriftsprache der Menschheit ansah. In dieser Schrift seien laut Slaters Spekulationen »göttliche und mystische Einsichten« niedergelegt.[85]

Eine uralte Schrift bei den Aborigines, denen nach der geltenden Lehrmeinung selbige bis zur Neuzeit niemals zur Verfügung gestanden hatte? Ich habe am Anfang dieses Kapitels schon die Gottheit Wondjina erwähnt mit ihrem fast kosmonautengleichen Aussehen. In den Kimberley Mountains im Nordwesten Australiens fand man bereits im 19. Jahrhundert eine drei Meter hohe Felsmalerei von dieser Gottheit, die von Kopf bis Fuß in einem unförmigen »Overall« steckt. Ein doppelter Kreis in den Farben Rosa und Gold umgibt den Kopf der uralten Aborigine-Felskunst. Auf dem rosafarbenen Teil findet man sechs Schriftzeichen, die eine frappierende Ähnlichkeit mit dem heute gebräuchlichen lateinischen Alphabet zeigen.[89]

Ungezählte Tontäfelchen mit fast identischen Schriftzeichen fand der französische Bauer Claude Fradin 1924 auf seinem Feld beim Dörfchen Glozel. Sein Fund wurde jahrelang als Fälschung in Misskredit gebracht – heute gesteht man den Tafeln ein Alter zwischen 10 000 und 15 000 Jahren zu, was sie zeitlich beide in die Altsteinzeit ansiedelt.[20] Und im Banpo-Museum in der chinesischen Provinzhauptstadt Xian stieß ich unter zahlreichen Exponaten aus der »Yanshao-Kultur« auf tönerne Scherben, die ebenfalls Schriftzeichen tragen. Aber nicht etwa chinesische Zeichen. Vielmehr solche, die den Buchstaben *unseres* Alphabets zum Verwechseln ähnlich sehen.[53]

Neues von den »Busch-Hieroglyphen«

Die Forschungen an der wiedergefundenen Stätte haben gerade erst begonnen – trotz Einschränkungen durch örtliche Ureinwohner –, und man muss auch froh sein, dass nicht noch mehr zerstört worden ist. Natürlich erheben sich mehr Fragen, als man derzeit zu beantworten in der Lage ist. Die brennendste dürfte wohl sein, wer die 70 und 100 Meter langen Hügel und Terrassen in die Landschaft stellte, mit mächtigen Steinblöcken hantiert und diese nach geometrischen Gesichtspunkten ausgerichtet hat. Und von wem stammten die Schriftzeichen, von denen Slater kurz vor Ausbruch des Zweiten Weltkriegs berichtete?

Beides – Großsteinbauten und ein Alphabet – sind Dinge, die den Aborigines in aller Regel nicht zugestanden wurden. Hatten ein weiteres Mal jene »Kulturbringer« ihre Hände im Spiel, die auf himmlischen Vehikeln vom Typ »Regenbogenschlange« zur Erde herniedergekommen waren?

Immer mehr megalithische Bauten kommen auch in »Down Under« zutage, das in dieser Hinsicht nach wie vor als »weißer Fleck« auf der Landkarte gilt. Und so möchte ich dieses Kapitel nicht zu Ende bringen, ohne noch auf eine spektakuläre Entdeckung im Zusammenhang mit den so kontrovers diskutierten »Hieroglyphen aus dem Outback« hinzuweisen.

Ich hatte ja bereits ausführlich über die beiden, mit altägyptischen Hieroglyphen bedeckten Felsen am Lyre Trig Mountain nördlich von Sydney berichtet.[36, 38, 40] Diese erzählen die tragische Geschichte einer Expedition, die unter dem Kommando eines jungen Prinzen mit Namen Djeseb vor etwa 4500 Jahren nach Australien gelangte. Der Leiter der Expedition verstarb an einem Schlangenbiss und wurde nach den vorgeschriebenen ägyptischen Begräbnisritualen beigesetzt.

An der Tatsache, dass die Begräbnisstätte mitsamt der Mumie bis jetzt noch nicht gefunden werden konnte, scheiden sich die Geister. Und die Skeptiker, allen voran jene, die noch nie vor Ort waren, würden die ganze Angelegenheit sowieso am liebsten ins Reich der Fabel verbannen.

Am 18. Februar 2012 bahnte sich dann eine kleine Sensation an. Nahe den Felswänden mit den Schriftzeichen entdeckte man einen künstlich angelegten Tunnel. Der wird überdeckt von einer gewaltigen Sandsteinplatte, deren Gewicht zwischen 100 und 200 Tonnen betragen dürfte. Der Boden im Bereich des Einganges, der aus sauber bearbeiteten Monolithen besteht, ist mit Sand und Geröll aufgefüllt. Mühsam muss man sich durch die Engstelle hindurchzwängen, nach elf bis zwölf Metern ist der Tunnel eingestürzt. Da die »offizielle« Archäologie die Echtheit der Funde anzweifelt beziehungsweise von vorneherein als Fälschung ablehnt, ist mit systematischen Forschungen so bald wohl nicht zu rechnen.[84]

Das wissenschaftliche Establishment ist voreingenommen. Die einzige Hoffnung ruht wieder einmal auf jenen lästigen und unbelehrbaren Außenseitern, die sich partout nicht mit althergebrachten Erklärungen zufriedengeben wollen.

Es bleibt also spannend!

12 Südseezauber und Steingiganten

Megalithbauten nicht nur auf Rapanui

Nachdem sich anno 1789 neun Matrosen auf der H. M. S. Bounty in der Südsee in ihrer berühmt gewordenen Meuterei gegen ihren Kapitän William Bligh (1754–1817) erhoben hatten, setzten sie diesen bei den Tonga-Inseln aus. Dann segelten sie in östlicher Richtung, bis sie die etwa 6000 Kilometer vor der südamerikanischen Küste gelegene Insel Pitcairn erreichten. Mit ihnen fuhren einige Frauen aus Tahiti; gemeinsam ließen sie sich auf dem kleinen, kaum fünf Quadratkilometer großen Flecken Land in den Weiten des Pazifischen Ozeans nieder. Bis zum heutigen Tag pflanzten sie sich in ihrem selbstgewählten Exil fort, sodass noch heute die Bevölkerung dieser zu Großbritannien gehörenden Insel einzig aus den Nachfahren der damaligen Meuterer besteht. Diesen wäre in ihrem Heimatland ohnehin nichts anderes als der Tod durch den Strang beschieden gewesen.

Als die Aufrührer samt ihren anmutigen Frauen 1789 Pitcairn erreichten, fanden sie das Eiland völlig unbewohnt vor. Allerdings war die winzige Pazifikinsel das nicht immer. Die Männer stießen nämlich bald auf die Spuren früherer Besiedelung. Dort standen noch vier große, quadratische Plattformen. Eine davon überragte den einzigen brauchbaren Naturhafen der Insel, wurde in jeder Ecke von einer vier Meter hohen Statue bewacht. Heute ist davon leider nichts mehr zu sehen, denn die Aufrührer zerstörten die Figuren und warfen sie ins Meer.[89, 90]

Nicht nur in Australien stößt man also, wie ich im vorangegangenen Kapitel aufgezeigt habe, auf megalithische Bauten aus weit zurückliegenden Epochen. Überreste von steinernen Wunderwerken, deren Erbauer genauso unbekannt sind wie der Zeitpunkt ihrer Errichtung, finden sich massenweise im gesamten Pazifikraum. Ihnen allen ist gemeinsam, dass sie von einem wesentlich höheren architektonischen Niveau zeugen als die Konstruktionen der heutigen Inselbewohner, die bis vor ein paar Generationen noch in Palmblatthütten hausten. Gleich daneben Säulen, Torbögen, Pyramidenstümpfe und andere Bauten, deren teils gewaltige Steinblöcke die Spuren meisterhafter Bearbeitung tragen.

Der »Torbogen« von Tongatapu

Auf den Marianen-Inseln – jene waren wie Samoa, die Karolinen, die Marshall-Inseln und ein Teil von Neuguinea bis zum Ende des Ersten Weltkriegs deutsche Kolonie – stehen die Relikte von riesigen Bauten, von den Einheimischen »lat'tes« genannt. Es sind dies aufrecht stehende Monolithen, angeordnet in zwei parallelen Reihen aus vier bis sechs Steinsäulen, die von riesigen Kapitellen (das sind Kopfstücke einer Säule als Übergang zwischen Stütze und Last[34]) gekrönt sind.

Auf der Insel Tinian, mit einer Fläche von 102 Quadratkilometern die zweitgrößte der Marianen-Inseln, fand man eine Reihe pyramidenstumpfförmiger Konstruktionen. Entdeckt wurden sie im Jahre 1835 von dem französischen Forschungsreisenden Dumont d'Urville. Einige von ihnen trugen einen halbkugelförmigen, an eine Kopfbedeckung erinnernden Stein als oberen Abschluss. Ihr Umfang an der Basis beträgt etwa 5,50 Meter, oben etwa 4,50 Meter, und sie ragen 3,50 Meter hoch auf. Leider sind einige von ihnen, wohl durch Einwirkung eines Erdbebens, umgestürzt; dies führte zur Zerstörung des halbkugelförmigen Decksteines. Nachdem die Marianen 1565 in den Besitz der Spanier gelangt waren, setzten die ersten Forschungen ein. Dabei fragte man die Einheimischen auch nach den Erbauern jener seltsamen Konstruktionen. Die Insulaner verwiesen dabei auf ein längst verschwundenes Volk, welches sie »Chamorros« nannten und das Tinian lange Zeit vor ihnen bewohnt hatte.[89, 90]

Gleichfalls pyramidenstumpfartig sind Bauwerke, die von den Einheimischen »marae« genannt werden. Man findet deren Relikte auf der zu Französisch-Polynesien gehörenden Gruppe der Gesellschafts-Inseln, und zwar auf den für unsere Ohren so südseetypisch klingenden Inseln Mooréa, Raiaté, Maeva sowie Bora-Bora. Ganz Ähnliches fand man auf dem zu Kiribati gehörenden unwirtlichen Malden Island. Hier gibt es neben den oben abgeflachten Stufenpyramiden gepflasterte Wege, die abwärts zum Meer führen. Etwa 1600 Kilometer südlich von Malden liegt Rarotonga, größte der mit Neuseeland assoziierten, ansonsten aber völlig selbstständigen Cook-Inseln. Auf Rarotonga existiert eine buchstäblich steinalte Pflasterstraße, Ara Metua genannt, die ringförmig um die gesamte Insel verläuft.[90]

Südlich von Samoa, das bis 1919 deutsches Schutzgebiet war, liegt das aus 150 Inseln – teils vulkanischen Ursprungs, teils aus Korallenkalk gebildet – bestehende Königreich Tonga. Davon bewohnt ist nur ein knappes Drittel, nämlich 45 Inseln. Größte davon ist Tongatapu im Süden des Archipels.

Der wohl spektakulärste Megalithbau Tongatapus ist ein riesiger »Torbogen«. Er steht an einem Ort, den die Einheimischen Haamunga nennen. Die ganze Konstruktion kann man eher als Trilithen definieren: Zwei gewaltige Steinpfeiler, deren Gewicht alleine gut und gerne 70 Tonnen beträgt, stehen aufrecht. Quer darüber liegt ein dritter Monolith, bombenfest mit Zapfen und

Löchern mit den beiden Orthostaten verbunden. Es sind nur drei mächtige, aus dem Vollen geschnitzte Bauteile. Das gesamte Gewicht der ungefähr vier Meter hohen Konstruktion dürfte in etwa bei 95 bis 100 Tonnen liegen.[89] Nun besteht Tongatapu überwiegend aus Ackerland und die nächsten, in Betracht kommenden Steinbrüche sind 400 Kilometer entfernt. Die unbekannten, früheren Bewohner nicht nur Tongatapus müssen über leistungsfähige Schiffe verfügt haben, um riesige Steinklötze übers Meer zu bringen. Was ist mit Bearbeitung und Aufstellen der Megalithe? Kamen da wieder nur primitive Faustkeile, Seile und Holzrollen zum Einsatz? Was das »Tor« auf Tongatapu betrifft, so darf man annehmen, dass es einstmals zu einem ungleich größeren Baukomplex gehörte, der aber nicht mehr erhalten ist.

Betonsäulen auf der île des Pins

Bei keinem dieser Beispiele gibt es auch nur den geringsten Anhaltspunkt für eine Beziehung zwischen den gegenwärtigen Bewohnern und den unbekannten Baumeistern, welche die megalithischen Anlagen auf die zum Teil winzigen Südseeinseln stellten. Wie schon erwähnt, lebten die »modernen« Insulaner bis vor kurzer Zeit in Hütten aus Palmwedeln, heute im ungünstigsten Fall durch Behausungen aus Wellblech ersetzt. Nebenan stehen, fast vollkommen vom Dschungel überwuchert, die Werke der »Megalithiker«, die nachdrücklich an die Existenz einer untergegangenen, viel höheren Kultur erinnern. Ist nur das Wissen dieser früheren Völker verloren gegangen, oder waren sie es selbst, welche aus unerfindlichen Gründen von dieser Welt getilgt wurden? Die Menschen in den Weiten des Pazifiks haben ihre Überlieferungen, ihr Wissen und ihre Geschichte leider nicht niedergeschrieben, sondern nur mündlich weitergegeben. So bleiben uns statt exakter Informationen nicht viel mehr als Spekulationen, was einst in jener Region geschehen sein mag. Und einmal mehr die bittere Erkenntnis, dass alles, was wir sicher wissen, ist, dass wir eigentlich gar nichts wissen.

Die île des Pins, auch Isle of Pines, gehört zum französischen Überseeterritorium Neukaledonien, das 1700 Kilometer vor der australischen Ostküste liegt. Dort zerbricht man sich seit Jahrzehnten die Köpfe über rund 400 Sand- und Kieshügel, deren Alter und Herkunft im Dunkeln liegen. Es sind Formationen, auf denen so gut wie keine Vegetation gedeiht. Bei einem Durchmesser von etwa 100 Metern besitzen sie eine Höhe bis zu zweieinhalb Metern. Selbst den Wissenschaftlern war die Existenz dieser Gebilde schon länger bekannt. Doch erst in den 1960er-Jahren begannen umfängliche Grabungen, durchgeführt vom Neukaledonischen Museum in Noumea, der Hauptstadt des Überseedépartements. Im Zuge dieser Untersuchungen stellte man fest, dass in einigen Hügeln richtige Betonsäulen stecken. Ihre Höhe beträgt zwischen 100 und 250 Zentimetern und der Durchmesser variiert je nach Säule zwischen 100 und 190 Zentimetern. Chemische Analysen ergaben, dass die Zementsäulen aus einem Kalk-Mörtel-Gemisch bestehen, einem Baustoff, der erst ein paar Jahrhunderte vor unserer Zeitrechnung in Gebrauch kam.

Altersdatierungen, die mithilfe der Kohlenstoff-14-Methode durchgeführt wurden, sollen jedoch ergeben haben, dass die Säulen aus einem Zeitraum zwischen 5120 und 10950 v. Chr. stammen.

Was die Archäologen nicht minder in Erstaunen versetzt, ist die Tatsache, dass an keiner der Ausgrabungsstätten Überreste menschlichen Ursprungs entdeckt wurden.[91] Wozu dienten die ominösen Betonsäulen von Neukaledonien? Hatten sie vielleicht einen technischen Zweck zu erfüllen?

Nan Madol: »Orgie in Stein«

Mit mehr als 500 Inseln sind die Karolinen die größte Inselgruppe im nordwestlichen und mittleren Pazifischen Ozean. Dieser Archipel mit seiner bewegten Geschichte – er gehörte nacheinander der spanischen Krone, dem Deutschen Reich und Japan – ist heute als »Federated States of Micronesia« eng mit den USA assoziiert. In der »Kleininselwelt«, was Mikronesien übersetzt bedeutet, ist die Insel Ponape (auch: Pohnpei) die größte. Von vulkanischem Ursprung, ist sie sehr fruchtbar. Rings um Ponape oder Pohnpei liegt ein Gürtel von kleinen und kleinsten Inselchen, die meist aus Korallenkalk bestehen. Eines dieser winzigen Eilande heißt Temuen, geläufiger ist aber wegen der darauf stehenden megalithischen Bauten der Name Nan Madol.

Die Ruinen von Nan Madol sind das gewaltigste Mysterium aus Stein, das die Pazifische Inselwelt zu bieten hat. Sie nehmen beinahe die gesamte Fläche von Temuen ein, das eine Ausdehnung von gerade einmal einem halben Quadratkilometer besitzt. Abertausende von sechseckigen, drei bis neun Meter langen Stangen aus Basalt, deren Gewicht zwischen fünf und 25 Tonnen beträgt, wurden zu einer wahren »Orgie in Stein« geformt.

Nan Madol besteht aus zahlreichen Plattformen, die fast wie auf dem Schachbrett über dem Untergrund aus Korallenkalk angeordnet sind. Der Hauptbau der Anlage ist quadratisch mit einer Seitenlänge von 60 Metern. Um ihn zu errichten, wurden an die 32 000 Basaltstangen benötigt und doch ist er nur ein Teil der Gesamtanlage. Der rechteckige Hauptbezirk ist in Terrassen abgestuft, die ebenfalls aus jenen gleichmäßig sechseckigen Säulen bestehen. Außerdem gibt es Kanäle, Gräben, Tunnels, Wohnquartiere. Eine insgesamt 860 Meter lange Mauer, welche an ihrer höchsten Stelle 14,20 Meter misst, umschließt schützend ungefähr 80 kleinere Gebäude, die wie die großen Bauten allesamt nach demselben »Strickmuster« errichtet wurden. Die Basaltstangen wurden kreuzweise übereinandergelegt wie bei einem Blockhaus im hohen Norden. Es bedurfte keines Mörtels oder anderer Bindemittel, um die Blöcke zusammenzuhalten.[90, 92] Das geradezu unschätzbare Gewicht der aufeinandergetürmten Massen sorgt zusätzlich für Stabilität.

Noch mehr Ruinen unter Wasser?

Die ebenso spartanische wie monumentale Bauweise Nan Madols bringt es naturgemäß mit sich, dass die Anlage einen abweisenden, ja drohenden Eindruck auf den Betrachter macht. Dort gibt es keine Fassaden mit prunkvollen Verzierungen, keine in Stein gehauenen Reliefs. Nein, die schweren Bauteile aus Basalt wurden einfach und funktional übereinandergesetzt, verraten einen nüchternen Zweckbau ohne jeden Prunk. Was ungewöhnlich ist, da die Südseebewohner ihre wenigen Großbauten mit großzügigen Ornamenten schmückten. Ihre Paläste waren Orte, an denen sowohl die Götter als auch deren irdische Stellvertreter gefeiert und geehrt wurden. Genau dieser Zweck schien den Mauern Nan Madols nicht zugedacht gewesen zu sein. Diente die Stätte zur Verteidigung, waren es mächtige Trutzbauten? Das ist genauso unwahrscheinlich, denn breite Terrassen laden förmlich dazu ein, den erhöht gelegenen Hauptbau zu ersteigen.[92]

Über eine zweite Stadt, die sich vor der winzigen Insel Temuen unter Wasser befinden soll, gibt es Gerüchte, jedoch auch handfeste Hinweise. Der bekannte deutsche Reiseschriftsteller Herbert Rittlinger (1909–1978) berichtete, Taucher hätten guterhaltene Straßen, Säulen, Monolithen und steinerne Gewölbe gefunden. Auf dem Grund seien sie über wohlerhaltene, von Korallen und Muscheln überwucherte Straßen gegangen. Und bearbeitete Steintafeln würden noch an den Fassaden deutlich erkennbarer Häuserreste hängen.[93]

Japanischen Tauchern sei es sogar gelungen, erhebliche Mengen des Edelmetalls Platin vom Grund des Meeres heraufzuholen. Immer wieder berichteten sie, dass dort unten zahlreiche Särge aus diesem Material lägen. Es ist eine unbestreitbare Tatsache, dass das Japanische Kaiserreich vom Beginn seiner Mandatsherrschaft im Jahre 1919 bis zum Ausbruch des Zweiten Weltkrieges von Ponape aus Platin exportierte. Der erwähnte Autor Herbert Rittlinger bemerkte hierzu: »Die Platinfunde auf einer Insel, deren Felsgestein sonst kein Platin enthält, waren und bleiben eine höchst reale Tatsache.«[93]

Es spricht also einiges für das Vorhandensein von weiteren Ruinen unter Wasser. Vielleicht war Nan Madol insgesamt größer und die tiefer gelegenen Teile versanken in den Fluten des Pazifischen Ozeans. Dann aber wäre das »Venedig der Südsee« doch um ein Vielfaches älter als jene 1000 Jahre, die die »Smithsonian Institution« in Washington, D. C. den Bauten in einer Schätzung zugestand.[91] Denn der Meeresspiegel stieg – dies ist eine altbekannte Tatsache – erst nach dem Abschmelzen der Gletscher zum Ende der letzten Eiszeit.

Im Zentrum der über Wasser liegenden Ruinen sticht ein Brunnen heraus, der aber keiner ist, sondern vielmehr der Einstieg zum Anfang eines Tunnels. Die Öffnung ist heute bis knapp zwei Meter unterhalb des Randes mit Wasser vollgelaufen. Doch die Anlagen führen weit über den Inselrand hinaus und man kann ihren Verlauf mit bloßen Augen unter der Wasseroberfläche verfolgen, bis er sich im Meer verliert.[92] In einem neueren Bericht aus dem Jahr 1980 ist die Rede von einer Steinsetzung unter Wasser, die in einer schnurgeraden Reihe verläuft. Auch in jüngerer Zeit wurden von Tauchern, die das

Wasser rund um Temuen erkundeten, zahlreiche Säulen und mit Inschriften versehene Basaltblöcke gefunden.[94]

Die üblichen Widersprüche

Die Anzahl der in Nan Madol – ich spreche jetzt nur von den oberhalb des Wasserspiegels liegenden Ruinen – verbauten Stangen Basalt dürfte in die Hunderttausende gehen. Und spätestens an diesem Punkt unserer Betrachtungen stoßen wir auf altbekannte Probleme logistischer Art, die von den meisten Archäologen in nobler Zurückhaltung verschwiegen werden. Woher kamen diese ungeheuren Mengen an Baumaterial? Woher rekrutierte man das dafür notwendige Heer von Arbeitern? Bekanntermaßen türmen sich auch die besten Bauteile nicht von selbst aufeinander, vor allem nicht zu Mauern von über zehn Metern Höhe.

Tatsächlich wurde an der Nordküste von Ponape einst Säulenbasalt abgebaut. Dies ist eine Ausbildungsart des Basalts, eines geologisch jungen, harten und dichtgefügten Vulkangesteins, bei der mehrere Meter lange und senkrecht zur Abkühlungsfläche stehende, sechs- oder achteckige Säulen entstanden.[34] Angenommen, das in Nan Madol verbaute Material stammt von dort, wäre noch immer der Transport zu meistern. Die Entfernung zwischen dem Steinbruch und dem Bauplatz beträgt etwa – vergleichsweise bescheidene – 20 bis 25 Kilometer Luftlinie. Die Basaltkloben auf dem Landweg anzuliefern, scheidet praktisch aus, denn tropische Gewittergüsse gehen mindestens einmal täglich über dem dichten Regenwald nieder. Außerdem ist Ponape recht gebirgig: Die höchste Erhebung der Insel ist der Mount Totolom mit stolzen 865 Metern über dem Meer. Nein, der Transport konnte nicht anders erfolgt sein als von der Nordküste aus auf dem Wasserweg innerhalb des Korallenriffs, das Ponape ringförmig umgibt. Über ein Gewirr von Dschungelkanälen, vorbei an vielen anderen Inselchen, die ebenso wie Temuen zum Aufbau einer solch gigantischen Anlage geeignet gewesen wären.

Ob die Steine dabei auf Flößen an ihren Bestimmungsort gerudert wurden oder ob man sie – aus Gründen der Gewichtsreduzierung durch den Auftrieb im Wasser – unter den Booten befestigt hat, ist eine eher zweitrangige Frage. Der Trick mit dem Stein im Wasser soll nach Ansicht der Archäologen beim Transport der in Stonehenge aufgestellten Monolithen angewandt worden sein. Auch hier hätte man nicht den Landweg benutzt, sondern das Material rund um Südwest-England und dann den Avon flussaufwärts geschippert. Doch zurück in die Südsee.

Ungleich mehr Widersprüche tun sich auf, wenn man sich eine Vorstellung machen will, wie viele Menschen in all die einzelnen Arbeiten eingespannt waren. Da mussten die Basaltsäulen im Steinbruch gewonnen werden; andere Arbeiter mussten den Transport bewältigen. Und das Heer der unermüdlich Schaffenden, die auf Temuen die Mauern hochzogen, ist aufgrund der notwendigen, in die Hunderttausende gehenden Basaltstangen überhaupt nicht zu schätzen! Großbaustelle hin oder her, man konnte jenen Teil der Bevölkerung nicht einspannen, der die tägliche Versorgung mit Lebensmitteln sicherzustellen hatte. Auch das ganz normale Leben hatte weiterzugehen. Woher, um alles in der Welt, kamen die so dringend benötigten Arbeitskräfte?

Dieses eigentlich bei allen vorzeitlichen Großprojekten ungelöste Problem – auch auf der Osterinsel war dies mit Sicherheit kein bisschen anders – brachte Autor John MacMillan Brown am Beispiel von Nan Madol auf den Punkt: »Die Floßfahrten über das Riff bei Hochwasser und der Weitertransport der gewaltigen Blöcke, von denen viele ein Gewicht von fünf bis

25 Tonnen besitzen, bis zu einer Höhe von 20 Metern müssen den Einsatz von Zehntausenden von organisierten Arbeitskräften erfordert haben (...) Doch in einem Umkreis von rund 2500 Kilometer leben heutzutage nicht mehr als 50 000 Menschen.«[95]

Was sagen die Mythen?

Vor Zeiten, als das Weltwunder der Südsee aus dem Boden gestampft wurde, war das Problem genauso akut. Mehr noch: Ponape dürfte seinerzeit deutlich weniger Einwohner gehabt haben als in unseren Tagen. Vielleicht war auch alles wie so oft vollkommen anders. Was wissen die Mythen und Überlieferungen jener Region zu berichten?

Eine der lokalen Legenden schreibt den Bau zwei Brüdern zu, Olsihpa und Olsohpa, die mit einem großen Kanu auf Ponape landeten. Sie erbauten Nan Madol an einem einzigen Tag, indem sie magische Beschwörungsgesänge anstimmten. Diese bewirkten, dass die schweren Basaltstempel geradewegs durch die Lüfte herangeflogen kamen.[90] Auf eine verblüffend ähnlich klingende Legende stieß der deutsche Ethnologe Paul Hambruch, der zahlreiche Sagen und Mythen der Karolinen-Inseln zusammentrug. Die ursprüngliche Gottheit Nan Madols sei ein feuerspeiender Drachen gewesen. Ihm zur Seite habe ein mächtiger Zauberer gestanden. Dieser wäre im Besitz eines äußerst kraftvollen Zauberspruchs gewesen, mit dem er die Monolithen von der Hauptinsel herfliegen lassen konnte. Als er das Baumaterial beisammenhatte, schichtete er die Klötze dank der Kraft eines anderen Zauberspruches übereinander, ohne dass die Menschen auch nur einen Handgriff tun mussten.[96] Wie dem auch sei: Die heutigen Bewohner scheuen sich, die Ruinen zu betreten.[10] Manchmal können Aberglaube und Angst größer sein als die Neugier.

Ich habe sie in einem früheren Kapitel erwähnt: jene Legenden, denen zufolge der Transport großer, schwerer Lasten durch die Luft erfolgte. Ihre Aussagen gleichen sich. Meist waren es Töne oder »Zaubersprüche«, welche die zu transportierenden Objekte oder auch Menschen von A nach B beförderten. Akustische Schwingungen also. Werden wir eines Tages das technische Know-how (wieder) entdecken, das hinter derartig magisch anmutenden Praktiken steckt? Eingedenk so vieler gleichlautender Überlieferungen aus der ganzen Welt sollten bei uns alle Alarmglocken schrillen. Da beobachteten unsere Vorfahren die Anwendung einer fremden Technologie – und in Ermangelung technischen Verständnisses missverstanden sie diese so gründlich wie nur irgend möglich.

»Wasserkult« in Uka A Toroke Hau

Nan Madol ist wohl mit Abstand das gewaltigste Megalithrätsel im pazifischen Raum. Doch einen weiteren Ort dürfen wir in dieser Region auf keinen Fall vergessen. Es ist die Osterinsel, die knappe 4000 Kilometer westlich der südamerikanischen Küste liegt und politisch zu Chile gehört. Als mit dem Holländer Jacob Roggeveen 1722 die ersten europäischen Seefahrer dort landeten, glaubten sie die Insel von Riesen bewohnt. Hunderte von steinernen Statuen, noch heute das unvergleichliche Wahrzeichen von Rapanui, wie das Eiland in der Sprache der Insulaner heißt, standen auf ihren Plattformen oder lagen umgestürzt auf dem Boden. »Moais« nennt man die bis über 20 Meter langen Kolossalfiguren, »Ahus« die Plattformen, auf denen sie stehen. Ich hatte bislang schon zwei Mal Gelegenheit, mich auf diesem mysteriösen Fleckchen Erde am Ende der Welt umzusehen: im März des Jahres 1996 und im Oktober 2008. Bei meiner zweiten Reise musste ich an etlichen Relikten feststellen, dass sich einiges verändert hatte. Und zwar nicht zum Guten. Bei vielen Statuen, aber auch an Felsritzungen sieht man förmlich den Zahn der Zeiten nagen. Es steht zu befürchten, dass in wenigen Jahrzehnten nicht mehr allzu viel übrig sein wird von den steinernen Zeugen einer der geheimnisvollsten Kulturen unserer Welt.

Dies wäre jedoch kein unabänderliches Schicksal. Denn schon seit Jahren existiert ein Rettungskonzept – entwickelt von einer großen Firma im südostbayerischen »Chemie-Dreieck«, beinahe vor meiner Haustüre gelegen. Doch darüber später mehr. Erst möchte ich noch über einen neueren Fund berichten.

Deutsche Archäologen haben von 2007 bis 2009 diverse Ausgrabungen und Feldstudien durchgeführt. Dabei lag ein Schwerpunkt auf der Fundstätte Avaranga Uka A Toroke Hau, ein Bachbett im Zentrum der Insel am Südhang des erloschenen Vulkans Terevaka. Dort fand man eine rechteckige megalithische Struktur von 2,75 mal 5 Meter Größe. Die offenbar als Wasserbecken genutzte Konstruktion weist in der Pflasterung des Bodens eine Petroglyphe auf, dies ist eine in Stein gearbeitete Zeichnung.

Wie die konventionelle Archäologie über diesen relativ neuen Fund denkt, ist symptomatisch für die dort noch immer angesagte Denkweise. Obwohl bislang einzigartig und ohne Parallele auf der Osterinsel, schreiben ihn die Ausgräber von der »Kommission für die Archäologie außereuropäischer Kulturen« kurzerhand einem noch unbekannten »Wasserkult« zu.[97] Solche »Kulte« sind praktisch und billig, werden wohl deshalb geradezu inflationär verwendet. Eine Arbeitsweise, wie sie von der Paläo-SETI-Forschung schon seit Jahren zu Recht kritisiert wird. Passt etwas nicht in das vorgefertigte Denkschema, wird – ohne lange nachzudenken oder gar unkonventionelle Erklärungsmöglichkeiten zuzulassen – schnell ein neuer, bislang unbekannter »Kult« aus dem Ärmel gezaubert.

37 Die große Mehrzahl der teils tonnenschweren Steine der Gympie-Pyramide landeten in der Kleinstadt Gympie, wo sie beispielsweise zum Bau der Umfassungsmauer der Methodistenkirche zweckentfremdet wurden.

38 Neues von den Hieroglyphen im australischen Outback. Die Geschichte einer ägyptischen Expedition wird oft angezweifelt, weil man bis dato noch kein Grab des so tragisch ums Leben gekommenen Prinzen Djeseb finden konnte. Dieser wurde − den Hieroglyphen gemäß − nach altägyptischen Riten bestattet.

39 Im Februar 2012 entdeckte man nahe den Felswänden mit den »Busch-Hieroglyphen« eine unterirdische Kammer, die von einer 100 bis 200 Tonnen schweren Sandsteinplatte überdeckt wird.

40 Der »Torbogen« von Tongatapu in der Südsee. Zwei gewaltige Steinpfeiler, deren Gewicht mindestens 70 Tonnen beträgt, sind fest mit einem dritten quer darüber liegenden Monolithen verbunden. Das Gesamtgewicht dieser Konstruktion dürfte zwischen 95 und 100 Tonnen liegen. Wer errichtete mächtige Megalithanlagen auf den teils winzigen Südseeinseln?

41 Das einzige Megalithbauwerk der Osterinsel ist
die »Inka-Mauer« von
Vinapu im Südwesten
Rapanuis. Es ist völlig
untypisch für die Insel und
entspricht vielmehr den
Zyklopenmauern in den
Anden Südamerikas.

42 Die gigantischen
Grundplatten der Anlage
von Puma Punku im
Andenhochland von
Bolivien werden auf ein
Gewicht zwischen 300
und 400 Tonnen geschätzt.
Sie sind jedoch Bruchstü-
cke eines ehemals Ganzen
von bis zu 1000 Tonnen
Gewicht! Wie bewegt man
derartige Riesenklötze und
welche Technologie kam
hierfür zum Einsatz?

43 Viele neue Funde gab der Boden von Puma Punku in den letzten Jahren preis. Bei diesen beiden Blöcken aus Andesit kommt es zu schier unglaublichen Ablenkungen der Kompassnadeln.

44 Am hinteren Ende der einst 1000 Tonnen schweren Grundplatte wurde provisorisch die Hälfte eines Tores auf- gestellt, das – zumindest auf der Rückseite – völlig identisch ist mit dem »Sonnentor« der Nachbar- anlage Tiahuanaco. Einzig das berühmte Figurenfries von der Vorderseite des Originals fehlt bei diesem Exemplar.

45 Nur wenige Meter neben dem »Sonnentor 2« liegt ein weiteres, komplettes Tor am Boden mit gut sichtbaren Zapfenlöchern zum Einrasten. All diese Bauteile sind aus den extrem harten Ergussgesteinen Andesit und Diorit gefertigt – angeblich mit primitivsten Werkzeugen!

46 Die bekanntesten Pyramiden Teneriffas stehen bei dem Städtchen Güimar, im »Parque Etnográfico«, der von dem Norweger Thor Heyerdahl gegründet wurde. Sie werden heute den Guanchen, den Ureinwohnern der Kanaren, zugeordnet.

47 Die Pyramide von Santa Barbara, unweit der Weinstadt Icod an der Nordküste von Teneriffa gelegen. Wie die meisten Pyramiden der Kanarischen Inseln umfasst sie sieben Stufen. Sie stellte die Hauptpyramide eines ganzen Komplexes dar, von dem nur noch wenige Überreste existieren.

48 Auch auf der Nachbarinsel La Palma gibt es Stufenpyramiden, deren Anzahl deutlich höher ist als auf Teneriffa. Viele von ihnen stehen auf privatem Gelände wie dieses sehr schöne Exemplar mitten im Städtchen El Paso.

49 Hadschar El Guble – der »Stein des Südens« – ist ein riesiger Monolith von über 21 Metern Länge. Sein Gewicht wird auf bis zu 2000 Tonnen geschätzt und Tausende von Arbeitern müssen sich beim Transport gegenseitig auf die Füße gestiegen sein. Oder war alles ganz anders?

50 Nur geringfügig kürzer als sein »Zwillingsbruder« ist der zweite Stein des Südens. Er trägt rechteckige Einschnitte und einen größeren Ausschnitt am Ende, wohl zum Einpassen weiterer Riesenmonolithe.

51 Und es geht noch eine Nummer größer, wie die künstlich anmutenden Gesteinsformationen in den Schoria-Bergen im südlichen Sibirien zeigen. Dieser Monolith ist 20 Meter lang und je sechs Meter hoch und dick. Geschätztes Gewicht: bis zu 3000 Tonnen.

52 Stehen Menschen vor diesen Mega-Klötzen, so kann man die Dimensionen noch besser abschätzen. Hier wäre selbst die Bezeichnung »gigantisch« noch eine Untertreibung!

Hämmern für die Wissenschaft

Was hat sich nicht alles getan auf dieser einsamen Insel am Rande der Südsee, die mit der Mittelmeerinsel Malta nicht nur deren Fläche, sondern auch die große Anzahl rätselhafter Artefakte teilt. Konnte ich im März 1996 noch ungehindert über die Hänge des Kraters Rano Raraku – aus dessen Steinbrüchen wurden alle Riesenstatuen gebrochen – klettern, so war das 2008 nicht mehr möglich. Nun ist es streng verboten, sich auch nur wenige Zentimeter von den mittlerweile angelegten Wegen zu entfernen. Resolute Parkwächterinnen mit Megaphonen achten mit Argusaugen auf die Einhaltung der Vorschriften, auf dass kein Tourist vom rechten Weg abkomme. Mit derselben Strenge wachen sie auch bei den Petroglyphen von Orongo im Westen der Insel und allen bedeutenden Standorten von Moais und deren Ahus.

Ganz klar: Strengere Vorschriften machen Sinn, um beispielsweise die unverbesserlichen Schwachköpfe davon abzuhalten, ihre bedeutungsleeren Initialen in die von der Verwitterung akut bedrohten Steine zu ritzen. Und um noch Schlimmeres zu verhindern. Da wollte doch im Frühjahr 2008 ein Tourist aus Finnland Teile einer Statue mitgehen lassen. Er hatte das Ohr von einem Moai abgeschlagen und wollte ein Bruchstück davon mit nach Hause nehmen. Aber gegen harmlose Erinnerungsfotos vor einer Statue ist sicher nichts einzuwenden. Seltsamerweise gibt es keine Beschränkungen, auf der Rückseite des Kraters herumzuklettern, wo über dem kleinen Kratersee noch viele weitere Statuen im Boden stecken. Von den mit Megaphonen bewaffneten Parkwächterinnen ist hier nichts zu sehen.

Leider verhindern die vorderhand recht diensteifrigen Damen den Blick auf eine ganz besondere Stelle. Es ist die Felswand, auf die der berühmte norwegische Ethnologe und Autor Thor

Heyerdahl (1914–2001) eine Gruppe Insulaner mit primitiven Faustkeilen einhämmern ließ, um den Zeitaufwand für die Herstellung einer Statue zu ermitteln. Was als Beispiel für experimentelle Archäologie gedacht war, geriet zu einem Paradestück einer Demonstration der offensichtlichen Unmöglichkeit. Nach ein paar Tagen stumpfsinniger Hämmerei warfen die Männer entnervt ihre Steinwerkzeuge weg. Den »Lohn« der unnützen Plackerei vermochte ich 1996 noch zu bewundern: ein dünner Strich von 6,50 Metern Länge. Der Fels war kaum angekratzt – wie könnte man besser den Nachweis führen, dass es *so nicht* gemacht wurde!

Spuren der Verwitterung

Heyerdahl machte auch den Versuch, Transport und Aufrichten einer Statue nachzustellen. Für letzteren Arbeitsgang benötigte er 14 Tage sowie eine eigens dafür aufgeschüttete Rampe und zahllose Helfer.[98] Der Transport mittels (früher nicht vorhandener) Holzrollen, im ungünstigsten Fall über eine Entfernung von zwölf Kilometern mit Seilen durchs Gras gezogen, mag vielleicht noch bei kleineren Figuren funktionieren. Doch was ist mit jenen, die zwischen 50 und 100 Tonnen (oder noch mehr) auf die Waage bringen? Ein wahrer »Goliath«, die größte aller Statuen, steckt noch unvollendet im Hang des Kraters Rano Raraku. Das Monstrum ist fast 23 Meter lang und wäre komplett herausgearbeitet zwischen 160 und 180 Tonnen schwer. Was wissen denn die Eingeborenen auf die Frage, wie die Statuen vom Steinbruch an ihren Standort gelangten? Die Antwort darauf fällt ungemein kryptisch aus: »Sie gingen zu Fuß«.

Eine uralte Überlieferung erzählt von einer Hexe, welche am Steinbruch des Rano Raraku hauste. Sie habe den fertigen

Figuren Leben eingehaucht und ihnen befohlen, selbst an ihren Bestimmungsort zu wandern. Eines Tages hätten die Steinmetze einen großen Hummer verspeist, der Hexe aber keinen Bissen davon abgegeben. Darüber geriet sie in heftigen Zorn und befahl den wandernden Moais, flach aufs Gesicht zu fallen. Seit jenem Tag habe sich keiner von ihnen mehr bewegt.

Kehren wir aus dem Reich der Mythen zurück zu den konkreteren Fakten. Die »Ahus« genannten Plattformen dürfen nicht mehr betreten, die darauf stehenden Statuen nicht mehr berührt werden. Im Boden steckende Relikte werden mit Steinen umgeben, um ein achtloses Drauftreten zu verhindern. Und doch helfen alle diese Maßnahmen nichts, um einer viel größeren Bedrohung jener Kulturschätze wirksam entgegenzutreten. In jüngerer Zeit setzte offenbar eine beschleunigte Verwitterung ein.

Im Vergleich zu meiner ersten Reise 1996 musste ich zu meinem Bedauern feststellen, dass nicht nur Moais in Gefahr sind. Auch die Petroglyphen von Orongo, im äußersten Südwesten nahe dem Krater Rano Kao gelegen, zeigen inzwischen Spuren stärkerer Erosion. Es sind Darstellungen von Mischwesen zwischen Vogel und Mensch, was der Osterinsel den weiteren Beinamen »die Insel der Vogelmenschen« eintrug. Andere Steinritzungen zeigen den »fliegenden Gott« Make-Make, der eine Art »Gesichtsmaske« mit daran angeschlossenem Atemschlauch zu tragen scheint. Vergleiche ich Fotos dieser beiden Reisen, so fällt bei jenen von 2008 spürbar auf, dass die Konturen verwischter sind. Ich habe keine Antwort auf die Frage, warum bei Statuen und Glyphen offenbar eine beschleunigte Verwitterung eingesetzt hat. Ob saurer Regen die Schuld trägt? Oder müssen wir nach anderen Ursachen forschen?[99]

Es ist keine Frage, dass schleunigst etwas geschehen muss, sonst wird in ein paar Jahrzehnten nicht mehr viel von diesem großartigen Kulturerbe übrig sein. Diese Riesenstatuen, wie auch die dem Stein anvertrauten Darstellungen fliegender Götter und seltsamer Zwitterwesen, haben etliche Jahrhunderte, wenn nicht gar Jahrtausende überdauert. Um nicht verschwunden zu sein, bevor wir auch nur ansatzweise ihre Geheimnisse ergründen konnten, brauchen die Relikte aus sagenhaften Zeiten dringend unsere Hilfe.

Ein Moai wird gerettet

Wie dies aussehen soll, ist ebenfalls keine Frage mehr. Das Konzept für die Rettung existiert nämlich schon. Im April 2010 stieß ich auf einen Zeitungsbericht, der die Bemühungen eines namhaften Chemie-Unternehmens aus dem oberbayerischen Burghausen dokumentierte. In den 1980er-Jahren hatte die Wacker-Chemie von der UNESCO und dem chilenischen Kulturministerium den Auftrag erhalten, einen damals bereits ziemlich heruntergekommenen Moai zu sanieren. In Zusammenarbeit mit der chilenischen Zweigniederlassung der damals noch existierenden Firma Hoechst AG wurden Experten der Wacker-Chemie in ein neuartiges Projekt zur nachhaltigen Steinkonservierung eingebunden.

Für dieses Experiment fiel die Wahl auf den alleinstehenden Moai »Hanga Kio-e«, der 1972 durch den Archäologen Dr. Mulloy von der Universität Wyoming wieder aufgestellt worden war. Der Standort dieser Steinskulptur befindet sich nur wenige hundert Meter vom ethnographischen Inselmuseum entfernt, das dem ebenfalls aus dem oberbayerischen Burghausen stammenden Kapuzinerpater Sebastian Englert gewidmet ist. Dieser betrieb in seiner 33 Jahre währenden Tätigkeit auf der Osterinsel auch umfassende archäologische Studien.

Der beim Aufrichten abgebrochene Kopf der Statue war damals mit handelsüblichem Beton befestigt worden. Ein folgenreicher Fauxpas, der die Figur nur noch weiter schädigte, denn es kam in der Folge zu Ausblühungen. Der Moai »Hanga Kio-e« gehört mit knapp fünf Metern Höhe sowie 40 bis 60 Zentimetern Dicke zweifellos zu den kleineren Exemplaren. An seiner Rückseite war der Stein stellenweise bis zu 25 Zentimetern Tiefe abgewittert. Es stand ernsthaft zu befürchten, dass die Statue nicht mehr zu retten sein würde. Zum Glück kam jedoch alles anders. Anfang 1986 brachte man Spezialisten der Wacker-Chemie mitsamt Spezialwerkzeugen, zerlegbaren Gerüsten und Steinfestiger per Schiff auf die Osterinsel. Denn der selbst für die Notlandung eines Space Shuttle ausgelegte Flughafen Mataveri war damals noch nicht fertiggestellt. So konnten in jenen Tagen nur kleinere Flugzeuge auf Rapanui landen, die mit den gewaltigen Mengen an Material für die Rettungsaktion überfordert gewesen wären.

Hanga Kio-e wurde damals vollständig eingerüstet und imprägniert; dabei blieb die »Bausünde« der 1972 erfolgten Befestigung mit Beton jedoch erhalten. Bereits nach zwei Wochen konnte die Sanierung abgeschlossen werden. Durch Einsatz von knapp 500 Kilogramm Steinfestiger wurde der Moai »fit für das dritte Jahrtausend« gemacht. Dabei bewegte sich der finanzielle Aufwand gerade mal um die 5000 bis 8000 US-Dollar.[100, 101] Bedenkt man, welche Unsummen alljährlich für Spionage und Krieg ausgegeben werden, wäre selbst die Behandlung aller Osterinsel-Statuen finanziell ein Klacks. Doch leider blieb Hanga Kio-e der einzige Moai, dem bislang eine solche »Sonderbehandlung« zugedacht wurde. Dafür steht er nach wie vor fest an seinem Platz und trotzt allen Einflüssen der Witterung.

Die »Inka-Mauer« von Vinapu

In den Jahren danach wurde das Bautenschutzmittel des Burghauser Chemie-Unternehmens weiterentwickelt und verbessert. Es kam an bekannten Kulturdenkmälern auf der ganzen Welt zum Einsatz wie etwa bei den Felsen-Buddhas im japanischen Usuki und verschiedenen Bauwerken in der weitläufigen Anlage von Chichen Itza (Mexiko).[101] Es wäre wirklich an der Zeit, die Konservierung weiterer Statuen, aber auch der geheimnisvollen Petroglyphen mit ihren Tier-Mensch-Chimären in Angriff zu nehmen. Bei einigen dieser Artefakte ist es buchstäblich »fünf vor zwölf«, wenn nicht sogar später.

Ich möchte nicht von der »Insel der Vogelmenschen« scheiden, ohne zuvor noch ein dort einzigartiges Megalithbauwerk erwähnt zu haben. Im Südwesten Rapanuis liegt Vinapu. Dorthin gelangt man einzig auf einem schmalen Weg, der am Zaun des Flughafens entlang führt, der hier fast die gesamte Breite der Insel einnimmt. Besser bekannt ist Vinapu aber als »Inka-Mauer«. Dieses zyklopische Bauwerk mit den fugenlos aneinandergefügten Steinblöcken lässt den Betrachter spontan an ähnliche Mauern denken, wie man sie beispielsweise von Sacsayhuaman, hoch gelegen über der alten Inka-Hauptstadt Cuzco, kennt.

Es drängt sich beinahe sogar der Eindruck auf, dies für die Osterinsel so ungewöhnliche Konstrukt habe sich nur dahin verirrt, so fremdartig wirkt es zwischen den typischen Hinterlassenschaften. Es blieb ohne Pendant auf der Insel – wenn man so will, ein »einmaliger Kulturimport« aus dem knapp 4000 Kilometer entfernten Südamerika.

Vielleicht kamen zumindest die Baumeister jener »Inka-Mauer« von Vinapu aus dem im Osten gelegenen Kontinent. Als der Norweger Thor Heyerdahl 1947 mit seinem Balsaholzfloß »Kon-Tiki« bewies, dass es in vorgeschichtlicher Zeit durchaus möglich war, den Pazifik zu befahren, erntete er Spott und Ablehnung durch die etablierte Altertumsforschung. Gen-Analysen in jüngster Zeit ergaben jedoch, dass ein Teil der Vorfahren der Osterinsulaner in der Tat aus Südamerika gekommen waren.[102] Bekanntlich finden sich dort einige der mysteriösesten megalithischen Bauwerke der gesamten Welt. Und das in Höhen, die es eigentlich unwahrscheinlich machen, dass überhaupt etwas gebaut werden konnte ...

13 Ein zweites Sonnentor

Neue Rätsel im Hochland der Anden

In unseren Gefilden sind 80 Kilometer eine kurze Entfernung, die man je nach Zustand der Straße in deutlich weniger als einer Stunde zurücklegen kann. Auf anderen Kontinenten sieht die Sache oft ganz anders aus. Ich kann mich noch sehr lebhaft einer Strecke etwa dieser Länge entsinnen, die von der bolivianischen Hauptstadt La Paz in Richtung Titicacasee führt. Dort, nicht allzu weit von der Grenze zum Nachbarland Peru, erreicht man die Ruinenstätten von Tiahuanaco und Puma Punku. Ich hatte bis heute vier Mal das Vergnügen, und zwar 1993, 1996, 2002 sowie 2008. Bei den ersten beiden Reisen ging es noch über eine veritable Schlaglochpiste, die ihresgleichen sucht. Fahrtzeiten von drei bis vier Stunden waren keine Seltenheit, eher die Regel. Heute führt eine hervorragend ausgebaute Straße dorthin, welche die Fahrtzeit je nach Verkehrsaufkommen auf etwa eine Stunde reduziert. Und die paar Bolivianos Maut erlegt man gerne – vor allem, wenn man noch den vorherigen Zustand kennt.

Kaum 20 Kilometer vom südlichen Ufer des Titicacasees, auf einer Höhe von 3850 Metern über dem Meer, liegen beide Anlagen auf der Altiplano genannten Hochebene der Anden. Und eine präsentiert sich kolossaler als die andere. Wer hat einst in dieser dünnen Luft, die das Atmen so schwer macht, die zwei Stätten aus dem Boden gestampft und mit welchen Mitteln? Für die Archäologen ist alles klar. Es waren die

Vorfahren der heutigen Aymara, welche in dieser Region ihr Dasein fristen.

Man stelle sich vor: Halbnackte Indianer sollen die monumentalen Meisterwerke mit rohen Steinfäustlingen, nassen Holzkeilen und weichen Kupfersägen gebaut haben! Wenn ich in Kürze etwas näher ins Detail gehe, wird man meine Erregung ob dieser »Erklärungen« wohl besser verstehen. Und möglicherweise ähnliche Schlüsse ziehen, die allerdings mit unserem althergebrachten Bild der Vergangenheit nicht das Geringste mehr gemein haben.

Hochgeschwindigkeitsbohrer am Werk?

Beginnen wir mit Tiahuanaco. Es ist die bekanntere der beiden Anlagen, die nur 800 Meter Luftlinie voneinander entfernt liegen. Schon das Alter der Ruinen ist umstritten. Um die Wende vom 19. zum 20. Jahrhundert wurde vermutet, eine unbekannte Zivilisation hätte Tiahuanaco vor mehr als 12 000 Jahren errichtet.[103] Andere nahmen diesen Zeitpunkt zwischen 2000 und 1600 v. Chr. an, während noch spätere Datierungen die Blütezeit der Anlage im ersten Jahrtausend n. Chr. sehen. Und besagte Vorfahren der Aymara als Erbauer. Die heutigen Aymara indes schwören bei allem, was ihnen heilig ist, dass deren Vorfahren nichts, aber auch gar nichts damit zu tun haben.

Vor mehr als 400 Jahren stand der spanische Chronist Garcilaso de la Vega (1539–1616), der die Eroberung des Inkareiches dokumentierte, vor den Ruinen Tiahuanacos und hielt in seinen Aufzeichnungen fest: »Ich bestaunte auch eine große Mauer, zusammengesetzt aus solch gewaltigen Steinen, dass wir uns nicht vorstellen konnten, welche menschlichen Kräfte etwas Derartiges vollbracht haben (...) Die Eingeborenen behaupten, die Bauwerke seien schon vor den Inka da gewesen (…) sie wissen auch nicht, wer die Baumeister waren, aber von ihren Vorfahren wissen sie ganz bestimmt, dass alle diese Wunder in einer einzigen Nacht entstanden seien …«[104, 105]

Andere Überlieferungen melden, kein Mensch habe Tiahuanaco je anders als in Ruinen gesehen. Denn diese Stadt sei in einer einzigen Nacht von den Göttern erbaut worden.[104, 105]

Tiahuanaco besteht aus zwei deutlich voneinander abgegrenzten Hauptbezirken. Da ist zum einen die Kalasasaya, ein ummauertes, genau nivelliertes Areal von etwa zwei Hektar (ein Hektar sind 10 000 Quadratmeter) Grundfläche. Ursprünglich standen dort zahlreiche Statuen, deren Gesichter unterschiedliche Rassen zeigen. Zwei Stück stehen noch da, die anderen sind in einem Freilichtmuseum in La Paz zu bewundern.

Das herausragendste Einzelstück ist das sogenannte »Sonnentor«. Aus einem einzigen Andesitblock gefertigt, 3,82 Meter in der Breite und 3,02 Meter hoch, zeigt es auf der vorderen Seite 48 Figuren, die einen »geflügelten Gott« flankieren. Die Figuren wurden dabei so filigran aus dem harten Tiefengestein gearbeitet, dass man den Eindruck gewinnt, hier wurde mit einem Hochgeschwindigkeitsbohrer zu Werke gegangen. Denn das Material, aus dem das »Sonnentor« geschaffen wurde – erwähnter Andesit –, ist ein Tiefengestein. Wie Diorit, der in dieser Anlage gleichfalls häufig verarbeitet wurde, besitzt er Härtegrad 8 – nur Korund und Diamant sind härter!

Bei der Gelegenheit fallen mir wieder die weichen Kupfersägen, nassen Holzkeile und Steinfäustlinge ein, die dort angeblich benutzt wurden. Ich bin kein Sadist, aber man sollte jene, die so etwas behaupten, einmal damit arbeiten lassen.

So faszinierend sich das »Sonnentor« mit seinem mysteriösen Figurenfries auch präsentiert: Beinahe noch interessanter ist die Rückseite. Wie mit modernsten Fräsen herausgeschnitten und mit einem Lineal gezogen, sind Rillen, Kanten und Winkel exakt ausgeführt. Kastenförmige Aussparungen – zwei große im unteren Bereich und vier kleinere darüber – lassen jede Menge Raum für Spekulationen, was darin einmal Platz gefunden haben mag. Ihre Linienführung ist auf jeden Fall für Verzierungen zu sachlich. Inzwischen hat das »Sonnentor« mindestens ein Gegenstück bekommen. In der Nachbaranlage Puma Punku fotografierte ich während meines Besuches im Oktober 2008 ein »halbiertes« Exemplar, das auf der Rückseite völlig identisch bearbeitet ist, jedoch keine Figuren auf der Vorderseite trägt.[97]

Gravierende Bausünden

Rund um die Kalasasaya verläuft heutzutage eine Mauer, welche einst in dieser Form nicht existierte. Entspringt sie doch dem blinden Aktionismus wild gewordener Archäologen unserer Tage, die den Raum zwischen mächtigen, bis zu einhundert Tonnen schweren Monolithen willkürlich mit Steinquadern zugepflastert haben! Wurde Tiahuanaco in den Jahrhunderten seit der Konquista, also der Eroberung durch die Spanier, zur Gewinnung des begehrten Baumaterials regelrecht ausgeschlachtet, ist diese Art der »Rekonstruktion« um nichts besser. Erich von Däniken vermochte die Stätte in den 1960er-Jahren, noch vor den schier unverzeihlichen Bausündenn in Augenschein zu nehmen. Deshalb weiß er die Verfälschungen »im Namen der Wissenschaft« recht detailliert zu dokumentieren: »Im Sommer 1966 schoss ich in Tiahuanaco einige entlarvende Bilder. Sie zeigen eine Monolithenreihe und einzeln stehende Monolithen. (…) Alle zeigen rechtwinklige Aussparungen, die einst als Halterungen für irgendwelche Querblöcke dienten. Auf einem Riesenmonolithen ist oben ein sauberer, rechtwinkeliger Schnitt angebracht worden, ein weiterer demonstriert

(…) eine haarscharf gezogene Rille von oben nach unten. Jetzt vergleiche man die heutige Rekonstruktion dieser Mauer. Nichts mehr da von Aussparungen, rechten Winkeln oder gar einer blitzsauber gezogenen Rille. Die ganzen Zwischenräume wurden mit Steinen aufgefüllt. Die einstigen Aussparungen und die Rille, die schließlich vor Jahrtausenden ein wichtiger Bestandteil des Monolithen waren und auch Rückschlüsse auf die angewandte Technik zulassen, haben sich in Luft aufgelöst, sind gleichsam »wegretuschiert« worden. (…) Die emsigen bolivianischen und internationalen Rekonstrukteure gaben sich alle Mühe, Tiahuanaco wieder entstehen zu lassen. Einiges davon wurde zu Tode rekonstruiert.«[106]

An die kaputtrestaurierte Kalasasaya schließt sich der »unterirdische Tempel« an, ein nach oben offener Raum mit quadratischem Grundriss zwei Meter unter dem Level der Umgebung. Die Wände sind aus Monolithen gebildet, die Gesichter verschiedener Rassen zeigen. Im Jahre 2004 fand der Archäologe Leonardo Benitez heraus, dass von diesem niedriger gelegenen Tempel aus zur Sommer- und Wintersonnenwende unser Zentralgestirn ganz genau über dem Haupttor der Kalasasaya aufgeht. In einer Säulenreihe am westlichen Ende sieht er einen Kalender, der auf den Positionen beim Sonnenuntergang basiert. Zusätzlich soll jener »unterirdische Tempel« auf mehrere Sternenkonstellationen ausgerichtet sein, wie etwa das »Kreuz des Südens« oder auf Antares, den hellsten Stern im Sternbild des Skorpion.[97]

Netz aus Tunneln und Gängen

Der zweite Hauptbezirk Tiahuanacos ist die Akapana-Pyramide. Diese heute noch 18 Meter hohe Erhebung (sie soll ursprünglich bis zu 35 Meter gemessen haben) ähnelt viel mehr einem natürlichen Hügel als einer Pyramide. Wir kennen diese Form von einigen der Pyramiden aus dem Reich der Mitte.[54] Doch bei genauerem Hinsehen entdeckt man Wände und Säulen, die aus dem Bauwerk ragen, sowie technisch perfekt gestaltete Bauelemente aus den Ergussgesteinen Andesit und Diorit. Diese stehen oben oder sind teilweise an den Hängen abgerutscht. Dabei machen sie den Eindruck modernster Betongussteile.

Der heutige Zustand der Akapana ist gleichfalls das traurige Ergebnis wiederholter Plünderungen. Das gesamte Baumaterial der Kirche des nahe gelegenen Dorfes Tiahuanaco, ihrer Einfriedung sowie einiger Häuser wurde ungeniert von der Ruinenstätte wegtransportiert. Ob Katholiken in Südamerika oder Methodisten an der Ostküste Australiens – die frommen Brüder zeigen auffallende Gemeinsamkeiten über Glaubens- und Ländergrenzen hinweg. Monolithen wurden zertrümmert und präzise bearbeitete Blöcke in kirchliche wie profane Wände eingepasst. Bereits aus diesem beschämenden Grunde dürfte ein auch nur halbwegs naturgetreuer Wiederaufbau von Tiahuanaco als auch von Puma Punku von vornherein zum Scheitern verurteilt sein.

In jüngerer Zeit steht die Akapana-Pyramide wieder im Fokus verschiedener Forschungs- und Ausgrabungsprojekte. So wurde im Jahre 2002 zur Exploration rund um die Akapana ein Bodenradar eingesetzt; dasselbe geschah in den Grabungsperioden 2004 und 2005. Die Erkenntnisse dieser Untersuchungen dienten als Basis weitergehender Ausgrabungen. Es fanden sich großflächige Strukturen westlich der »Pyramide«, die man anfangs für gepflasterte Flächen hielt, später jedoch als ehemalige Wohnbezirke einstufte. Und ein Überraschungsfund, den die Studentin Donna Yates von der Archäologischen Feldforschung der Harvard-Universität Anfang Juli 2004 machte, verblüffte sämtliche Archäologen vor Ort. Es handelte sich um ein nur wenige Zentimeter großes, aus Stein geschnitztes Figürchen, dessen Herkunft aufgrund der Gesichtsform (»because it has eyes shaped like coffee beans«) die Amazonas-Region sein musste.[107]

Am 13. Juni 2006 wurde dann, ähnlich wie bei der Cheops-Pyramide auf dem Gizeh-Plateau, ein mit einer Kamera ausgerüsteter, fahrbarer Roboter eingesetzt. Dabei stellte sich heraus, dass die gesamte Akapana durchzogen ist von einem Netz aus Tunneln, Röhren, Schächten und Gängen. Analog zur Cheops-Pyramide vermuten nun manche Ausgräber die Existenz geheimer Kammern in diesem Bezirk von Tiahuanaco. Der Haupttunnel, der die Akapana zur Gänze durchzieht, ist mit 50 mal 60 Zentimeter gerade einmal so groß, dass ein Mensch nur mit Mühen (und einer ordentlichen Portion Platzangst!) hindurchzukriechen vermag.

Fotografierverbot

Weitere Erkundungen wurden seit 2008 von der »AKAKOR Geographical Exploring Society« mit Unterstützung des bolivianischen Kulturministeriums und der Nationalen Gesellschaft für Archäologie (UNAR) in besagtem Haupttunnel durchgeführt. Hier und in den anderen unterirdischen Gängen bilden präzise bearbeitete, monolithische Platten Boden, Decken und Seitenwand.[106] Bei den späteren Explorationen stellte sich heraus, dass der Haupttunnel nach etwa zwei Dritteln seiner Länge unterbrochen ist, was allem Anschein nach im Lauf der Zeiten durch ein Erdbeben verursacht wurde. Auf der gegenüberliegenden Seite ist der Zugang mit Geröll und Schutt aufgefüllt.[108] Natürlich sehen die konservativen Archäologen in Tiahuanaco in erster Linie ein Zeremonialzentrum. Diese Meinung versuchen sie, mit Keramikgegenständen und Tierknochen, die in

mehreren Grabungsquadranten gefunden wurden, zu unter-
mauern. Was aber, wenn die ganze Anlage weitaus älter ist als
diese Reste späterer menschlicher Besiedelung? Wer je da oben
auf dem Altiplano vor den perfekten Steinbearbeitungen stand,
dem sollte auffallen, dass diese viel mehr auf nüchterne Zweckbauten hinweisen als auf irgendwelche sakrale oder »Kult«-
Stätten. Nach wie vor weiß niemand, wozu die Tunnels,
Schächte und Röhren unter der Akapana wirklich dienten.
Mich erinnert das Labyrinth frappierend an jene geheimnisvollen Gänge und Kammern, die sich unter der Sonnenpyra-
mide von Teotihuacan befinden, und von denen einige durch
dicke Schichten von Glimmer geschützt sind.[44]
Blamabel für die Scherben sammelnde Zunft ist, dass auf die
unterirdische Infrastruktur von Tiahuanaco schon vor Jahrzehnten hingewiesen wurde. Und zwar 1914 durch den Forscher Arthur Posnansky[109], dann 1937 durch den Archäologen
Edmund Kiss, der neun Jahre im Andenhochland geforscht
hatte.[110] Beide nahm man nicht ernst, ignorierte deren Berichte.
Als ich im Oktober 2008 ein weiteres Mal in Tiahuanaco war,
fiel mir gleich ein langer Graben auf, den man vor der Akapana
gezogen hatte. Mit dem Hinweis auf laufende Ausgrabungen
wurde darauf aufmerksam gemacht, dass für diesen Abschnitt
ein striktes Fotografierverbot besteht. Zum Glück lässt sich
dieses aber nicht immer lückenlos überwachen …
Und was jene Ignoranz betrifft, die Forschern wie Posnansky
und Kiss entgegenschlug, fällt mir das ungemein treffende
Bonmot des Journalisten Wilhelm Jensen (1837–1911) ein:

»Wer etwas allen vorgedacht,
wird jahrelang erst ausgelacht.
Begreift man die Entdeckung endlich,
so nennt sie jeder selbstverständlich.«

Wie bewegt man 1000 Tonnen?

Nur 800 Meter Luftlinie trennen Tiahuanaco von der Nachbaranlage Puma Punku (»Löwentor«). Diese vermittelt den Eindruck totaler Zerstörung und macht gleichzeitig sprachlos vor
Staunen. Selbst im heutigen Zustand lässt sich noch gut die
einstige geradezu überwältigende Erscheinung der Stätte erah-
nen. Wie nach einer Detonation ungeheuren Ausmaßes liegen
zahllose, zum Teil noch immer gigantische Bauteile und Trümmer in der kargen Landschaft. Die größten davon können nie
bewegt oder in ein Museum gebracht werden. Denn fahrbare
Kräne, welche Gewichte von Hunderten Tonnen wegschaffen
können, gibt es nicht. Viele dieser Kolosse sehen aus wie
genormte Fertigteile aus Beton, doch das sind sie definitiv
nicht. Einmal mehr muss ich daran erinnern, dass sie aus
den ungemein harten und widerstandsfähigen Ergussgesteinen Andesit und Diorit – Härtegrad 8 auf der zehnteiligen
Mohs'schen Härteskala – bestehen.

Hier erkennt man noch viel offenkundiger die nüchtern-funk-
tionalen Zweckbauten, die nichts mit Kulten, Ritualen oder all
dem Kram zu tun hatten. Hier stehen Ruinen eines Basislagers,
vor unbekannten Zeiten von einer fremden Intelligenz erstellt.
Als es nicht mehr benötigt wurde, hat man es einfach gesprengt,
natürlich erst, nachdem man wichtige technische Installationen entfernt hatte. Dass dort irgendwelche Apparaturen arbeiteten, die mit hochfrequenter Energie betrieben wurden, zeigen noch heute spektakuläre Kompassabweichungen, die
mitunter auch innerhalb eines einzigen Steinblocks variieren.[36]
Wenn hier auch bei diversen Ausgrabungen der jüngsten Jahre
Scherben von Inka-Keramik, Holzkohle und Tierknochen gefunden wurden, weist das meiner Meinung nach auf Bewohner
hin, welche sich erst später in der Anlage breit machten. Datierungen nach der Kohlenstoff-14-Methode funktionieren ein-

zig bei organischen Stoffen. Die können späteren Datums sein und hätten nichts mit dem ursprünglichen Puma Punku zu tun, das auf einer hochentwickelten Technologie basiert.

Die gewaltigen Grundplatten werden auf ein Gewicht zwischen 300 und 400 Tonnen geschätzt. Doch sie sind nur mehr Bruchstücke eines ehemals Ganzen. In einem Stück dürfte die Hauptplattform 40 Meter Länge und ein Gewicht von geschätzten *eintausend Tonnen* besessen haben. Wie, bitte schön, bewegt man solche Riesenklötze? Wurden sie erst vor Ort bearbeitet oder bereits im Steinbruch? Beim Transport des gesamten Rohmaterials wäre nämlich das Gewicht noch um einiges höher gewesen. Da bleibt auch ein gutgemeintes Experiment aus dem Jahr 2002 ohne praktischen Wert, auf das ich im Folgenden detailliert eingehen werde.

Schilfboot ahoi!

Als Herkunftsort der meisten in Puma Punku verbauten Steine gilt heute der Cerro Capira, ein etwa 80 Kilometer entfernter, erloschener Vulkan, der an den Titicacasee grenzt. Von diesen 80 Kilometern Wegstrecke entfallen etwa 50 auf den Seeweg. Zum Floßbau würde sich das äußerst leichte Nutzholz des Balsa-Baumes (Ochroma pyramidale) eignen, welches in den tiefer gelegenen Wäldern der östlichen Anden wächst. Die Hochland-Indianer bauten von jeher Flöße aus Balsaholz, die Gewichte bis zu zehn Tonnen trugen. Welche Super-Flöße aber würde man benötigen, um Bauteile oder Rohmaterial zu transportieren, deren Gewicht sogar Hunderte von Tonnen beträgt? Doch jetzt wird es erst so richtig kompliziert! Wie bekommt man die riesigen Monolithen auf das (hypothetische) Floß, welches vor der Beladung beinahe haushoch aus dem Wasser ragt, um danach mit demselben Tiefgang einzutauchen? Wie zurrt man die Kolosse sicher fest (ich habe bei einer Fahrt über den Titicacasee selbst schon gehörigen Seegang erlebt!) und an welchen Seeabschnitten wäre die Verladung möglich? Zudem müssen Rampen und Hebekräne, Holzrollen und Seile bereitstehen. Nicht zu vergessen das Heer von Arbeitern, die nichts anderes zu tun haben, als Bäume zu fällen, zum See zu schleppen und dort Riesenflöße zu bauen für den Transport noch gewaltigerer Steine.[97] Rien ne va plus: Und wieder sind wir an jenen berühmten Punkt gelangt, an dem nichts mehr weitergeht.

Dessen ungeachtet führte der Archäologe Paul Harmon vom 28. Juni bis zum 26. September 2002 ein Experiment durch, mit dessen Hilfe er den Materialtransport über den Titicacasee verifizieren wollte. Allerdings benutzte er kein Holzfloß, sondern eines dieser typischen Schilfboote, wie sie seit Jahrtausenden über den See fahren.

In dem Aymara-Indianer Paulino Esteban fand Paul Harmon einen versierten Bootsbauer, der ein aus *totora*, wie das Material genannt wird, bestehendes Boot in geeigneter Größe zu bauen verstand. Nachdem dies geschafft war, galt es, einen Andesitklotz von acht bis neun Tonnen Gewicht zu finden. Fündig wurde man an einem Steilhang der Copacabana-Halbinsel, die im südlichen Teil des Sees weit in diesen hineinreicht. In ganztägiger Arbeit, mit eigens gebauten Rampen, Rollen, Seilen und vor allem mit vielen hilfreichen Händen bekamen sie den Andesitblock auch aufs Boot. Am 25. August 2002 setzten sie Segel, und einen Monat später war der Versuch abgeschlossen.

Das »Qala Yampu« genannte Projekt – in der Sprache der Aymara bedeutet dies »Stein und Schilfboot« – war dank des relativ geringen Gewichts erfolgreich. Weiterhin offen aber bleibt die alles entscheidende Frage, wie jene gigantischen Steine transportiert wurden, deren Gewichte in die Hunderte

Tonnen gingen. Es ist nicht zu leugnen: Bei diesen Dimensionen versagen sämtliche Erklärungsversuche kläglich. Rien ne va plus!

Im Westen was Neues

Unter jenen Steinblöcken, die den ungezügelten Plünderungen vergangener Jahrhunderte entgehen konnten, befinden sich einige Exemplare, die eindeutig nach vorfabrizierten und genormten Bauteilen aussehen. Aus den Vorderflächen dieser Blöcke wurden jeweils zwei Rechtecke herausgeschnitten; dagegen ließ man auf der Rückseite den Stein in Kreuzform überstehen. Eine technische Meisterleistung, denn alle diese Elemente lassen sich zur Hälfte in ihr Gegenstück einrasten. Diese Steinblöcke, die von den Archäologen und ihren Helfern ebenso liebevoll wie sinnlos in einer geraden Linie aufgereiht wurden, sind trotz übersichtlicher Dimensionen keine Leichtgewichte. Um aus ihnen nach dem Baukastensystem eine Mauer zu errichten, waren zusätzlich ausgeklügelte Hebevorrichtungen notwendig, sonst wären die Steine beim Ineinandersetzen gesplittert. Es sind solche im Vergleich »kleinen« Artefakte, an denen klar wird, dass hier eine präzise Planung betrieben wurde, bevor überhaupt mit der Errichtung der Anlage begonnen werden konnte.[106, 36]
In den letzten Jahren konnten dem Boden Puma Punkus etliche weitere, neue Funde entrissen werden. So staunte ich im Herbst 2008 nicht schlecht; standen doch dort ein paar Objekte herum, die mir bei meinen drei vorherigen Reisen noch nicht aufgefallen waren. Nun hatte mein »Vorzeige-Monolith« einen mindestens ebenbürtigen Nachbarn zur Seite bekommen. Ich habe wiederholt über einen Andesitblock berichtet, der ganz ungewöhnliche Kompassabweichungen auslöst. Führt man

einen Kompass nacheinander von links nach rechts in fünf exakt gleichförmige Vertiefungen ein, so verdoppelt sich die Ablenkung der Nadel von einem Loch zum nächsten. Beginnend bei fünf Grad, sind es bei Loch Numero zwei zehn, beim dritten 20, beim vierten 40 und schließlich im fünften Loch 80 Grad, um die sich die Kompassanzeige verändert. Weitere Messungen an der durchlaufenden Kante unter den Vertiefungen erbrachten, auf Millimeterpapier abgetragen, sogar eine regelrechte mathematische Funktionskurve.[36] Was sind die Ursachen dieser Effekte? Ich weiß es nicht. Aber der »Zufall« – so viel steht fest – steckt nicht dahinter. Viel eher Starkstrom, der dort vor unbekannten Zeiten floss.[36]

Vor 2008 stand der beschriebene Steinblock noch abseits und unbeachtet in einer Ecke des Geländes. Heute steht er parallel zur langen Plattform, dem Mittelpunkt der Anlage, in einer geraden Reihe mit anderen Blöcken. Zur Rechten ein ähnlich bearbeiteter Stein, den ich vorher nie gesehen hatte. Der weist in seiner linken Hälfte zwei kleine, übereinanderliegende Vertiefungen auf sowie eine deutlich größere rechts davon. An ihm fallen die Abweichungen der Kompassnadel noch drastischer aus: Nämlich jeweils 45 Grad in den kleinen »Kammern«, volle 100 im großen Fach rechts daneben.[97]

Gelegentlich lese ich im Internet, das leider auch zweifelhaften Charakteren eine Plattform bietet, abstruse Anschuldigungen, ich hätte diese Kompassabweichungen nur frei erfunden. Was für ein geistiger Dünnschiss! Bereits vor Dutzenden Zeugen konnte ich das Phänomen demonstrieren, denn das Experiment gelingt stets zuverlässig. Prominente »Schützenhilfe« bekam ich übrigens von Erich von Däniken. Der war immerhin schon 16 Male in Tiahuanaco und Puma Punku. Und auch ihm waren die »kuriosen Kompassabweichungen« aufgefallen, das erste Mal 1968. So konnte er meine Angaben vollauf bestätigen.[106] Es ist tatsächlich nicht immer der Weisheit letzter

Schluss, der sich in den digitalen Niederungen des »World Wide Web« verbirgt.

Die größte Überraschung aber erwartete mich am hinteren Ende der besagten Plattform, deren Gewicht um die 1000 Tonnen betragen haben mag, bevor sie vor Jahrtausenden in ihre Einzelteile gesprengt wurde. Schon von Weitem konnte ich an zwei Stützbalken ersehen, dass man ganz provisorisch etwas aufgestellt hatte. Als ich dann vor einem etwa drei Meter hohen und annähernd 1,50 Meter breiten Monolithen stand, war ich nur noch perplex. Dies war die knappe Hälfte des »Sonnentores« aus dem 800 Meter entfernten Tiahuanaco – oder besser gesagt, eine absolut identische Kopie des Kunstwerkes! Die kastenförmige Vertiefung auf der Rückseite zeigt sogar dieselben, ganz offensichtlich durch Beschädigung entstandenen Ausbrüche. Einzig das berühmte Figurenfries von der Vorderseite des Originals fehlt – die Details auf der Rückseite lassen keine Unterschiede erkennen. Nicht genug, liegt nur wenige Meter daneben noch ein weiteres, diesmal komplettes Tor am Boden. Deutlich zu erkennen sind zwei Zapfenlöcher am Boden der beiden Torsäulen, welche zum stabilen Einrasten in ein Gegenlager dienten.

Welchen uns unbekannten Zwecken dienten diese Tore, von denen sicher mehrere existierten, in grauer Vorzeit? Wenn man in dieser dünnen Luft auf fast 4000 Metern über dem Meeresspiegel steht, da schießen einem sowieso die phantastischsten Gedanken durch den Kopf …

Nachtrag: Ein interessanter Leserbrief

Eine Woche vor Weihnachten 2014 erreichte mich ein sehr interessanter Leserbrief zu den geschilderten Magnetabweichungen an einem der Steinklötze von Puma Punku, die auf

Millimeterpapier abgetragen eine Art mathematischer Kurve ergeben. Den Berechnungen von Herrn Jörg Oe. zufolge, seines Zeichens Berufsschullehrer in den Fächern Rechnungswesen, Mathematik und Informatik, lässt sich aus den gemessenen Werten eine Punktewolke abbilden, durch die der Graph einer kubischen oder besser logistischen Regression verläuft. Für diese Regression würde sich, ganz allgemein ausgedrückt, die Formel

$$f(x) = ax^3 + bx^2 + cx + d$$

ergeben.

Ich lasse dies hier einmal so stehen. Persönlich glaube ich immer weniger daran, dass die derart ungewöhnlichen Kompassabweichungen an den Monolithen von Puma Punku auf nichts als dem Zufall beruhen sollen. Vielen Dank an meinen aufmerksamen Leser!

14 Steine vom Acker oder Vermächtnis der Guanchen?

Die vergessenen Pyramiden der Kanarischen Inseln

Sie tragen den Beinamen »Inseln des ewigen Frühlings«, und dies ist keinesfalls eine Übertreibung. Dank ihrer Lage im Atlantik westlich von Marokko sinkt das Quecksilber auch im Winter kaum unter 15 Grad Celsius, während im Sommer stets eine angenehme Brise vom Meer her weht. So sind Temperaturen von 30 Grad oder darüber eher die Ausnahme. Der als Kanarische Inseln bekannte Archipel besteht aus insgesamt 13 Inseln, von denen sieben bewohnt und begehrte touristische Ziele sind: Gran Canaria, Lanzarote, Teneriffa, Fuerteventura sowie die weniger angesteuerten Inseln La Palma, Hierro und La Gomera, die dadurch für eingefleischte Individualisten attraktiver sind.

Auf zwei Kanaren-Inseln – Teneriffa und La Palma – befindet sich eine stolze Anzahl vorzeitlicher Pyramiden. Bis vor wenigen Jahren noch ein echter Geheimtipp. Doch seitdem ein Standort beim Städtchen Güimar zum »Ethnografischen Park« avancierte, weiß man mehr über die Existenz derartiger Bauten auf Teneriffa. Über die Pyramiden auf La Palma ist hierzulande noch so gut wie gar nichts bekannt, obwohl ihre Anzahl die auf Teneriffa weit übersteigt. Darüber später mehr.

Als Ureinwohner der Kanarischen Inseln gelten die Guanchen. Ihre Herkunft ist ungeklärt; indes schließen manche Ethnologen eine Verwandtschaft mit Berbervölkern aus der Sahara

215

Nordwestafrikas nicht aus. Doch woher sie kamen, können wir noch immer nicht mit Gewissheit sagen.

Dass wir jedoch wissen, *wohin* die Guanchen gingen, darf als ein weiterer Schandfleck für unsere so gepriesene, abendländische Zivilisation gewertet werden. Schamhaft vermeldet das Lexikon, sie seien »ausgestorben«. Die Realität ist beschämender. Denn das Volk der Guanchen wurde im 15. Jahrhundert fast vollständig durch die spanischen Eroberer ausgerottet. Die wenigen Überlebenden dieses Massakers hatten sich bis zum Ende des 16. Jahrhunderts vollständig mit den Eindringlingen vermischt. Die Tatsache, dass seit jenen Tagen die Urbevölkerung der »Inseln des ewigen Frühlings« untergegangen ist, gereicht der einstigen Weltmacht Spanien nicht unbedingt zu Ruhm und Ehren.

Von »no sé« zum »Parque Etnográfico«

Das abgeschlachtete Guanchenvolk hinterließ der staunenden Nachwelt eine Anzahl Pyramiden, um deren lang verborgene Existenz sich langsam der Schleier des Vergessens lüftet. Erstmals hörte ich von ihnen Anfang der 1990er-Jahre. Der Betreiber einer Bergwanderschule auf Teneriffa weckte mit seinen Erzählungen meine Aufmerksamkeit. Doch jene so anschaulich geschilderten Bauwerke mussten noch einige Jährchen auf mich warten. Bis Ostern 1997, um genau zu sein.

Da bekamen wir – meine damalige Freundin Andrea war mit von der Partie – endlich die Gelegenheit, diese Relikte einer ausgelöschten Kultur in Augenschein zu nehmen. Mit dem Mietwagen kurvten wir einen ganzen Tag durch den Süden von Teneriffa und fragten zahllose Einheimische nach dem Weg. Sehr schnell wurde uns klar, dass dies kein leichtes Unterfangen sein würde. Weil damals noch kaum jemand von der

Existenz der Pyramiden wusste, konnte deren Antwort nur kurz und prägnant ausfallen: »No sé«. Für all jene unter uns, die der spanischen Sprache nicht mächtig sind: »Ich weiß es nicht.«

Erst eine Tankpause im Städtchen Güimar, das ein paar Kilometer landeinwärts von der Südküste liegt, brachte uns dem ersehnten Ziel näher. Der Mann an der Zapfsäule kannte sich aus. Und so wurden wir kaum einen Kilometer Luftlinie von der Tankstelle entfernt fündig. Hinter hohen Bauzäunen vor eventuellen neugierigen Blicken verborgen, standen mehrere Stufenpyramiden auf einem reichlich verwilderten, parkähnlichen Areal. Der guten alten »Räuberleiter« wie auch dem anschließenden Hochziehen am Bauzaun ist es zu verdanken, dass mir trotzdem ein paar akzeptable Fotos gelangen.

Bereits ein Jahr nach meinem Blick über den Zaun wurden die insgesamt sechs Pyramiden zum Mittelpunkt des »Parque Etnográfico de Güimar«. Initiiert und realisiert wurde dieses Projekt von dem norwegischen Forscher, Ethnologen, Schriftsteller und Abenteurer Thor Heyerdahl (1914–2001). Mit einigen spektakulären Expeditionen machte dieser sich weltweit einen Namen. Beispielsweise mit »Kon-Tiki« durch die Südsee (1947), der Atlantiküberquerung mit den Papyrusbooten »Ra I« und »Ra II« (1969/70) oder der Durchquerung des Indischen Ozeans mit dem Binsenschiff »Tigris« (1978/79). Gerne hätte ich Thor Heyerdahl noch persönlich kennengelernt, doch leider kam es nicht mehr dazu. Vielleicht hätte er voller Freude vernommen, dass es die alten Ägypter ganz offenbar bereits vor 4500 Jahren geschafft haben, das ferne Australien anzusteuern.[36]

Einen maßstabsgetreuen Nachbau der »Ra II« können die Besucher des Ethnografischen Parks über dem Filmsaal hinter einer Glaswand besichtigen. Ein paar Meter entfernt befindet sich in dem aus dem Jahr 1875 stammenden Casa Chacona eine interessante Ausstellung, die sich mit möglichen Kontakten unter prähistorischen Kulturen befasst. Darüber hinaus bietet das »Museum Casa Chacona« eine der umfangreichsten Fotokollektionen von Pyramiden aus aller Welt. Sogar die große Pyramide von Mao Ling, im Umkreis der alten chinesischen Kaiserstadt Xian[53, 54], fehlt nicht in der Sammlung. Verlässt man das Museum, so gelangt man zu einer Panoramaterrasse, von der man die beste Aussicht über den ganzen Pyramidenkomplex genießen kann.

Wandernde Steine

Kommen wir noch einmal zu Thor Heyerdahl zurück. Der Norweger betrachtete die Pyramiden von Güimar als ein »Bindeglied« zwischen den ägyptischen und jenen in der Neuen Welt, vermutete sogar einen astronomischen Zweck. Ihn machten ein paar Leute aus Güimar auf die den aztekischen Pyramiden ähnelnden Bauten und deren wirkliche Bedeutung aufmerksam. Das war zu einer Zeit, als die meisten der Einheimischen darin nur Ansammlungen von Steinen sahen, welche die Bauern von ihren Feldern gelesen hatten. Flurbereinigung auf Kanarisch. Doch im völligen Gegensatz zu den landwirtschaftlich genutzten Anbauterrassen ringsum, die aus runden, an Ort und Stelle im Boden gefundenen Brocken aufgeschichtet wurden, bestehen die Pyramiden aus eckigen und sorgfältig bearbeiteten Lavabrocken.

Vereinzelt hört man noch immer die »Erklärung«, die Pyramiden von Güimar seien jüngeren Datums und wurden von den Bauern aus den Feldsteinen aufeinandergestapelt. Doch wie mir Carmen, eine aus dem »Schwabenländle« stammende Deutsche, die im »Parque Etnográfico de Güimar« arbeitet, anlässlich meines Besuchs im September 2014 erklärte, ist dies völliger Nonsens. Jüngste Untersuchungen hätten ergeben, dass ein großer Teil der verwendeten Steine aus größerer Entfernung, von den umliegenden Bergen herangeschafft worden war.[111] An dieser Stelle sei daher die Frage erlaubt, welcher Bauer wohl derart bescheuert wäre, zu den ohnehin zahlreichen Steinen auf seinem Acker noch viele weitere aus der Umgebung herbeizuschleppen!

Nein, hier wurden nicht einfach Steine willkürlich übereinandergetürmt. Die exakte Bauweise der Pyramiden verrät profunde Kenntnisse auf den Gebieten der Architektur und der Geometrie, der Mathematik und nicht zuletzt der Astronomie. Denn sie wurden, wie man in den vergangenen Jahren herausfand, allesamt nach astronomischen Gesichtspunkten errichtet. Ehrlich gesagt, hätte es mich auch schwer gewundert, wenn es nicht so wäre. Da sind beispielsweise drei nahe beieinanderstehende Stufenpyramiden exakt in der Richtung des Sonnenunterganges zur Zeit der Sommersonnenwende ausgerichtet. Bei allen sechsen schließlich sind die Treppen, welche zur jeweils obersten Plattform führen, an der westlichen Seite angebracht. Wer die Monumente einst zu morgendlicher Stunde erstieg, blickte also genau der aufgehenden Sonne entgegen.

Auf privatem Grund

Ein Rundgang über den gut 20 000 Quadratmeter messenden Teil der Anlage, auf dem vier der insgesamt sechs Stufenpyramiden – die anderen beiden befinden sich nahe am Hauptgebäude im westlichen Abschnitt – stehen, erschließt dem Besucher noch weitere interessante Funde. Unter der südöstlichen Ecke der »Pyramide 1« führt die Chacona-Höhle geradewegs in die Erde. Hierin wurden prähistorische Skelette und Artefakte aus den Tagen der Guanchen ausgegraben. Jenem ausgelöschten Volk, das bis zu der Eroberung der Kanaren durch die Spanier in den Jahren 1478 bis 1496 die Inselwelt besiedelte. Immerhin darf man sich über die Existenz des »Parque Etnográfico« glücklich schätzen. Ist dieser doch der Motor für weitere Forschungen. Und mit Sicherheit erfahren wir noch mehr über die vergessenen Bauwerke, die sich nahtlos einfügen in einen wahren Gürtel aus Pyramiden, der die Erde umspannt. Mögen diese Bauten auch die unterschiedlichsten Formen, Höhen und Ausprägungen besitzen – ihre Vielfalt ist so groß wie ihre Verbreitung, denn sie stehen in fast allen Ecken dieser unserer Welt.

Die Pyramiden von Güimar sind wohl die bekanntesten auf Teneriffa, doch die einzigen sind sie beileibe nicht. Ich konnte mir weitere ansehen, darunter auch eine, die, streng genommen, gar keine ist. Im äußersten Nordwesten der Insel liegt, hingeklebt an die steilen Berge, das kleine Dorf Teno Alto. Es ist einzig über eine schmale Serpentinenstraße zu erreichen, neben der ein halsbrecherischer Abgrund gähnt. Schon die Zufahrt ist Grund genug, dass sich so gut wie keine Touristen dorthin verirren. Über besagtem Flecken Teno Alto erhebt sich der Montana Vallado. Es ist dies ein Berg, der künstlich umgeformt wurde – und zwar so gekonnt, dass die exakten und gleichmäßig angelegten Terrassen tatsächlich den Eindruck einer richtigen Stufenpyramide vermitteln.

Von dieser »auf Pyramide getrimmten« Struktur sowie von einer stattlichen Anzahl Pyramiden auf der Nachbarinsel La Palma erfuhr ich durch einen in dieser Sache recht engagierten Herrn aus Dresden. Seit geraumer Zeit schon pflegen wir eine eifrige Korrespondenz, was mir zu einigen wirklich guten »Geheimtipps« verholfen hat.[112] Doch bleiben wir zunächst noch ein wenig auf der Insel Teneriffa.

Das Städtchen Icod de los Vinos liegt am nordwestlichen Küstenabschnitt Teneriffas. Über die Kanaren hinaus bekannt wurde Icod durch seinen »Drago Milenario«, ein 15 Meter hohes Exemplar des Drachenbaums (Dracaena drago) mit einem Stammumfang von 13 Metern. Das Alter dieses »Methusalems unter den Bäumen« wird auf bis zu 3000 Jahre geschätzt. Nur wenige Einheimische aber wissen, dass im näheren Umkreis mehrere Pyramiden zu finden sind. Da jene zumeist auf privatem Grund und Boden stehen, ist es nicht ganz einfach, bis zu ihnen vorzudringen. Zu einem dieser Bauwerke war mir der Weg nicht verwehrt. Ganz im Gegenteil – ich stieß auf Entgegenkommen und Interesse.

Fünf Ecken und sieben Stufen

Nur ein paar Kilometer östlich von Icod liegt das Dorf Santa Barbara. Die ganze Region hier an den zur Nordküste hin abfallenden Berghängen wird hauptsächlich landwirtschaftlich genutzt. Es werden verschiedene Gemüsesorten und natürlich Wein angebaut. Als ich Mitte September 2014 auf Teneriffa war, hatte man uns im städtischen Touristenbüro in Icod den Tipp gegeben, nach Santa Barbara zu fahren. Dort würden wir finden, was wir suchen. Nun hieß es, die Augen offen halten, als wir langsam durch den kleinen Ort fuhren. Irgendwo musste eine Pyramide stehen, falls uns die Señora im »Oficina de Turistas« nicht in die Irre geschickt hatte.
Und plötzlich entdeckte ich sie. Eingerahmt von Feldern und Weinstöcken, steht sie zwischen ein paar Häusern am Hang, welcher sanft zum Meer hin abfällt. Anfangs war nicht ersichtlich, ob ein Weg zu der Pyramide führt. Doch der war glücklicherweise schnell gefunden, und die letzten Meter führten durch einen Garten, bis er an einem Feld endete. Dieses grenzte direkt an die Pyramide an und wurde gerade von einem Bauern und dessen Frau bearbeitet. Bange Momente. Die alles ent-

scheidende Frage, ob es wohl gestattet sei, die Pyramide zu besichtigen. Endlich die erlösende Antwort: Obwohl es sein Privatgrund sei, habe der Landwirt nichts dagegen.

Als ich über das noch sehr gut erhaltene Bauwerk kletterte, um auf der gegenüberliegenden Seite wieder abzusteigen – wobei ich auf einem völlig verwilderten Grundstück landete, von welchem aus ich optimal fotografieren konnte –, fielen mir sofort zwei interessante Details auf. Zum einen umfasste die Pyramide sieben Stufen. Wie ich im Verlauf dieser Reise bemerkte, bestehen die meisten der Pyramiden auf Teneriffa ebenso wie auf der benachbarten Insel La Palma aus ebendieser Anzahl Stufen. Und als ich auf das brach liegende Gelände abgestiegen war, sprang mir ein deutlicher Knick in der zu mir gewandten Seite geradezu ins Auge. Im Klartext: Die Pyramide von Santa Barbara verfügt über einen fünfeckigen Grundriss. Errichtet wurde sie aus unregelmäßigen Brocken dunklen Lavagesteins, welche sorgfältig aufeinandergeschichtet sind. Der Verbund hält bombenfest, denn bei meiner Kletteraktion hatte ich stets festen Halt unter den Füßen. Unfallfrei schaffte ich es zurück, denn kein einziger Stein rutschte ab und alles blieb an seinem Platz in dem Gemäuer.

Der Bauer, dem in der Zwischenzeit das große Interesse meiner Mitreisenden und mir nicht verborgen geblieben war, gesellte sich zu uns. Er machte uns auf einige weitere Pyramidenreste auf den umliegenden Grundstücken aufmerksam; die fünfeckige – für mich ist sie das bisher erste und einzige Bauwerk dieser Art, das ich zu Gesicht bekam – stellte wohl so etwas wie die Hauptpyramide eines ganzen Komplexes dar. Sie sei »sehr alt«, ließ er uns wissen. Gern würde er das auf seinem Grund und Boden liegende Prachtstück mehr interessierten Touristen zugänglich machen. Doch der Bürgermeister (den er dabei mit ein paar wenig schmeichelhaften Ausdrücken bedachte) scheint von derlei Plänen nicht viel zu halten.

Auch auf der Nachbarinsel La Palma befinden sich eine Menge Pyramiden auf Privatgrund. Lange Zeit wurden sie verkannt oder schlicht und einfach ignoriert. Erst seit jüngster Zeit finden sie ein wenig mehr Beachtung.

Atemberaubende Ausblicke

Die zweimotorigen Turboprop-Maschinen der Fluggesellschaft Binter Canarias, die einen regelmäßigen Liniendienst zwischen den Kanarischen Inseln unterhält, benötigen knappe 25 Minuten für den Flug vom Inlands-Airport Teneriffa-Nord nach La Palma. Zwar liegen gerade mal 70 Kilometer zwischen den beiden Inseln, das Klima jedoch unterscheidet sich spürbar. Die Luftfeuchtigkeit auf La Palma ist höher als auf Teneriffa. Stets liegt eine merkliche Schwüle in der Luft, der man erst in den höhergelegenen Teilen der Insel zu entkommen vermag.

Dafür entschädigt die wilde, urwüchsige Vulkanlandschaft der am weitesten westlich gelegenen Kanareninsel mehr als großzügig für ihr feuchtwarmes Ambiente. Allen voran der »Parque Nacional de la Caldera de Taburiente«. Von der Inselhauptstadt Santa Cruz aus fährt man in nordwestlicher Richtung auf einer serpentinenreichen Panoramastraße, die sich auf 40 Kilometern Länge Höhenmeter um Höhenmeter nach oben schraubt. Unweit des höchsten Gipfels von La Palma, dem 2426 Meter hohen Roque de los Muchachos, wartet beim Rastplatz Mirador de los Andenes ein wahrhaft atemberaubender Ausblick in die Caldera de Taburiente. Der Ausdruck Caldera (span. »Kessel«) bezeichnet einen durch Einsturz und Erosion kesselförmig erweiterten Krater.[34]

Was diesen ganz besonderen, vom Vulkanismus geschaffenen und geprägten Ort betrifft, überfiel mich ungewohnte Höhenangst, als mein Blick fast 1500 Meter tiefer in den Talkessel fiel.

Hier hat die Natur Gewaltiges geschaffen, hier hat sie geklotzt und nicht gekleckert.

La Palma bietet aber auch eine Menge prähistorischer Funde, die den Ureinwohnern der Kanarischen Inseln – den besagten Guanchen – zugeschrieben werden. Diese hinterließen uns bei der »Dornbuschquelle«, im Tal von La Zarza im Norden La Palmas gelegen, von spiralförmigen Petroglyphen übersäte Felswände. Abbildungen von Spiralen findet man auf Felsritzungen in der ganzen Welt[113]; in der Steinzeit muss diesem Symbol eine wahrhaft überragende Bedeutung zugekommen sein. Göttersymbole oder Beschäftigungstherapie für unausgelastete Urahnen? Ein Beispiel aus einem anderen Teil der Welt: Auf etwa 2000 v. Chr. wird eine Felszeichnung datiert, die man in einem Höhlengrab auf Hokkaido (Japan) fand. Darauf erkennt man sechs Gestalten, welche in einer Reihe nebeneinanderstehen. Vier von ihnen halten sich an den Händen, die verbliebenen zwei deuten nach oben zum Himmel. Dort ist eine stilisierte Spirale dargestellt.[54] Was hatte der unbekannte vorzeitliche Künstler am Firmament gesehen?

Und dann kam El Paso

Doch kehren wir hier wieder auf die kleine Kanareninsel mit den großen Vulkanen zurück. Und der erstaunlich großen Anzahl an Stufenpyramiden, die hier offensichtlich eine noch weitere Verbreitung fanden als auf Teneriffa.

Kaum auf dem winzigen Flughafen von La Palma gelandet, wird der aufmerksame Tourist auch schon der ersten Pyramide ansichtig. Nach dem Verlassen des Terminals hat man noch keine zwei Kilometer auf der nach Norden in Richtung Santa Cruz führenden Hauptstraße hinter sich gebracht, da steht sie auf der rechten Seite, das Meer im Hintergrund. Auf einem reichlich verwilderten Gelände erhebt sich die Pyramide von Brena Baja. Kein Zaun und kein Verbotsschild hindern Interessierte daran, die Fläche zu betreten. Von der Straße aus kämpft man sich etwa 30 Meter durch mannshohes, aber relativ lichtes Gesträuch, bis man endlich vor dem über zehn Meter hohen Bauwerk steht. Obwohl schon etwas verwittert, lädt eine Treppe an der Nordwestecke zum Besteigen ein. Ich zählte auch hier die bei vielen Pyramiden auf den Kanaren üblichen sieben Stufen. Eine etwas deplatziert wirkende Steinmauer auf der oberen Terrasse entpuppte sich gleich als zementiertes, neuzeitliches Konstrukt, hat also nichts mit dem ursprünglichen Bauwerk zu tun.

Mein Abstieg auf der Rückseite war indes nicht ganz unproblematisch, denn diese Pyramidenseite gleicht auf zwei Dritteln ihrer Länge mehr einer Schotterhalde. Hier hatte unverkennbar der Zahn der Zeit genagt. Zwischen der Pyramide und dem nahen schwarzen Lavastrand steht, deutlich tiefer, das Hotel »Taburiente Playa«. Von dort aus ist gerade einmal das obere Drittel des Bauwerks zu erkennen. Dies mag einer der Hauptgründe dafür sein, dass die Pyramide – obwohl so nah – von der Mehrzahl der Hotelgäste nicht wahrgenommen wird.

Ein kleines Stück Weges oberhalb von Brena Baja liegt Brena Alta (was folgerichtig ist, denn im Spanischen bedeutet »baja« so viel wie »tief«, »alta« dagegen »hoch«). Auf mehreren Grundstücken des Ortes erspähte ich Pyramiden, die sich meistens in einem eher weniger guten Erhaltungszustand präsentierten. Eine davon ziert ein hoher Fahnenmast. Wie viele dieser Stufenpyramiden dort ursprünglich standen, wird sich wohl kaum mehr ermitteln lassen. Nicht wenige dürften dem Bau moderner Wohnhäuser zum Opfer gefallen sein.

Im Westen von La Palma erstreckt sich das weitläufige Aridane-Tal. Schon von der Hauptstraße aus kann man immer wieder in die Landschaft eingestreute Pyramiden erkennen. Einige von ihnen besitzen eine für diese Bauwerke sehr ungewöhnliche, runde Form. Die einzige Rundpyramide, die ich bis zu jenem Zeitpunkt kannte, steht in der alten Maya-Stadt Coba, an der großen Verbindungsstraße von Merida nach Tulum im mexikanischen Teil der Halbinsel Yucatán gelegen.

Und dann kam El Paso, eine kleine Stadt am Rande des Aridane-Tales. Und mit ihr die bis dato schönste Pyramide, die ich auf La Palma zu Gesicht bekam. Noch ein »Geheimtipp« am Rande: Vom Parkplatz am Friedhof von El Paso aus führen Treppenstufen abwärts zu einem kleinen Tal, an dessen Ende eine Felswand aufragt. Diese ist mit vorzeitlichen Steinritzungen verziert. Wie im erwähnten Tal von La Zarza sind es auch in diesem Fall stilisierte Spiralen. Wie sich die Bilder doch gleichen.

Im Gemüsegarten gelandet

Bei meiner Pyramidensuche in El Paso wurde ich schnell fündig. Mitten in einer Wohnstraße zweigt ein schmaler Durchgang ab. Nach 25 Metern stand ich, zusammen mit einer Reihe Lesern, welche mich begleiteten, unversehens vor einer Pyramide. Diese besaß sieben Stufen und war außergewöhnlich gut erhalten. Weil der Zugang von der engen Gasse aus durch keinen Zaun oder Ähnliches versperrt war, kletterte ich auf das Bauwerk – und auf der gegenüberliegenden Seite wieder herab. Ich landete in einem reichlich verwilderten Garten, der mir allerdings die beste Position zum Fotografieren bot. Die oberste Stufe dieser in etwa acht bis neun Meter hohen Pyramide ist einigermaßen spitz zulaufend, sodass hier die charakteristische Silhouette dieser Bauwerke noch besser zur Geltung kommt.

In dem an das Grundstück angrenzenden Wohnhaus war indessen das rege Treiben nicht unbemerkt geblieben. Beim Überklettern der Pyramide waren wir nämlich – ohne böse

Absicht! – in einen privaten Gemüsegarten geraten. Doch obwohl dieser zum Großteil heillos verwildert war und wir auch keinen Flurschaden verursacht hatten, schien den Anwohnern der »Überfall« einer ganzen Horde Touristen höchst suspekt zu sein. So forderten sie – der Grundbesitzer höflich, seine Frau schon ein wenig bestimmter – uns zum alsbaldigen Verlassen ihres Grundstückes auf. Nun gut, ein jeder von uns hatte seine Aufnahmen im Kasten. Und so verließen wir den Ort des Geschehens in der Überzeugung, zwar ein paar Leute ein klein wenig verärgert, dafür jedoch ein Bauwerk gesehen zu haben, welches 99,99 Prozent der »Normaltouristen« wohl verborgen bleibt.

Insgesamt gesehen, war dieser neuerliche Trip, der mich auf zwei Kanaren-Inseln führte, durchaus ein Erfolg. Auf Teneriffa sind die Pyramiden in der Bannmeile des Städtchens Güimar keineswegs die einzigen ihrer Art. Vor allem rund um Icod, an der Nordküste, verbirgt sich noch so manches buchstäblich steinalte Kleinod auf privaten oder landwirtschaftlich genutzten Ländereien. Gleiches gilt für La Palma, der besonders bei Wanderern und Naturfreunden ungemein beliebten Insel. Man darf dort, im Vergleich mit Teneriffa, sogar mit einer vielfachen Anzahl an Pyramiden rechnen.

Mit der Zeit wächst auch bei den Einheimischen ein Bewusstsein für das Besondere an diesen Bauwerken, die bislang leider nur ein ausgesprochenes Schattendasein führten. Denn Pyramiden sind ein weltweit verbreitetes Mysterium. Nach wie vor umweht der Hauch des Geheimnisvollen und Unbekannten diese gen Himmel gerichteten, zu Stein gewordenen Zeugnisse aus einer meist unverstandenen Vergangenheit. Und führt uns zurück in eine Zeit, da der Morgen einer noch jungen Menschheit gerade erst heraufzudämmern begann.

15 Jenseits des Vorstellbaren

Die Gigantenmauern von
Gornaya Schoria

Megalithische »Großprojekte« wie der zerbrochene Menhir von Locmariaquer in der Bretagne oder die monstrröse Plattform Puma Punkus, die früher in einem einzigen Stück in etwa 1000 Tonnen gewogen haben mag, lassen unser Vorstellungsvermögen an dessen Grenzen stoßen. Vermag experimentelle Archäologie – beispielsweise beim erwähnten Qala-Yampu-Projekt[97] – noch die Bearbeitung und den Transport vergleichsweise bescheidener Monolithen zu erklären, müssen wir bei solchen unvorstellbaren Massen die Waffen strecken. Nur gut, dass sich nicht noch größere Brocken finden lassen, die unser ohnehin schon reichlich angeknackstes Geschichtsbild vollends ramponieren würden …

Weit gefehlt – aus dem frommen Wunsch wird wohl nichts werden. Denn selbst der »Grand Menhir brisé« mit seinen reichlich 300 Tonnen und das Fundament, auf dem Puma Punku errichtet wurde, sind noch zu toppen! Ungefähr 70 Kilometer von Beirut entfernt, liegt in der Beqa'a-Ebene im östlichen Libanon die Ruinenstätte von Baalbek. In assyrischen Inschriften aus dem Jahr 804 v. Chr. wurde sie erstmals unter dem Namen Bali erwähnt. In hellenistischer Zeit hieß Baalbek Heliopolis (»Sonnenstadt«) und seit der Regierungszeit von Kaiser Augustus (63 v. Chr. bis 14 n. Chr.) war es Mittelpunkt einer römischen Kolonie.

Berühmtheit erlangte die Ruinenstätte, die ihren Namen von der altsemitischen Gottheit Baal (hebr.: Herr) erhielt, besonders durch den Tempel der heliopolischen »Götterdreiheit«. Das waren Hadad, Atargatis und Hermes, die dann in römischer Zeit als Jupiter, Venus und Mercurius verehrt wurden. Der Tempelbezirk, zu dem außer dem genannten Verehrungsort der Götterdreiheit auch noch ein Vorhof, ein Haupthof mit Hallen sowie Propyläen – das sind monumentale Torbauten – zählen, ist eins der gewaltigsten Bauwerke des Vorderen Orients.[10, 34] Und doch muss er schlichtweg verblassen, vergleicht man ihn mit dem aus viel älterer Zeit stammenden Unterbau, auf dem er errichtet wurde.

Der »Stein des Südens«

In diese Basisterrasse wurden Steinungetüme von geradezu unglaublichen Dimensionen verbaut. So etwa die zyklopischen Trilithen (»drei Steine«) in der nördlichen Umfassungsmauer. Jene drei Riesenquader sind jeweils etwa vier Meter hoch, annähernd ebenso breit und zwischen 19,10 und 19,56 Meter lang. In einer luftigen Höhe von sechs Metern wurden sie in das Fundament des Jupiter-Tempels eingefügt.[114] Den Letzteren ließ übrigens Kaiser Antonius Pius im 2. Jahrhundert n. Chr. neu errichten, ohne den zyklopischen Unterbau anzutasten. Nach wie vor ist absolut rätselhaft, wer diese megalithische Terrasse erbaut hat; ebenso, wann dies geschah. Die Ursprünge müssen zeitlich sehr weit zurückreichen, womöglich sogar bis in die ausgehende Altsteinzeit. Unter der Plattform förderten Archäologen Funde zutage, die sie zwischen 8700 und 6000 v. Chr. datierten.[115]

In dieser steinzeitlichen Epoche geschah die rätselumwobene und bislang unerklärte »Neolithische Revolution«. Über das

Ereignis habe ich bereits im Zusammenhang mit der vor etwa 12 000 Jahren erfolgten Gründung der ältesten Stadt der Welt – Göbekli Tepe im südöstlichen Anatolien – berichtet. Da wurden zuvor nomadisierende Sammler und Jäger urplötzlich sesshaft, begannen Tiere zu domestizieren und Nutzpflanzen zu züchten. Und sie betrieben fürderhin nicht nur Ackerbau und Viehzucht oder bauten feste Siedlungen, sondern stellten praktisch »aus dem Nichts« großartige megalithische Anlagen in die Landschaft, über deren Monumentalität wir heutzutage nur staunen können.

Ein wenig abseits der Tempelanlagen von Baalbek liegt, noch auf dem Gelände eines Steinbruchs am Fuß des Scheich-Abdallah-Hügels, »Hadschar el Guble«, was so viel wie »Stein des Südens« bedeutet. Das Riesentrumm mit einer Länge von 21,36 Metern, einer Breite von 4,60 sowie einer Höhe von 4,33 Metern liegt da, als wären die Arbeiten nur kurz unterbrochen worden, bevor der Abtransport beginnt. Doch wie um alles in der Welt sollte dieser Stein von der Stelle bewegt werden? Sein Gewicht wird auf bis zu 2000 Tonnen geschätzt,[116] vorsichtigere Hochrechnungen bewegen sich zwischen 1200 und 1300 Tonnen.[114] In einem vorangegangenen Kapitel habe ich bereits gerätselt, wie man Tausende Arbeiter überhaupt in die Nähe eines solchen Klotzes heranbringen könnte, ohne dass sie sich – im günstigsten Fall – gegenseitig die Füße zerquetschen.

Und so hört man immer wieder, dass der Stein des Südens nur deshalb noch im Steinbruch liegt, weil er letztlich einfach zu schwer für seinen Transport war. Was jedoch auch nicht stimmen kann – denn die bereits erwähnten »drei Steine« der nördlichen Umfassungsmauer stehen ihm in ihren Dimensionen kaum nach. Die mächtigen Trilithen wurden nicht nur bewegt, sondern auch noch in eine lichte Höhe von sechs Metern bugsiert und dort eingebaut, als wäre es mit eine der leichtesten

Übungen für die Menschen dieser für uns unbegreiflichen Epoche gewesen.

Solche offensichtlichen »Kulturkuriosa«, wie er sie zu nennen pflegte, animierten den russischen Physiker und Mathematiker Professor Matest M. Agrest (1915–2005) schon 1959 zu Spekulationen über mögliche Besuche außerirdischer Intelligenzen in unserer frühen Vergangenheit. Was die den Rahmen alles Bekannten sprengenden Monolithen im libanesischen Baalbek angeht, so glaubte Agrest, in dem Unterbau der später darüber errichteten Tempel eine Landeplattform für die Weltraumfahrzeuge der »Kosmonauten-Götter« vor sich zu haben.[117]

Ein zweiter Koloss

Professor Agrests Forschungen und die daraus resultierenden Schlüsse, die auf die Anwesenheit außerirdischer Kulturbringer in der Frühgeschichte der Menschheit abzielten, wurden ab Ende der 1950er-Jahre ohne Vorurteile in der ehemaligen Sowjetunion diskutiert. Jahre, bevor das Thema bei uns populär wurde. Professor Agrest gilt daher als Wegbereiter der heute so bezeichneten Paläo-SETI-Forschung, welche nach Beweisen für Eingriffe fremder Intelligenzen in die Entwicklung der Menschheit sucht. Ich selbst durfte den Gelehrten, der später in die USA auswanderte, noch persönlich kennenlernen – auf einer Konferenz, die 1997 in Orlando (Florida) stattfand.

Hadschar el Guble besitzt noch einen »Zwillingsbruder«, der gerade einmal rund eineinhalb Meter kürzer ist. Der angeblich erst in den 1990er-Jahren entdeckte Monolith befindet sich in einem benachbarten Steinbruch. Jener liegt geschätzt 200 Meter Luftlinie vom »Stein des Südens« entfernt und ist durch eine Straße vom anderen Steinbruch getrennt. Die Kolosse sind beide etwas außerhalb der Tempelanlagen und interessierte

Touristen müssen entweder die örtlichen Guides mit sanfter Gewalt zu einer Besichtigung drängen oder besser gleich auf eigene Faust handeln. Ob es einzig an jenem kleinen Abstecher vom Tempelbezirk liegt? Oder sind derartige Objekte, die schon wegen ihrer bloßen Dimensionen eine Kampfansage an unser angestaubtes traditionelles Geschichtsbild darstellen, auch ein rotes Tuch für die meist konservativen Fremdenführer?

Eine kleine Gruppe um den Hobbyforscher Mathias Lang zog es 2013 in den politisch nicht unbedingt stabilen Libanon, wo sie sich an die genaue Vermessung jenes »Zweiten Steins des Südens« machen konnte. Dieser ist mit einer Länge von 19,75 Metern nur geringfügig kürzer als Hadschar el Guble. Breite und Höhe sind mit 4,36 beziehungsweise 4,66 Metern beinahe identisch. Das Gewicht dürfte aber deutlich geringer sein. Denn im Gegensatz zu dem glattflächigen »großen Bruder« trägt jener zweite Monolith rechteckige Einschnitte, die möglicherweise als eine Art Gegenlager dienen sollten. Und ein großer Ausschnitt an einem Ende misst 4,15 mal 1,80 mal 0,65 Meter.[114] Vielleicht sollte an der Stelle ein anderes Bauelement passgenau anschließen, wenn der Riesenklotz doch noch an die für ihn vorgesehene Stelle transportiert worden wäre.

Natur pur: Die »Brücke von Bhimpul«

Es hat den Anschein, als sei »Hadschar el Guble Nr. 2« noch nicht völlig vom Felsuntergrund gelöst, liege unvollendet am Ort seines Entstehens. Vergleichbar mit den unfertigen Moai-Statuen von den Hängen des Kraters Rano Raraku auf der Osterinsel. Wurde er nicht fertiggestellt, weil er für den Transport zu schwer gewesen wäre? Viel wahrscheinlicher jedoch ist, dass die Arbeiten aus irgendeinem Grund unterbrochen und nicht wieder aufgenommen wurden.

Im Norden Indiens, im Dreiländereck zu Tibet und Nepal, nur wenige Kilometer von der alten Pilgerstadt Badrinath entfernt, stürzt der Gebirgsfluss Sarasvati tosend über einen Wasserfall in eine tiefe Schlucht. Ungefähr 100 Meter von der Stelle überspannt ein gigantischer Monolith brückenartig den gähnenden Abgrund. Die Ausmaße des Steinklotzes nötigen dem Betrachter Respekt ab: Von unregelmäßiger Form, beträgt die Länge 13 Meter, die Höhe etwa acht und die Breite 4,50 Meter. Damit dürfte der als »Brücke von Bhimpul« in die Literatur eingegangene Riesenklotz den »Stein des Südens« von Baalbek an Gewicht mit Leichtigkeit übertreffen.

Rasch wurden Spekulationen laut, hier könnte es sich um eine gigantische, künstlich erschaffene Brücke handeln, die nach Plan an dieser Stelle eingefügt wurde. Denn auf der Westseite liegt der Klotz auf einem Felssims, der von oben betrachtet in knapp acht Metern Tiefe hervorsteht. Während der Stein auf dieser Seite bündig an der Schluchtwand ansetzt, liegt er am östlichen Ende in einer Vertiefung im Fels, als wäre er dort hineingelegt worden. Diese Schlucht wäre zudem weit und breit die einzige Stelle, an der ein solcher Stein in die natürliche Umgebung eingefügt werden konnte. Die »Brücke von Bhimpul« könne folglich keine bloße Laune der Natur sein. Der Stein wäre über Hunderte von Metern, wenn nicht gar über mehrere Kilometer herangeschafft worden. Aufgrund der besonderen lokalen Situation würden alle konservativen Theorien versagen – selbst für unsere heute verfügbare Technologie wären Transport und Einbau des Riesenquaders schlicht unmöglich.[118]

Das klingt natürlich ungeheuer spannend. Aber leider stellte sich heraus, dass wir es hier – mit Ausnahme einer in neuer Zeit errichteten Rampe mit Trockensteinmauer – nicht mit einer künstlichen Struktur zu tun haben. Bhimpul ist zweifellos »Natur pur«. Diese Erkenntnis gewann der Indien- und Tibet-Experte Franz Bätz, als er den »Stein des Anstoßes« im Verlauf einer Reise durch den Norden Indiens im November 2008 besichtigte. Nach ausgiebiger Untersuchung des Geländes und der am Fels noch sichtbaren Spuren wurde deutlich, dass der Monolith schon vor unbekannten Zeiten von Norden her in die Schlucht gestürzt war. Die aus Gneis – das ist ein metamorphes Gestein mit hohen Anteilen von Quarz, Feldspat und Glimmer – bestehende »Brücke« ist in Wirklichkeit ein Findling. Per Definition also ein grober Gesteinsblock, der durch die Gewalt von Eis- oder Wassermassen an seinen heutigen Fundort verfrachtet wurde.

»Auffallend ungünstig«

Wie Franz Bätz ausführte, wurde der Gneisblock zum Ende der letzten Eiszeit von einem Gletscher verschoben, wovon typische Spuren an seiner nach Süden zeigenden Längsseite künden. Hierauf wurde der Block dann im Gletscher vorne angehoben – dieser Vorgang führte zu den Schleifspuren an der Südseite. Letztlich fiel der Block in die Schlucht. Dabei verhakte er sich mit der zum Wasserfall hin zeigenden Spitze an der östlichen Felswand, während das zum Unterlauf des Sarasvati weisende Ende frei in der Luft hängt. Von einer geplanten Installation könne hierbei also keine Rede sein.[119]

Der Legende nach soll Bhima, ein Heroe aus dem altindischen Götterepos Mahabharata, den gewaltigen Monolithen einzig durch geistige Kräfte über die Schlucht gelegt haben.[120] Eine fromme Überlieferung, der Bätz weitaus nüchternere Überlegungen entgegenhalten möchte: »Trotzdem wurde behauptet, dieser Stein sei mit Plan genau dort installiert worden. (…) Tatsächlich ist die Stelle auffallend ungünstig zum Installieren einer Brücke, da der Monolith ursprünglich von der östlichen Felswand keinen natürlichen Zugang hatte; ein Zugang musste erst recht mühsam aus dem Fels geschlagen werden. Die hierbei gewonnenen Steine hat man entweder in der Rampe an der westlichen Seite der Brücke verbaut oder für die Häuser der nahen Ortschaft Mana verwendet.«[119]

Wie bei der in einem vorangegangenen Kapitel vorgestellten, untermeerischen »Azoren-Pyramide«, die auf vulkanische Aktivitäten in dieser Region des Atlantiks zurückzuführen ist, stellt sich auch die »Brücke von Bhimpul« als schlichte Laune der Natur heraus. Anhand solcher Beispiele zeigt sich, wie notwendig und nützlich zugleich es ist, die Spreu vom Weizen zu trennen. Vor allem auf dem Gebiet unkonventioneller Forschungen ist Mut gefragt. Der Mut, auch einmal negative Ergebnisse zu akzeptieren. Der Physiker Professor Martin Lambeck von der Technischen Universität Berlin fasste genau diesen Prozess der Erkenntnisgewinnung einmal mit den ungemein treffenden Worten zusammen: »Wir irren uns empor.«[121]

»Gigantisch« ist noch untertrieben

Im Zusammenhang mit den gewaltigen, megalithischen Relikten macht regelmäßig der Begriff »Spielzeug für Riesen« die Runde. Eine erst kürzlich (wieder) entdeckte Struktur in den endlosen Weiten Russlands wäre – so sie sich letztlich als *nicht* natürlichen Ursprungs herausstellt – sicher der legitimste Anwärter auf diese Bezeichnung.

Bereits zu Zeiten der Sowjetunion hatte es wiederholte Hinweise von Geologen auf künstlich anmutende Gesteinsformationen im »Gornaya Schoria«, im südlichen Sibirien, gegeben. Dies ist eine schwer zugängliche Mittelgebirgsregion nordöstlich des Altai-Gebirges; die Grenze zur Mongolischen Volksrepublik liegt nicht allzu weit entfernt. Doch damals, vor »Glasnost« und »Perestroika«, als Michail Gorbatschow das Ende des Sowjetimperiums einläutete, war die ganze Gegend streng bewachtes Sperrgebiet. Eine Anzahl von Straflagern, die berüchtigten »Gulags«, waren dort über das Land verteilt.

Was sich in besagter Bergregion auftürmt, besitzt völligen Ausnahmecharakter. Wahrhaft titanische Mauern, die aus gleichmäßig geformten Granitblöcken bestehen, ragen Dutzende von Metern in die Höhe. Ein paar unter ihnen sind bis zu 20 Meter lang, sechs Meter hoch und genauso dick. Allein der visuelle Eindruck, den diese Zyklopenmauern hinterlassen, ist unbeschreiblich. Sie nur »gigantisch« zu nennen, ist eingedenk der Dimensionen der einzelnen Blöcke schlichtweg untertrieben.

Der unabhängige russische Forscher Dr. Valerie Ouvarov – ihm verdanke ich einen Großteil der Informationen über östlich des Ural-Gebirges gefundene, aus der Eiszeit stammende hochtechnische Nano-Spiralen[36] – hat sich bereits eingehend mit den zyklopischen Mauern im Schoria-Bergland befasst. Die gewaltigsten der dort aufeinanderliegenden Granitblöcke schätzt er auf ein Gewicht bis zu 3000 Tonnen[122] – das ist eine Masse, die selbst den »Hadschar el Guble« von Baalbek alt aussehen lassen würde! Ouvarov berichtete von einer Gruppe von 19 Forschern, die sich im September 2013 unter der Leitung von Georgi Sidorov an diesen geheimnisträchtigen Ort begeben hatten. Für den nicht eben ungefährlichen Aufstieg war solide, bergsteigerische Erfahrung unerlässlich, doch das Ergebnis nach sechsstündiger Kletterei übertraf selbst die kühnsten Erwartungen sämtlicher Mitglieder der Expedition. Die ruinenartigen Strukturen ließen unzweifelhaft gleichmäßige, geometrische Formen erkennen. Wie mit einem Lineal gezogene horizontale und vertikale Linien lassen dem Betrachter eigentlich keine andere Wahl, als den künstlichen Ursprung der ganzen Anlage in Betracht zu ziehen.

»Sehr alt und sehr rätselhaft«

Einige Super-Megalithen der obersten Reihe lassen angeblich Spuren alter Schmelzvorgänge erkennen. Ereignete sich hier eine verheerende Explosion, unter deren Höllentemperaturen sogar Teile der Mauern schmolzen? Die Hitze, die bei normalen Feuersbrünsten entsteht, wäre jedenfalls nicht geeignet, ein Gestein wie Granit flüssig werden zu lassen. Andere Blöcke lassen vermuten, dass ihre Oberflächen sorgsam geglättet wurden. Einmal mehr stellt sich die Frage, wie solch riesige Brocken bearbeitet und transportiert wurden. Nicht genug – die obersten mussten noch in Höhen von 40 Metern gewuchtet werden.[123]

Die für uns so unbegreiflichen Relikte sind nicht auf einen Gipfel des Gornaya Schoria beschränkt. Auf einem benachbarten Berg entdeckten die Teilnehmer der 2013er-Expedition noch weitere zyklopische Steinmauern: riesengroße, vertikal aufgerichtete Blöcke, die auf imposanten Fundamenten stehen. »Auf einigen Granitblöcken«, erklärte der bereits erwähnte Forscher Valerie Ouvarov, »lagen zudem merkwürdige, steinerne Halbkugeln.« Die russischen Wissenschaftler können sich keinen Reim darauf machen, was die Formationen eigentlich darstellen. Und vor allem, wie diese überhaupt entstanden sind. Doch in einem Punkt herrscht Einigkeit unter den Forschern: »Die gigantischen Megalithstrukturen sind sehr alt und sehr rätselhaft.«[122]

Könnte es sich bei den Megalithen, die beispiellos sind auf dieser Welt, nicht auch um eine bloße Laune der Natur handeln? Im oberfränkischen Fichtelgebirge kennt man ähnlich aussehende Strukturen aus Granit, die natürlich entstanden, aber bei Weitem nicht so imposant sind. Ihre Anzahl ist bescheiden, im Gegensatz zu den Super-Megalithen aus dem südlichen Sibirien, an denen sich auch Bearbeitungsspuren finden. Sowie Passagen, die wie überdachte Gänge aussehen – tonnen-schwere, aufrecht stehende Blöcke und ebensolche, die exakt quer darübergelegt wurden. Nicht zuletzt deshalb tendieren Valeri Ouvarov und dessen Forscherkollegen entschieden dazu, einen künstlichen Ursprung der Stätten anzunehmen: »Diese Strukturen wurden von unseren Urvätern geschaffen.« Zu prägnant seien auch »Hinweise auf architektonische Elemente« wie »Abschlüsse«, »Entwässerungssysteme« sowie »eindeutig geo-metrische Formen und Schnitte«.[122]

Geologen stellten fest, dass Kompassnadeln im Bereich jener Super-Megalithen abgelenkt werden.[123] Andere Quellen spre-chen gar vom »Phänomen eines negativen elektrischen Feldes« als mögliche Überbleibsel einer »vorzeitlichen Antigravitati-onstechnologie«.[122] Über äußerst sonderbare Magnetabwei-chungen staunte ich ja bereits im Hochland der Anden, in den geheimnisumwobenen Ruinenstätten von Tiahuanaco und Puma Punku (s. Kap. 13). Allerdings ließe sich die Deklination der Kompassnadeln in den Schoria-Bergen auch viel unspekta-kulärer erklären. Die dortige Region soll nämlich über reiche Eisenerzvorkommen verfügen. In der Hauptsache Magnetit (Fe_3O_4, auch Magneteisenstein). Magnetit gilt mit einem Anteil von über 70 Prozent als eisenreichstes Eisenerz.[34] Mit Aus-nahme von Meteoriteneisen.

Der spektakuläre Fund wird auf jeden Fall weiter für Furore sorgen; weitere Expeditionen sind bereits in Vorbereitung. Bis die wichtigste Frage – künstlich geschaffen oder eine geradezu beispiellose Laune der Natur? – geklärt ist, werden die Spekula-tionen munter sprudeln. Von außerirdischer Zukunftstechno-logie zur Überwindung der Schwerkraft bis hin zum Kultplatz für eine ausgestorbene Rasse von Riesen. Manche Details spre-chen zumindest für eine nachträgliche Bearbeitung oder Umgestaltung vorhandener Strukturen. Sollte es künftigen Expeditionen aber gelingen, einen künstlichen Ursprung nachzuweisen, dann wäre ein neues, bis dato unvorstellbares Kapitel im Buch der megalithischen Wunder auf diesem unseren Planeten aufgeschlagen.

Spätestens dann müssten alle unsere Geschichtsbücher, alles, was wir bisher über unsere prähistorische Vergangenheit zu wissen glaubten, von Grund auf neu geschrieben werden.

Danksagung

Schreiberlinge wie ich sind in der Regel Einzelkämpfer. Die Arbeit an einem Buch geschieht noch immer in aller Ruhe in den eigenen vier Wänden. Was sicher von Vorteil ist, denn ohne ein gewisses Maß an Ruhe und Muße käme am Ende nur Chaos dabei heraus. Trotzdem gibt es eine Reihe von Personen, ohne deren Anregung und Unterstützung dieses Buch sicher nicht zustande gekommen wäre. Ihnen an dieser Stelle wieder meinen herzlichsten Dank auszusprechen, ist mir ein wichtiges Anliegen.

Ganz besonderer Dank geht an meinen »steinalten« Freund und (zugegeben!) Vorbild Erich von Däniken. Meine Begeisterung für jenes Thema, für das er weltweit unzählige Menschen einnehmen konnte, währt nun schon seit lange zurückliegenden Schultagen. Ebenso geht Dank an Freunde und Kollegen wie Franz Bätz, Julie Byron, Peter Fiebag, Rex Gilroy, Alexander Knörr, Walter-Jörg Langbein, Robert M. Schoch und David Summers. Großer Dank geht auch an Valerie Ouvarov und Luc Bürgin für die Hilfe rund um die Rätsel von Gornaya Schoria. Dass zwei meiner Freunde und Autorenkollegen, denen ich viel zu verdanken habe, nicht mehr unter uns weilen, stimmt mich traurig. Es sind dies Johannes Fiebag (†1999) und Peter Krassa (†2005), welche mich nicht nur auf meinem literarischen Weg, sondern auch auf einigen Reisen durch die Welt begleiteten.

Gleichfalls bedanken möchte ich mich bei Martin Pelkner und Mathias Lang, die mir Bilder zur Verfügung stellten, Francesca Marzo (Sardinien) und Anita Kottmann (Malta), die die

»Dingli-Tanks« für mich fand, sowie bei Harun Turhan (Türkei) für die Abstecher nach Arsameia und Asikli Hüyük. Ich wüsste noch heute nichts von den zahlreichen Pyramiden auf La Palma sowie von weiteren auf Teneriffa, hätte mich nicht Herr Rainer Schuhmann darauf aufmerksam gemacht. Auch vor Ort wäre ich wohl ziemlich aufgeschmissen gewesen, hätten mich nicht José Acevedo und Wim Coen an die richtigen Plätze geführt.

Danken möchte ich auch meiner rührigen Verlegerin im Hause Langen*Müller* Herbig nymphenburger, Frau Brigitte Fleissner-Mikorey, sowie dem ganzen Verlagsteam meiner – seit mehr als 20 Jahren – »literarischen Heimat«.

Ich bitte um Entschuldigung, sollte ich hier irgendjemanden vergessen haben. Doch ganz sicher vergesse ich nicht die immer größer werdende Leserschar in aller Welt, die mir seit den Tagen der »Weißen Pyramide« die Treue hält. Ich wäre nichts ohne sie, darum auch an dieser Stelle einen ganz herzlichen Dank!

Hartwig Hausdorf

Quellenverzeichnis

[1] Watkins, Alfred: »The old straight Track.« London 1970

[2] Däniken, Erich von: »Die Steinzeit war ganz anders.« München 1991

[3] o.V.: »Where to find the Dolmens of Jersey.« Jersey Heritage Trust, o.J.

[4] McMann, Jean: »Rätsel der Steinzeit. Zauberzeichen und Symbole.« Augsburg 1990

[5] o.V.: »Die Insel Gavrinis. Kunst und Architektur der Jungsteinzeit.« Conseil Géneral du Morbihan, o.J.

[6] Le Scouézec, Gwenc'hlan: »Bretagne Mégalithique.« Paris 1987

[7] o.V.: »Er Lannic.« Domaine départemental du Morbihan, o.J.

[8] Saunders, Mike: »Planetarium Stonehenge.« Caterham 1980

[9] Robins, D.: »The Dragon Stirs«, in: »ALPHA«, Ausgabe Juli/August 1979

[10] Dopatka, Ulrich: »Die große Erich von Däniken Enzyklopädie.« Düsseldorf und München 1997

[11] Grinsell, L. V.: »The Rollright Stones and their Folklore.« Guernsey 1977

[12] Ravenhill, T.H.: »The Rollright Stones«, zitiert in: Michell, J. und Rickard, R.J.M.: »Phenomena. A Book of Wonders.« London 1977

[13] Hausdorf, Hartwig: »Götterbotschaft in den Genen.« München 2012

[14] Persönliches Gespräch des Autors mit Frau Francesca Marzo, Reiseführerin auf Sardinien, am 15. Juni 2013

[15] Kremer, Bruno: »Maß und Zahl in den Megalithdenkmälern der Bretagne«, in: »Naturwissenschaftliche Rundschau«, Jg. 37, Nr. 12/1984

[16] Kremer, Bruno: »Geometrie in Stein«, in: »Antike Welt«, Jg. 18, Nr. 1/1987

[17] o. V.: »Monumentale Roche aux Fées«, in: »Tout Savoir: Menhirs et Dolmens.« o.A.

[18] o.V.: »Die Megalithen von Locmariaquer.« Centre des Monuments Nationaux, Locmariaquer, 2012

[19] Fosar, Grazyna und Bludorf, Franz: »Das Erbe von Avalon.« München 1996

[20] Charroux, Robert: »Phantastische Vergangenheit.« München 1966

[21] Schneider, Adolf: »Besucher aus dem All.« Freiburg 1974

[22] Gossler, Marcus: »Lexikon Grenzwissenschaften.« Landsberg/Lech 1988

[23] Kolosimo, Peter: »Sie kamen von einem anderen Stern.« Wiesbaden 1969

[24] Eckhardt, Rudolf: »Das prähistorische Freilichtmuseum auf Menorca«, in: Däniken, Erich von (Hrsg.): »Neue kosmische Spuren.« München 1992

[25] Hausdorf, Hartwig: »Menorcas prähistorische Anlagen«, in: »Sagenhafte Zeiten«, Nr. 2/2003

[26] Albert, K.: »Menorca.« Köln 2002

[27] o.V.: »Torre d'en Galmés.« Ministerio de Educación, Cultura y Deporte. Madrid, o.J.

[28] Charroux, Robert: »Die Meister der Welt.« München 1974

[29] Däniken, Erich von: »Prophet der Vergangenheit.« Düsseldorf 1974

[30] Stumpf, H.E.: »Das Abenteuer der biblischen Forschung.« Wiesbaden 1966

[31] o. V.: »Torralba d'en Salord. Talayotische, Römische und Mittelalterliche Siedlung.« Fundación Illes Balears, Mahon/Men. o. J.

[32] o. V.: »Tombe dei Giganti: Coddu Vecchju – Li Lolghi.« Comune di Arzachena, o.J.

[33] »Die Bibel oder die ganze Heilige Schrift des Alten und Neuen Testaments« (Nach der deutschen Übersetzung Martin Luthers). Württembergische Bibelanstalt Stuttgart 1968

[34] dtv-Lexikon in 20 Bänden. Mannheim und München 1997

[35] Schoch, Robert M. und McNally, Robert A.: »Die Weltreisen der Pyramidenbauer.« Frankfurt/Main 2002

[36] Hausdorf, Hartwig: »Nicht von dieser Welt. Dinge, die es nicht geben dürfte.« München 2008

[37] Kirchner, Gottfried: »TERRA X. Von Babylon zum Bernsteinwald.« München 1999

[38] Hausdorf, Hartwig: »Ungelöste Rätsel der letzten 5000 Jahre. Von antiken Sternencomputern bis zum Wettlauf ins All.« Marktoberdorf 2014

[39] Wyss, Albert: »Ferien in der Steinzeit«, in: »Sagenhafte Zeiten«, Nr. 2/2012

[40] Hausdorf, Hartwig: »Begegnungen mit dem Unfassbaren.« München 2008

[41] Knörr, Alexander: »Hagar Qim.« Groß-Gerau 2007

[42] Knörr, Alexander: »Weitere rätselhafte Tankanlagen auf Malta entdeckt«, in: »Sagenhafte Zeiten«, Nr. 6/2009

[43] Knörr, Alexander: »Tankanlagen auf Malta«, in: »Sagenhafte Zeiten«, Nr. 1/2013

[44] Däniken, Erich von: »Der Tag, an dem die Götter kamen. 11. August 3114 v. Chr.« München 1984

[45] »NASA-News«, Nr. 71 vom 9. Mai 1991

[46] Hausdorf, Hartwig: »Der Krater von Il Maqluba«, in: »Magazin 2000 plus«, Nr. 37/300, Juni 2011

[47] Däniken, Erich von: »Im Namen von Zeus. Griechen – Rätsel – Argonauten.« München 1998

244

[48] Däniken, Erich von: »Die Augen der Sphinx. Neue Fragen an das alte Land am Nil.« München 1989

[49] Klemm, D. und Wagner, R.: »First Results of the Scientific Determination of Ancient Egyptian Stone Material.« Vortrag auf dem 2. Internationalen Ägyptologen-Kongress, Grenoble 1979

[50] Davidovits, Joseph: »Le calcaire des pierres des Grandes Pyramides d'Egypte serait un béton géopolymère vieux de 4600 ans«, in: »Revue des Questions Scientifiques«, 1986

[51] o.V.: »Das Haar in der Pyramide«, in: »Die Weltwoche«, Zürich, vom 27. Oktober 1983

[52] Hausdorf, Hartwig: »Bizarre Wirklichkeiten.« München 2006

[53] Hausdorf, Hartwig und Krassa, Peter: »Satelliten der Götter. In Chinas verbotenen Zonen.« München 1995

[54] Hausdorf, Hartwig: »Das chinesische Roswell. Neue außerirdische Spuren in Ostasien.« München 2013

[55] Aus: »New Scientist« Nr. 2101/1997, zitiert in: Däniken, Erich von: »Im Namen von Zeus. Griechen – Rätsel – Argonauten.« München 1998

[56] Risi, Armin: »Ihr seid Lichtwesen. Ursprung und Geschichte der Menschen.« Zürich 2013

[57] Schmidt, Klaus: »Sie bauten die ersten Tempel. Das rätselhafte Heiligtum der Steinzeitjäger.« München 2006

[58] Hausdorf, Hartwig: »Göbekli Tepe. – Die älteste Stadt der Welt?« Vortrag auf dem One-Day-Meeting der Forschungsgesellschaft für Archäologie, Astronomie und S.E.T.I. (A.A.S.) in Berlin am 29. Oktober 2011

[59] Däniken, Erich von: »Der Mittelmeerraum und seine mysteriöse Vorzeit.« Rottenburg 2012

[60] o.V.: »Unsere Kultur stammt aus Anatolien: Der älteste Tempel der Menschheit«, in: »bild der wissenschaft«, Ausgabe August 2000

[61] Bellamy, Hans S. und Allan, P.: »The Calendar of Tiahuanaco.« London 1956

[62] Mann, Charles C.: »Die Geburt der Zivilisation«, in: »National Geographic«, dt. Ausgabe, Nr. 6/2011

[63] Hausdorf, Hartwig: »Asikli Hüyük – Schädeltrepanationen auf dem ›Knochenhügel‹«, in: »Sagenhafte Zeiten«, Nr. 6/2012

[64] Hein, Peter: »Häufigkeit, Verbreitung und Lokalisation der Schädeltrepanationen in der europäischen Vor- und Frühgeschichte.« Berlin 1959

[65] Bushe, Karl-August: »Von den Anfängen der Schädeltrepanation bis zur Gehirnchirurgie heute«, in: »Informationen der Julius-Maximilians-Universität«, Würzburg 1983

⁶⁶ Däniken, Erich von: »Zurück zu den Sternen. Argumente für das Unmögliche.« Düsseldorf 1969

⁶⁷ Hausdorf, Hartwig: »Seltsames Erlebnis im Untergrund – Panik in der unterirdischen Stadt Derinkuyu«, in: »UFO-Nachrichten«, Nr. 5/2012

⁶⁸ Schoch, Robert M.: »Forgotten Civilization. The Role of Solar Outbursts in our Past and Future.« Rochester 2012

⁶⁹ o.V.: »Das Observatorium von Taosi«, in: »Sagenhafte Zeiten«, Nr. 3/2006

⁷⁰ Drake, W. Raymond: »Gods and Spacemen in the Ancient East.« London 1968

⁷¹ o.V.: »Megalithe in Japan«, in: »Sagenhafte Zeiten«, Nr. 2/2009

⁷² o.V.: »Unterwassermauern vor Taiwan«, auf: http:www.chinapost.com vom 2. Dezember 2002

⁷³ Little, Greg: »The ›Underwater Pyramid‹ discovered off the Azores – The Update no one wants to read«, in: »AP Magazine« vom 10. November 2013

⁷⁴ Langbein, Walter-Jörg: »Das Rätsel von Rock Lake. 10 000 Jahre alte Pyramiden unter Wasser?«, in: Däniken, Erich von (Hrsg.): »Neue kosmische Spuren.« München 1992

⁷⁵ o. V.: »Steinkreis und Pyramiden in den USA?«, in: »Sagenhafte Zeiten«, Nr. 2/2009

⁷⁶ o.V.: »Mysteriöser Steinkegel am Grund des Sees Genezareth«, in: »Thüringer Allgemeine« vom 13. April 2013

⁷⁷ Strehlow, Carl: »Mythen, Sagen und Märchen des Aranda-Stammes in Zentralaustralien.« Frankfurt/Main 1904

⁷⁸ Dodson, Frederick: »Die Regenbogenschlangen«, in: »Sagenhafte Zeiten«, Nr. 3/2009

⁷⁹ Gilroy, Rex: »Mysterious Australia.« Mapleton Qld. 1995

⁸⁰ Blumrich, Josef F.: »Da tat sich der Himmel auf.« Düsseldorf 1973

⁸¹ Guariglia, Guglielmo: »Prophetismus und Heilserwartungsbewegung als völkerkundliches und religionsgeschichtliches Problem«, in: »Wiener Beiträge für Kulturgeschichte und Linguistik.« Wien 1959

⁸² Schlegel, Rüdiger O.: »Die ›Kulturbringer der Traumzeit‹«, in: »Esotera«, September 1995

⁸³ Gilroy, Rex: »Pyramids in the Pacific.« Mapleton Qld. 1995

⁸⁴ Bürgin, Luc: »Mysteriöser Geheimtunnel. Verschüttetes Pharaonen-Grab in Australien?«, in: »mysteries«, Nr. 3/2015

⁸⁵ Slater, Frederic: Persönliche Korrespondenz, zitiert in: Fiebag, Peter: »Jubiläumsjahr 2013 – 40 Jahre A.A.S.« Vortrag auf dem One-Day-Meeting der A.A.S. am 26. Oktober 2013 in Ulm

⁸⁶ Strong, Steven und Evan: »The Basis of all Knowledge? Australia's Stonehenge may rewrite World History«, auf: http://www.wakeup-world.com

[87] Fiebag, Peter: »Jubiläumsjahr 2013 – 40 Jahre A.A.S.« Vortrag auf dem One-Day-Meeting der A.A.S. am 26. Oktober 2013 in Ulm

[88] Strong, Steven und Evan: »Australia's Stonehenge (Part 2): Indigenous Elders and Custodians share the Truth about Ancient Stone Arrangement Site«, auf: http//www.wakeup-world.com

[89] Charroux, Robert: »Vergessene Welten.« Düsseldorf 1974

[90] Berlitz, Charles: »Das Drachen-Dreieck.« München 1990

[91] Berlitz, Charles: »Die Welt des Unbegreiflichen.« München 1990

[92] Däniken, Erich von: »Aussaat und Kosmos. Spuren und Pläne außerirdischer Intelligenzen.« Düsseldorf 1972

[93] Rittlinger, Herbert: »Der maßlose Ozean.« Stuttgart 1939 und München 1954

[94] Saxe, Arthur: »The Nan Madol Area of Ponape: Researches into Bounding and Stabilizing an Ancient Administrative Center«, zitiert in: Berlitz, Charles: »Das Drachen-Dreieck.« München 1990

[95] Brown, MacMillan: »The Riddle of the Pacific.« London 1924

[96] Hambruch, Paul: »Ponape. Ergebnisse der Südsee-Expedition 1908 bis 1910.« Berlin 1936

[97] Hausdorf, Hartwig: »Neues aus Puma Punku und von der Osterinsel.« Vortrag auf dem One-Day-Meeting der A.A.S. am 24. Oktober 2009 in Magdeburg

[98] Heyerdahl, Thor: »Aku-Aku.« Berlin 1957

[99] Hausdorf, Hartwig: »Rettung für Rapanui«, in: »Sagenhafte Zeiten«, Nr. 6/2011

[100] Klatt, Dieter: »Rettung einer Steinskulptur«, in: »Werk und Wirken«, März 1987

[101] Schwarz, Erwin: »Wacker-Chemie: Schutz für Kultur der Osterinsel«, in: »Passauer Neue Presse« vom 10. April 2010

[102] Thorsby, E.: »Human Evolution, Migration and History revealed by Genetics, Immunity and Infection.« Royal Society Discussion Meeting on Human Evolution, London, am 6. Juni 2011

[103] Bellamy, Hans S. und Allan, P.: »The Calendar of Tiahuanaco.« London 1956

[104] Vega, Garcilaso de la: »Historia General de Perú.« Madrid 1722

[105] Vega, Garcilaso de la: »Primera Parte de los Commentarios Reales.« Madrid 1723

[106] Däniken, Erich von: »Götterdämmerung. Die Rückkehr der Außerirdischen.« Rottenburg 2009

[107] Lopez Bejarano, José Maria: »Akapana Pyramid: July 13, 2004.« Archeological Institute of America, 2004

[108] »Tiwanaku Robot«, auf: http://en.wikipedia.org

[109] Posnansky, Arthur: »Tihuanaco, the Cradle of American Man.« New York 1914

[110] Kiss, Edmund: »Das Sonnentor von Tihuanaco und Hörbigers Welteislehre.« Leipzig 1937

[111] Persönliches Gespräch des Autors mit dem Fachpersonal des »Parque Etnográfico de Güimar« am 13. September 2014

[112] Persönliche Korrespondenz des Autors mit Rainer Schuhmann (Dresden) von 2011 bis heute

[113] Biedermann, Hans: »Lexikon der Felsbildkunst.« Graz 1976

[114] Lang, Mathias: »Lokaltermin im Libanon«, in: »Sagenhafte Zeiten«, Nr. 5/2013

[115] o.V.: »Die Terrasse von Baalbek – Teil der Neolithischen Revolution?«, auf: http://www.dainst.orgjdejprojectjbaalbek

[116] Däniken, Erich von: »Erinnerungen an die Zukunft. Ungelöste Rätsel der Vergangenheit.« Düsseldorf 1968

[117] Ritsch, Viktor und Tschernenko, Michail: »Waren Besucher von anderen Sternen auf der Erde?«, in: »Russischer Digest«, Ausgabe Mai 1960

[118] Risi, Armin: »Die Monolithbrücke von Bhimpul«, in: »Sagenhafte Zeiten«, Nr. 5/1999

[119] Bätz, Franz: »Die Brücke von Bhimpul«, in: »Sagenhafte Zeiten«, Nr. 5/2009

[120] Risi, Armin: »Machtwechsel auf der Erde.« Zürich 2006

[121] Hirstein, Andreas: »Wir irren uns empor«, in: »Neue Zürcher Zeitung am Sonntag«, 27. März 2005

[122] Fischer, Jan: »Riesen-Tempel in Sibirien? Kontroverse um uralte Granit-Monumente«, in: »mysteries«, Ausgabe Juli/August 2014

[123] o.V.: »Super-Megalithe in Sibirien«, in: »Sagenhafte Zeiten«, Nr. 3/2014

Register

Weitere Bücher von Hartwig Hausdorf

Das chinesische Roswell

Hartwig Hausdorf beschreibt uralte asiatische Mythen sowie sensationelle Funde und kommt zu bahnbrechenden Erkenntnissen.

Print: 978-3-7766-2726-8 · E-Book: 978-3-7766-8181-9

UFOs

Rund um uns herum ereignen sich dramatische Dinge – die ultimative UFO-Dokumentation unheimlicher Vorgänge.

Print: 978-3-7766-2634-6 · E-Book: 978-3-7766-8127-7

Götterbotschaft in den Genen

Verlief die menschliche Evolution wirklich so, wie die Wissenschaft behauptet? Hartwig Hausdorf kommt zu einer völlig neuen, atemberaubenden Schlussfolgerung.

Print: 978-3-7766-2695-7 · E-Book: 978-3-7766-8147-5

HERBiG www.herbig-verlag.de

Nicht von dieser Welt

Hartwig Hausdorf präsentiert rätselhafte Artefakte und Entdeckungen, die allesamt auf unserem Planeten nicht existieren dürften.

Print: 978-3-7766-5031-0 · E-Book: 978-3-7766-8134-5

Begegnungen mit dem Unfassbaren

Echte Geheimtipps und Insider-Informationen, damit wir selbst auf Lokaltermin an den geheimnisvollsten Orten unseres Planeten gehen können.

Print: 978-3-7766-2582-0 · E-Book: 978-3-7766-8133-8

Kleine Wesen mit großen Köpfen

Rätselhafte Artefakte aus aller Welt, die es eigentlich nicht geben dürfte.

ISBN 978-3-7844-4171-9, LangenMüller I Hörbuch

Das Sternentor in den Anden

Der zweite Teil der sensationellen Hörbuch-Reihe mit der deutschen Stimme von Jonathan Frakes!

ISBN 978-3-7844-4183-2, LangenMüller I Hörbuch

HERBiG   www.herbig-verlag.de